国家社科基金
GUOJIA SHEKE JIJIN HOUQI ZIZHU XIANGMU
后期资助项目

意义分析与语言的逻辑

YIYI FENXI YU YUYAN DE LUOJI

王健平　著

U0330406

中山大学出版社
SUN YAT-SEN UNIVERSITY PRESS
·广州·

版权所有　翻印必究

图书在版编目（CIP）数据

意义分析与语言的逻辑/王健平著 . —广州：中山大学出版社，
2023.7

ISBN 978 - 7 - 306 - 07838 - 4

Ⅰ . ①意…　Ⅱ . ①王…　Ⅲ . ①语言逻辑学—研究　Ⅳ . ①H0 - 05

中国国家版本馆 CIP 数据核字（2023）第 114887 号

出 版 人：王天琪
策划编辑：曾育林
责任编辑：靳晓虹
封面设计：曾　斌
责任校对：麦晓慧
责任技编：靳晓虹
出版发行：中山大学出版社
电　　话：编辑部 020 - 84110283，84113349，84111997，84110779，84110776
　　　　　发行部 020 - 84111998，84111981，84111160
地　　址：广州市新港西路 135 号
邮　　编：510275　　　　　传　真：020 - 84036565
网　　址：http://www.zsup.com.cn　　E-mail：zdcbs@ mail.sysu.edu.cn
印 刷 者：广东虎彩云印刷有限公司
规　　格：787mm×1092mm　　1/16　　18 印张　　322 千字
版次印次：2023 年 7 月第 1 版　　2023 年 7 月第 1 次印刷
定　　价：78.00 元

如发现本书因印装质量影响阅读，请与出版社发行部联系调换

国家社科基金后期资助项目
出版说明

后期资助项目是国家社科基金设立的一类重要项目，旨在鼓励广大社科研究者潜心治学，支持基础研究多出优秀成果。它是经过严格评审，从接近完成的科研成果中遴选立项的。为扩大后期资助项目的影响，更好地推动学术发展，促成成果转化，全国哲学社会科学工作办公室按照"统一设计、统一标识、统一版式、形成系列"的总体要求，组织出版国家社科基金后期资助项目成果。

全国哲学社会科学工作办公室

前 言

有一种比较流行的观点认为，逻辑学是一门研究思维形式结构及其规律与规则的学问。然而，这种观点或认识实际上很难真正把逻辑学的研究对象揭示出来。改变这种观点最好的办法是将其中所讲的"思维"换作"思想"，并且进一步将这种思想的构成要素解释为概念、命题、推理以及逻辑基本规律。

这里所说的"思想"一词可以有两种意思：一种是动词意义上的思想，这样的"思想"指的是一种思想活动或思想过程；而另一种则是名词意义上的思想，这样的"思想"指的则是由思想活动或思想过程形成的思想的结果。两种不同的思想，其主要构成要素以及表现形式都是概念、命题或推理。因此，逻辑学所研究的思想形式及其规律与规则既适用于规范思想活动，也适用于规范思想的结果。

无论是人们的思想活动，还是思想的结果，其展开或表达都离不开使用语言。对于已经学会了某种语言的人来说，思想的过程实际上也是一个使用语言的过程。由于思想的形式结构及其规律或规则归根结底都会表现为某种使用语言的形式结构及其规律或规则，因此，从使用语言的角度看，关于思想的逻辑实际上也可以被归结为一种关于使用语言的逻辑。

本书从意义分析出发，以建立一种以使用语言为主要分析对象以及表述工具的语言逻辑为追求目标，提出了若干与思想及其表达与理解相关的语言逻辑思想。

本书所论及的"语言逻辑"与"自然语言逻辑"属于同一概念的两种不同表达。而书名之所以要采用"语言的逻辑"这一术语，是因为前两个术语相对都比较正统、严肃，更适合有关自然语言逻辑基本原理的系统阐述或解释；而本书则偏重于问题研究，因此使用后一个术语相对来说更为恰当。

使用语言必定会涉及语言的意义，而意义问题既是分析哲学所关注和研究的核心问题，也是逻辑学需要研究和讨论的基础性问题。就逻辑学来说，无论是对已有逻辑所谈论的概念、命题、推理等问题展开的各种哲学反思，还是对语言使用中出现的一些新的逻辑形式及其规律与规则进行的研究与总结，抑或是将一些逻辑基本原理运用于自然语言表达与理解实际，从语词与概念到语句与命题，再到推理以及论证，意义问题几乎都相伴始终。可以说，大部分逻辑术语或逻辑形式的涵义最初就包含在相应于它们的自然语言语词、语句或句群的使用意义之中。比如，就蕴涵命题联结词"如果，那么"来说，这个词在语言使用中具有的最基本的涵义实际上也就是其相应逻辑联结词涵义的来源和基础。如果对这个联结词的基本意义在理解或解释方面出现了偏差，那么据此而总结的一些推理形式以及推理规则也必然会出现脱离人们的语言使用实际或思想实际的问题。

纵观逻辑发展史不难发现，逻辑学所讲的各种推理形式、逻辑方法以及逻辑规律及其规则等原本就是逻辑学家们从人们对自然语言的具体使用中分析、总结出来的。可以说，从人类历史上第一个逻辑理论——亚里士多德（Aristotle，公元前384—前322年）逻辑的诞生到现代逻辑各分支的纷纷面世以及迅猛发展，各个不同阶段、不同形态的逻辑尽管异彩纷呈，但它们归根结底都来源于对使用语言意义进行的各种不同角度、不同程度的分析以及总结。尽管现代逻辑的一些分支已经发展到了高度符号化、形式化的程度，但是正确的意义分析却永远是逻辑科学不断发展的动力和源泉。也正因为如此，所以从研究来源及其本性方面说，截至目前为止历史上产生的各种不同形态的逻辑实际上都可以被概括或总结为一种广义的语言逻辑。

现代逻辑的奠基者弗雷格（F. L. G. Frege，1848—1925年）在强调语言的使用规律及规则之于逻辑规律及规则所具有的重要意义时曾特别强调："任何制定逻辑规则的人实际上都不能避免根据语言的区别来建立规则。因为没有语言，我们就不能相互理解。并且因此我们最终也依赖于这样一种信念：别人对这些词、形式和句子的构造的理解和我们自己的理解基本一样。"[1] 弗雷格是在讲到德语的单数定冠词与不定冠词在区别构成一个思想的对象与概念这两个部分以及在进一步阐述这两个部分在思想构成中所具有的不同作用时说出这段话的。正因为他十分清楚逻辑规则与语言使用以

---

[1] 弗雷格：《弗雷格哲学论著选辑》，王路译，商务印书馆2006年版，第82页。

及意义分析之间具有的千丝万缕的联系，所以从总体上看，他所提出的一些语言分析主张或逻辑思想基本上没有偏离自然语言自身表达与理解的轨道；或者也可以说，这些主张以及思想从根本上说仍然是符合自然语言表达与理解的基本性质和基本特点的。比如，他通过变换语句表现形式将全称语句所表达的思想分析为一种带全称量词的假言命题，将一个条件句所表达的思想所具有的特性解释为一种类似于规律的普遍性，将语句中直接引语或间接引语所表达的思想与包含这类引语的语句所表达的思想区分为不同的语言层次，这一切既充分表现出他对自然语言自身意义及其表达与理解性质、特点的一种极大程度的尊重，同时也体现了他对自然语言表达与理解特点、性质、规律的一种细致入微的认识与总结。尽管后人把弗雷格看作现代数理逻辑的奠基者，他的意义分析思想及其理论却明显具备一些属于自然语言逻辑的特点。这种情况充分说明：无论对于传统逻辑来说，还是对于现代逻辑来说，抑或是对于我们这里要研究以及讨论的语言逻辑来说，只有正确的意义分析才是发现某种逻辑规律以及建立相应逻辑规则的基本途径；同时，逻辑的规律与规则归根结底也可以被概括或归结为一些使用语言思想或表达思想的规律与规则。

当然，弗雷格的意义分析思想并非完美无缺，其意义理论所出现的某些不尽如人意之处也正是由于他为了追求或完成某种理想化设想而忽略或错解了自然语言的本来意义。比如，关于"语句指称真值"的思想最初应该只是弗雷格为了解释语句的所指而提出的一种假设性思想，然而，后来当他进一步把这种尚未得到最后证明的假设当作一种科学论断径直运用于他所建构的逻辑体系时，这种运用或过渡实际上是比较草率的或缺乏充足理由的。也正因为这样，其意义理论所包含的一系列与语句指称相关的思想（比如把语句之间的同一替换解释为真值替换、把命题之间在所指方面的关系解释为真值关系等）与其真值指称思想一样，在一定程度上出现了脱离语言表达与理解实际的情况。

维特根斯坦（L. Wittgenstein，1889—1951 年）在《逻辑哲学论》一书中对弗雷格的真值指称思想做出过十分中肯且符合实际的批评。在维氏看来，真值只不过是判断者对语句所指性质给出的一种断定结果而并不是语句的所指本身。[①] 维氏的这种批判精神及其旗帜鲜明的观点与后来那些将真值指称主张完全奉为金科玉律者的思想及其理论表现形成了极其强烈的对

---

① 参见维特根斯坦《逻辑哲学论》，贺绍甲译，商务印书馆1996年版，第47-58页。

比。对于维氏通过意义分析所提出的那些思想显然是经过深思熟虑的，我们在研究与总结语言的逻辑时必须予以高度重视。

逻辑的规律与规则必须建立在正确的意义分析基础之上。任何一种逻辑理论，如果它只是把自然语言表达本身看作一种现象，并以此为借口从而在背弃自然语言自身表达与理解规律及规则的基础上主观抽象或设想出一些只能在其自身理论范围或自身体系内自圆其说（甚至有些还无法自圆其说）然而却又脱离或远离了自然语言本来意义的所谓"形式系统"，那么这样的系统在其性质以及用途方面就会与人们以某些人为设定规则为根据而建造的游戏活动（如各种棋牌游戏）很难有什么本质的区别。如果将这样的游戏规则运用于规范或指导人们的实际思想或语言使用，那势必会出现一系列让人百思不得其解的问题。就算我们可以像维氏那样把人们使用语言的活动叫作"语言游戏"，但这样的说法在维氏那里只不过是一种比喻性或类比性的说法；人们的语言活动作为一种"游戏"与各类人造游戏具有完全不同的性质。各种人造游戏的规则可以由游戏的制造者根据游戏的目的或需要任意制定，但关于语言游戏的规律以及规则必须始终尊重语言表达与理解自身所具有的一些客观性质与客观规律，而且这样的规律以及规则一旦被发现或总结出来，它们反过来就会成为人们进行正确的表达与理解必须要遵守的一些基本的逻辑要求。

离开对实际使用语言意义进行的具体分析，任何逻辑理论都将成为无源之水、无本之木；假如将语言本身的宗旨以及意义理解或分析错了，那么建立在这种错误分析基础上的所谓逻辑系统即使在自身范围内表现得再严密，它们对于人们的实际思想以及语言表达来说，最终也只不过是一些类似于镜中花水中月的东西。也可以说，这种逻辑系统实际上只不过是一些毫无实际指导意义或应用价值的符号游戏。

使用语言的涵义和所指本来是可以分析清楚的，其中所蕴含的一些逻辑关系以及规律与规则也是可以被清楚地揭示或总结出来的。

虽然在目前情况下构建一个科学的自然语言逻辑体系并不现实，但是本书还是按照一些通行的做法，采用基础理论、语词与概念、语句与命题、蕴涵与推理这样的排列顺序初步给出了一个关于自然语言逻辑的理论框架。而这样做的主要原因或目的只不过是使所讨论的一些具有不同特点与性质的语言逻辑问题能够有一个相对合理的归属。

本书的观点以及论述并非笔者一时心血来潮，而是几十年来在从事专业教学与研究过程中潜心思考的结果。虽然这些问题只涉及语言、逻辑以及哲学领域的部分问题，而且对于我而言，对这些问题的思考与认识远谈不上有多深入或多全面，但就语言逻辑的研究来说，既然路漫漫其修远，那么先将这些成果拿出来，与读者朋友们一起来学习、探索和研究，这或许是一种更好的选择。

王健平

2020 年 12 月于华南师范大学

目　录

第一章 导 论

自古以来，逻辑学就与自然语言表达和理解有着无法割断的联系。鉴于这门学科的一些主要分支在后来的发展中沿着符号化、形式化、系统化的研究方向与自然语言使用实际渐行渐远，一些有识之士很早就开始关注和研究起语言逻辑（或自然语言逻辑）的有关问题。本章将主要从回顾与分析语言逻辑在中国的产生以及发展情况入手，初步探索与总结一下这种逻辑的研究对象、基本性质、主要内容以及作用等，其中所涉及的诸多问题也正是本书其他章节要进一步去深入分析或探讨的问题。

第一节 语言逻辑在中国的产生

对于中国人来说，逻辑学的一些主要分支虽然是舶来品，但是语言逻辑却并不完全是舶来品。中国的逻辑学家以及逻辑爱好者们对语言逻辑问题的探索与研究最初主要是从已有逻辑理论如何与自然语言使用实际结合的问题切入与展开的。这里所说的"自然语言使用实际"既包括关于使用语言的表达，也包括关于使用语言的理解。

任何理论联系实际的主张以及践行都会表现为两种情况：一是将已有理论运用于实际，从而使得已有理论在实践中得到真正的贯彻与发展；二是在将已有理论与实际相结合的过程中又产生一些新的更切近实际的理论。而且第一种运用往往会为第二种结合奠定必要的基础以及实现条件。被称为"语言逻辑"或"自然语言逻辑"的理论在中国的产生就属于第二种情况。

从语言逻辑研究的一些主流成果来看，学界有两种基本观点或主张值得我们在这里特别提起：一种观点是把语言逻辑归结为一种逻辑学与语言学的交叉学科；而另一种观点则是把语言逻辑概括或总结为逻辑学的一个新分支。这两种观点尽管有一些区别，但是二者强调的核心思想并不矛盾。

中国学者对语言逻辑问题的探索和研究开始于 20 世纪 50 年代，主要表现在以下三个方面。

第一，将相对抽象的逻辑原理和灵活具体的语言表达与理解实际相结合，以此为手段更为有效地开展逻辑学的推广、普及以及应用工作；而在此结合过程中，一些关于自然语言逻辑的观点与思想也就随之产生了。

第二，发现和总结了一些已有逻辑学尚未研究或总结过的与自然语言表达和理解紧密相关的逻辑现象或逻辑问题。

第三，在发现及修正已有逻辑学存在的一些问题的过程中，提出了若干与已有逻辑原理有所区别但却更切近自然语言表达与理解的逻辑概念、逻辑形式以及逻辑方法。

不过，具有这种特点的一些研究结果在其产生之初并没有人用"语言逻辑"或"自然语言逻辑"这样的术语来概括或称呼它们。

在中国逻辑界，最早明确提出并积极倡导研究自然语言逻辑的先行者是逻辑学家周礼全（1921—2008 年）。

周礼全在他晚年主编的《逻辑——正确思维和有效交际的理论》一书的"序"中回顾自己进入自然语言逻辑研究领域的过程时说，从 1952 年被调入北京大学从事逻辑教学与研究开始，他就已经开始思考与探索逻辑如何与自然语言使用相结合的问题。他认为，这些思考与探索最初针对的主要是关于形式逻辑教学课程的改革问题，而在这些思考中逐渐形成的一些观点后来也就转变成他关于发展形式逻辑的一些理论主张。① 而他所强调的"发展"主要是一种倾向于开辟或建立一种自然语言逻辑式的发展。

值得一提的是，中国人民大学的王方名、张兆梅于 1958 年在中国人民大学逻辑教研室编写的《形式逻辑》一书中也曾经以附章的形式发表过"概念、判断在汉语中的表现形式"这样一篇与自然语言逻辑问题有着密切关系的文章。② 这说明，逻辑与自然语言使用相结合的问题从那个时期开始就已经是一些逻辑教学与研究工作者比较关心的一个重要问题。

不过，比较各方面的研究情况来看，周礼全的观点以及论述相对来说更加旗帜鲜明，涉及面也相对更为广泛与系统。

---

① 参见周礼全主编《逻辑——正确思维和有效交际的理论》，人民出版社 1994 年版，"序"第 1 页。

② 转引自王方名、张兆梅、张帆《说话写文章的逻辑》，教育科学出版社 1980 年版，第 2 页。

1959 年，周礼全在《哲学研究》第六期发表了一篇题为《形式逻辑必须在马克思主义指导下大力修正》①的文章。该文借助那个时代特别强调理论联系实际的时代大背景，明确提出了形式逻辑也要理论联系实际的研究主张，并且进一步指出，逻辑理论要联系的实际就是思维实际。为此，该文明确提出的所谓逻辑理论联系实际的方法就是：要熟悉各种思维形式的语言表现形式；要结合自己国家语言的语法与修辞；要多分析各种逻辑错误。针对形式逻辑研究的发展方向，该文明确指出，只要是存在于实际思维中，总结出来又可以指导实际思维的东西，它们都应该被吸收为形式逻辑的内容，借以丰富和发展形式逻辑。

这里需要特别说明的是，周礼全在上述文章中所说的"形式逻辑"当初指的主要是以亚里士多德逻辑为主体，同时也包括培根（Francis Bacon，1561—1626 年）、密尔（John Stuart Mill，1806—1873 年）等人一些归纳逻辑思想的传统逻辑，而上述文章要论述的重点也是如何结合自然语言实际更好地运用、研究以及发展这种逻辑。

后来，随着对有关问题思考与研究的进一步深化，周礼全最初提出的这些丰富和发展形式逻辑的思想也就逐渐发展演变成其自然语言逻辑思想及理论的重要组成部分。

1961 年，周礼全在《光明日报》发表了一篇题为《形式逻辑应尝试研究自然语言的具体意义》的建议性文章。该文标题明确使用了"形式逻辑"与"自然语言"这两个关键词，而正文则直截了当地指出，研究自然语言的具体意义或研究自然语言的逻辑能够更充分地反映自然语言与实际思维的逻辑性质，是改进形式逻辑的重要途径。于是，"自然语言的逻辑"这一术语也由此而被正式提出。

以上提到的两篇文章既反映了周礼全主张研究自然语言逻辑的初衷，也表达了他早期对这种逻辑持有的一些基本认识。它们不仅表明自然语言分析对于逻辑研究与应用极为重要，而且明确揭示了自然语言逻辑所具有的一些特点以及作用，说明了这种逻辑产生的必要性和可能性。

时隔近四十年，周礼全在一篇讲话（即下文提到的"第一次全国逻辑讨论会"讲话）中结合一些新的研究再次归纳总结了他在上述第二篇文章中所谈到的一些语言逻辑问题主要包括：

（1）讲到了不同意义的语句。

（2）提出了语境及具体意义。

---

① 周礼全：《形式逻辑必须在马克思主义指导下大力修正》，《哲学研究》1959 年第 6 期。

（3）强调要结合语法修辞。

　　（4）提出要扩大逻辑词项，建立自然语言逻辑系统。①

　　他还特别指出，以上（1）类似于奥斯汀（J. L. Austin）的言语行为（illocutionary act）思想，（1）与（2）则类似于格赖斯（H. P. Grice）的隐涵（implication）思想。

　　这一总结不仅再次强调了（1）—（4）所提思想来自自然语言使用实际，而且还将这些思想与国外同时期出现的一些可划归于自然语言逻辑的思想或理论进行了对比，其中明确提到的理论就有 20 世纪 50 年代以来产生的言语行为理论与会话涵义理论。这一总结表明，周礼全在几十年的逻辑研究道路上一直坚持着自己当初对语言逻辑研究对象与性质形成的一些基本看法。这一总结蕴涵的一个核心观点就是自然语言逻辑应该是一种与自然语言表达和理解紧密结合的逻辑。之后，周礼全认为，他的这篇论文表明他关于自然语言逻辑的思想已经进入了一个新阶段。

　　周礼全所提问题及其研究结果虽然与国外同时期产生的一些可划归于语言逻辑的研究成果颇为类似，但他那些旗帜鲜明的观点以及深入浅出的分析却并非对国外有关研究成果的简单引进或移植，而是具有自己鲜明的创新特色与表达特点的。他在上述对比与总结中所说的与国外某些理论的"类似"，强调的也只是一些研究取向、特点、观点等方面的自然相通。

　　一篇基于分析语言表达实际的原创性论文不仅经过了较长时期理论与实践的考验，而且其中一些思想还在国外同类研究中得到了某种旁证，这无疑从一定程度上说明或证明了作者思想的独到、深邃以及在研究方面的务实与创新，也说明语言逻辑研究所涉及的一些基本问题在各种不同语言中存在着许多共同的特点。

　　1978 年，周礼全在第一次全国逻辑讨论会上作了一个关于进一步开展语言逻辑研究的报告，对他所认为的自然语言逻辑的研究对象、内容、性质等问题进行了相对比较系统的阐述。后来，该报告经过整理以《形式逻辑和自然语言》为题在《哲学研究》上发表。其中谈到的主要内容有三点。

　　第一，明确指出，一个陈述句包含两个因素，一是断定，二是被断定的内容或对象，即命题，并且明确指出，以往的一些正统逻辑往往只考虑了被断定内容，而并没有考虑或研究过断定这样的言语行为。

　　第二，借助对一些使用语言的分析，明确区分了"指谓""意谓"与"意思"等概念，认为"意谓"是语句与其指谓以及言语行为的统一，"意

---

　　① 参见《周礼全集》，中国社会科学出版社 2000 年版，"自序"第 11 页。

思"则是说话者在一个具体语境中说出一个语句时意图向听话者传达的思想感情，其意义比"指谓"和"意谓"更为丰富。

第三，明确区别了"多义"与"歧义"、"蕴涵"与"预设"，分析并阐述了实现成功交际涉及的诸多逻辑因素，认为说话者使用某种语言把自己的思想感情传达给听话者，从而在听话者那里产生了说话者所希望产生的那种思想感情，这样的言语交际才可以被称为"成功的言语交际"。①

周礼全的这些论述既表达出他对自然语言逻辑研究一贯持有的积极态度，同时也表明了他一直以来所主张的自然语言逻辑应该具有的一些基本特点以及需要研究的一些主要内容。

后来，周礼全又在1980年发表的《边干边学，加强自然语言逻辑的研究》一文中进一步强调："在自然语言中，语句是基本的单位，因而研究各种语句的逻辑，如命令逻辑、疑问逻辑、时态逻辑等等，就是非常重要的；自然语言不同于形式语言的一个突出特点，就是自然语言对语境的依赖性，因而从逻辑角度来研究语词和语句同语境的关系，也是非常重要的；自然语言是人与人之间的交际工具，因而从逻辑角度来研究人与语言之间的关系，即语用逻辑，也是非常重要的。"②

这篇文章中提到的"自然逻辑"是周礼全对"自然语言逻辑"的另一种称谓。从这些不同的称谓我们不难看出，周礼全对他所主张的语言逻辑与自然语言之间所具有的那种密切关系的认识：所谓"自然"的意义就在于这种逻辑所使用以及所研究的语言与人们通常所使用的语言之间无矫揉造作的切近，在于它与表达和理解实际的紧密结合。

从周礼全的一系列论述来看，结合语用情况来深入分析自然语言逻辑问题应该是他更感兴趣的一种研究方式，而且他所提出的一些语言逻辑思想也基本表现在逻辑分析与语用分析的结合方面。

周礼全关于语言逻辑的一系列论文以及学术报告不仅观点清晰、论述连贯，而且这种自成一体且涵盖面比较广泛的思想明显对中国境内的自然语言逻辑研究起到重要的引领以及推动作用。

---

① 周礼全：《形式逻辑和自然语言》，《哲学研究》1993年第12期。
② 转引自中国逻辑与语言研究会编《逻辑与语言研究》，中国社会科学出版社1980年版，第2页。

第二节 语言逻辑研究在中国的展开

由于 20 世纪 80 年代之前中国各大学使用的逻辑教材主要以传统形式逻辑为主，因此中国逻辑学家们研究语言逻辑的最初动因也主要是为了进一步改造或发展这种逻辑。不过这样的研究最初选择的方向并不是符号化或系统化，而是以理论与实际相结合为手段，将逻辑与自然语言使用紧密联系起来，试图从逻辑角度分析和解释一些自然语言使用现象并据此发现和总结一些适合自然语言使用的新的逻辑形式或逻辑方法，以此为基础进一步建立一种与传统逻辑相比能够更切近自然语言表达和理解的工具性逻辑。因此，这样的语言逻辑在其产生之初就与研究者对使用语言进行的逻辑分析和总结密不可分。比如，孟自黄在回忆他写作《"问题"初探》一文的动因时就说过，正是在讲授形式逻辑课的过程中，一位学员提出的问一位未婚女士"你孩子多大了"所引发的问题促使他产生了对问句及其隐含的思考。[①]他在论文中使用的"隐含"一词虽然与国外有关文献中讲的"预设"用语有所不同，但实际意思却大同小异。

1979 年，三联书店出版了陈宗明的《现代汉语逻辑初探》一书。该书尽管只有区区十余万字并且其中提到以及使用的与语言相关的"逻辑"主要是传统逻辑，但它却是国内出版的最早的一本将语言学知识与逻辑学知识结合在一起谈论理解和表达问题的语言逻辑著作。该书分为上下篇，主要是将现代汉语的有关知识与传统逻辑的知识结合来分析和阐述关于语言逻辑的问题。其中，上篇为词句逻辑，下篇为文体逻辑。上篇内容包括"概词""命题""推论"，体例安排以及用语类似于当时国内流行的逻辑教材所使用的"概念""判断""推理"；下篇则分析与阐述了议论文、记叙文等不同文体涉及的一些逻辑问题。该书将现代汉语语法修辞以及一些写作知识与传统形式逻辑紧密结合所表现的研究取向和研究特点曾引发了一些人对语言逻辑问题，特别是对汉语逻辑问题进一步的思考与探索。

教育科学出版社 1980 年出版的由王方名、张兆梅、张帆合著的逻辑教学用书《说话写文章的逻辑》，其最初的写作目是给初学逻辑者提供一本

---

① 参见孟自黄《我的第一篇逻辑论文〈"问题"初探〉》，《探索与争鸣》1999 年增刊。文中写道，多年前，在他讲授逻辑课时，班上有一位学员提到了这样一件事：有一次，他的一个朋友问一位女士"你孩子多大了"，而实际上该女士当时还未婚，因此这位女士听到这样的问话后的表现是很大的不高兴。这位学员搞不清到底出现了什么逻辑问题，请求老师解惑。学员提出的这个问题引发了孟自黄的思考，后来他将这种思考写成《"问题"初探》发表在《逻辑与语言研究》上。

理论联系实际的普通的形式逻辑读本，然而最终面世的成果却是从"说话写文章"的角度分析了话语以及文章在组织结构、表达形式、表达手段等方面所具有的一些逻辑特点，因此该书具有明显的研究性与探索性。该书将言辞区分为说理论证言辞与记叙描写言辞两大类，并特别对说理论证言辞具有的一些逻辑特点进行了分析与说明，因而也可以说这是国内最早出现的一本从语言分析角度讨论论证逻辑问题的著作。

上海人民出版社 1984 年出版的陈宗明的《逻辑与语言表达》则主要探索了一些形式逻辑原理在自然语言表达中的具体表现情况，同时也总结了若干与语言表达和理解紧密相关的新的逻辑形式及方法，从而丰富与发展了作者在《现代汉语逻辑初探》一书中所提倡的逻辑主张与思想，对中国的自然语言逻辑研究起到了进一步的启发以及推进作用。

1984 年，河北人民出版社出版了由王维贤等合译的奥尔伍德等著的《语言学中的逻辑》一书，该书使国内语言逻辑研究者们看到了一种建立在分析哲学基础上并且带有现代逻辑取向与特点的自然语言逻辑。尽管该书只是一本译著，其内容并不能代表或体现当时中国逻辑界的语言逻辑研究现状或水平，但是由于该书是从语言逻辑角度讨论命题逻辑、谓词逻辑、内涵逻辑、模态逻辑以及范畴语法等现代逻辑问题，因此它在拓宽中国的语言逻辑研究者们的研究视野，引导、促进中国的语言逻辑研究与现代逻辑以及现代哲学研究的结合方面产生了一些积极的启发以及示范作用。

1989 年，湖北教育出版社出版了由王维贤、李先焜、陈宗明合著的《语言逻辑引论》一书，该书是中国逻辑学者系统阐述语言逻辑设想及其思想的第一部兼具教材与专著特色的语言逻辑著作。该书将"语言逻辑"定义为"一般逻辑中的指号学"，其内容既包括学习与研究语言逻辑需要的一些预备知识，也包括作者所认为的一些属于语言逻辑的基本知识。

在语言逻辑的专题研究方面，求实出版社 1989 年出版（1992 年中共中央党校出版社修订再版）了由王建平著的《语言交际中的艺术——语境的逻辑功能》一书，该书对语境的逻辑意义进行了分析与论述。湖南师范大学出版社 1991 年出版的胡泽洪著的《语言逻辑与言语交际》一书则对使用语言中所隐含的一些逻辑形式与方法，特别是对使用语言涉及的预设问题进行了相对深入的研究与阐述。

从总体上看，在该阶段，中国的语言逻辑研究呈现出一派繁荣景象。由中国逻辑与语言研究会主编的论文集《逻辑与语言研究》从 1980 年开始由中国社会科学出版社连续出版，其中发表的一些兼具学术性与应用性的小型论文分别从各种不同角度探讨了实际语言使用中存在的自然语言逻辑问题。由该研究会主办的杂志《逻辑与语言学习》也于 1981 年创刊并陆续发表了一系列关于自然语言逻辑研究方面的文章，这些文章的一个共同特点是短小精悍、角度独特、有很强的针对性与应用性，因而它们不仅为此后中国的语言逻辑研究提供了若干原创性观点与思想，而且还从各个角度促进和丰富了逻辑学有关分支的教学与研究。

中国的语言逻辑研究者立足于自然语言使用实际而对语言逻辑进行的广泛而持久的探索性研究具有极为重要的意义，这不仅促成了一批角度独特且理论联系实际的研究成果，而且还代表了一种务实创新的研究方向以及具有某种历史延续性的研究思路。

第三节　语言逻辑研究的新动向

从 20 世纪 80 年代末开始，随着中国逻辑研究者对国外逻辑研究与发展动态的关注，国内逻辑界一些学者开始把语言逻辑研究的重心转向了对国外有关研究成果的引进以及研究方面。中国的语言逻辑研究也随之出现了一些新动向。

周礼全在为邹崇理的《自然语言逻辑研究》一书撰写的"序言"中是这样概括和评价国外语言逻辑研究状况的：

自然语言逻辑是 20 世纪 70 年代以来在现代逻辑基础上发展起来的新学科，是当今逻辑领域中极具生命力的重要分支。[①]

该"序言"指出，语言逻辑研究要在现代逻辑、现代语言学以及现代修辞学相结合的基础上展开对自然语言的分析并进而建立新的逻辑系统，从而为人们利用自然语言进行的日常思维与交际提供更为有效的逻辑工具。

从该阶段周礼全自己的研究情况来看，在这里所强调的"20 世纪 70 年代以来在现代逻辑基础上发展起来"的"自然语言逻辑"实际上是一种特指情况下的语言逻辑，或者说这样的语言逻辑实际上指的是一些特殊的语言逻辑形态，比如，蒙太格语法就属于这样一种特殊的语言逻辑形态。因此，"序言"中提到的一些断定性语句虽然可以适用于 20 世纪 70 年代以来国外产生的某些语言逻辑形态，但并不适用于该时期产生的所有语言逻辑形态，更不适用于评价 20 世纪 70 年代之前国内外语言逻辑的一些研究情况；否则将不仅无法解释周礼全从 20 世纪 50 年代开始就对语言逻辑展开的

---

① 邹崇理：《自然语言逻辑研究》，北京大学出版社 2000 年版，"序言"第 1 页。

诸多探索性研究，而且也无法解释 20 世纪 70 年代之前国内外其他哲学家、逻辑学家以及语言学家们针对语言逻辑问题所做的种种探讨与研究。

这一阶段，随着研究者们对国外有关研究情况的关注和介绍，国内语言逻辑的研究重点也发生了一些明显的变化。

在该阶段，国内产生的比较有代表性的著作主要有（按照研究成果出版的时间顺序排列）邹崇理的《逻辑、语言和蒙太格语法》（社会科学文献出版社 1995 年）、《自然语言逻辑研究》（北京大学出版社 2000 年）、《逻辑、语言和信息》（人民出版社 2002 年）；蔡曙山的《言语行为和语用逻辑》（中国社会科学出版社 1998 年）；黄华新、陈宗明的《描述语用学》（吉林人民出版社 2005 年）；陈道德等著的《二十世纪意义理论的发展与语言逻辑的兴起》（中国社会科学出版社 2007 年）；鞠实儿等著的《面向知识表示与推理的自然语言逻辑》（经济科学出版社 2009 年）；蔡曙山、邹崇理的《自然语言形式理论研究》（人民出版社 2010 年）等。

特别值得一提的是周礼全主编的《逻辑——正确思维与有效交际的理论》一书也于 1994 年由人民出版社出版。由于参与该书写作的人员都是国内在自然语言逻辑方面获得了某些研究成果的研究者，因此，从总体来看，该书相对比较全面地反映了当时中国逻辑界关于自然语言逻辑研究的一些基本状况以及认识水平。

从具体内容方面看，该书分析了语境、言语行为、隐涵、预设等语言逻辑的基本概念，指出了构建一个基本的言语交际过程所需要的一些基本要素与基本要求，阐述了谈话、讲演、辩论等不同言语表现形态涉及的一些不同逻辑形式与逻辑方法。在该书中，周礼全使用"C_R^*（U（F（A）"这样一个表达式来表示语言使用中一个话语所表达的具体意思，而且表达式中的每一个符号都有它们各自的意义。这种复杂的符号组合形式明显表现出周礼全对于话语意义复杂性所持有的一种认识以及在解释自然语言使用意义方面一直秉承的一种追求。

当然，对于表达式"C_R^*（U（F（A）"来说，它是否能够准确而恰当地解释具有多种"不同意义的语句"，显然还有必要对其展开进一步的推敲。比如，从表达式构成中的各个符号情况来看，"A""F"与"U"所代表的意义虽然不同，但它们实际上都属于某种受语境"C_R"所制约的意义，而并不是只有最后的"C_R^*"才代表某种与语境相关的意义。一个离开语境的语句，仅就它表达的命题"A"这个部分来说就是不确定的。另外，从符号使用方面来看，假如把"C_R"规定为语境，那么，在把"A""F"与

"U"这样的符号分别规定为命题、言语行为、副语言成分的同时，把"C_R^*"解释为说话者相应于语境"C_R"所表达的思想感情也并不合适。就正常的表达来说，一个表示语境的符号再附加一个上标，这样的符号表示的仍然应该是语境。

类似于上述问题的出现说明关于自然语言逻辑的研究的确还有很长的路要走。即使是对一个符号的使用、一种断语的提出来说，反复推敲、精心提炼、力争准确恰当，这在相当长的时期内都将会成为研究者们需要特别注意的基本要求。

在该书"序言"中，周礼全再次重申了他在分析和处理形式逻辑与自然语言的关系方面一直秉承且力所能及地贯彻的基本思想：

> 形式逻辑要在提高人们的思维能力方面起重要作用就必须和自然语言相结合，必须和语形、语义和语用相结合，必须和人们思想感情的表达传达相结合，必须和人们的言语交际活动相结合。①

第四节　自然语言逻辑的研究特点与任务

语言逻辑研究到底是要对自然语言使用中出现的一些适用于自然语言表达或理解的逻辑形式、逻辑规律、逻辑方法及规则进行某种符合语言使用实际的分析与总结呢，还是要重新构建一种可专用于自然语言分析与表达的新逻辑工具从而代替已有的某些主流逻辑？这个带有选择性的问题是语言逻辑研究必须首先要搞清楚的问题。

从自然语言逻辑研究的实际情况来看，无论是国内还是国外，可以被称为"语言逻辑"的一些研究成果主要属于上述第一个方面。虽然在这类研究结果中的确出现了一些与自然语言分析和表达相关的特有术语、方法以及一些特殊的自然语言推理类型，然而它们充其量也只能算是对现有工具性逻辑的一种补充、发展、修正或运用，仅仅由此还很难构成一种像传统逻辑、现代逻辑那样具有自身体系性质且可以独立使用的工具性逻辑。

人们当初之所以要研究自然语言逻辑，其原因主要也是为了解决已有逻辑与自然语言使用实际相脱节的问题。可以说，正是由于一系列符合自然语言使用实际的分析性成果的产生，才带来了可被划归于自然语言逻辑的一些特有概念、命题以及推理的出现。但是，就目前的研究现状以及结

---

① 周礼全：《逻辑——正确思维与有效交际的理论》，"序"第1页。

果来看，指望由这样一些分析性成果构成一种专门的或独立的逻辑工具是不切实际的。至于一些研究者通过采用符号语言而构建的一些所谓"自然语言逻辑符号系统"，它们更应该被划归于符号逻辑。判定一种研究结果是否是自然语言逻辑的标准，主要是看这种研究结果的自身表现及其性质，而并不是笼统地看它所分析或研究的对象。比如，即使是现代逻辑中的命题演算与谓词演算，从根本上说它们也都来源于对自然语言的分析与研究。但是，我们并不能把这样的逻辑定性为自然语言逻辑。

对于那种力图建立某种自然语言逻辑符号系统的学术追求或研究主张来说，假如研究者根据自然语言使用的某些特点的确构造出某些新的可以被称为"语言逻辑"的符号系统，那么这样的符号系统必然会面临一系列新的需要进一步解释的问题。比如，这样的符号系统是否比现有逻辑工具在分析自然语言方面更全面、更准确、更切近语言使用实际？这种符号系统与人们最初探讨、研究自然语言逻辑的动因是否是一致的？这样的符号系统能否算是一种自然语言逻辑？

作为一种研究追求，自然语言逻辑并不一定要走形式化、系统化的道路。对于自然语言逻辑研究来说，假如其研究方向偏离了自然语言表达与理解本身，或者其研究结果最终形成的是某种推导严密的符号系统，那么，将这样的结果说成自然语言逻辑就是名不副实且非常奇怪的。从实际研究情况来看，构建某种自然语言逻辑符号系统的追求最可能导致的结果就是：某个所谓自然语言逻辑符号系统构建成功之日很可能也正是这个符号系统与自然语言逻辑分道扬镳之时。

退一步讲，即使承认人们关于自然语言逻辑研究可以有各种各样的追求，但人们在自然语言逻辑研究兴起初期所产生且后来又一直抱有的那种自然语言逻辑追求却是任何其他追求也无法取代的。周礼全毕其一生研究自然语言逻辑问题，其成果也只不过是结合自然语言自身特点以及表达与理解实际，对自然语言使用中存在的一些已有逻辑问题未曾研究或研究不充分的地方进行了一些符合语言使用实际的分析与总结。

自然语言逻辑对语言的分析应该主要以自然语言本身的实际使用意义为根据，而并不是以某些人为规定意义为根据。比如，就自然语言条件语句中使用的"如果，则"来说，若硬性使用现代逻辑关于实质蕴涵的定义去分析或解释带有这种联结词的自然语言使用语句，其结果很可能是不恰当或不准确的。例如，当一个人说"并非如果张三肯吃苦，那么他就可以改变目前的贫困状况"时，按照自然语言表达与理解的惯例来看，这里说话者的意思本来是"张三肯吃苦"与"他可以改变目前的贫困状况"之间并不存在有前者必有后者的关系，而由此得出的结论只能是"即使张三肯吃苦，他也不一定就可以改变目前的贫困状况"，而并不是如同否定一个实质蕴涵命题一样得到"张三肯吃苦并且他不可以改变目前的贫困状况"这样的结论。这里，前一个结论仍然是一个条件命题，而后一个结论则是一个联言命题；前一个结论的根据是"如果，则"这种条件命题联结语词在自然语言使用中实际具有的那种约定俗成的意义，而后一个结论的根据则是现代逻辑赋予"实质蕴涵"的一种具有人为规定性质与特点的涵义。

自然语言逻辑要分析和研究现有逻辑原理在自然语言使用方面存在的一些不足，清除那些与自然语言表达和理解无关的内容。如"$q \rightarrow (p \rightarrow q)$"作为现代命题逻辑的一个定理，其永真性应该是无可非议的，但这种逻辑形式实际上很难反映或表现自然语言使用中的实际推理情况。从表面上看，第一个"→"表现的是一种推理关系，而其实它能够表达的只是一种真值关系；而第二个"→"虽然讲的是一种事情与事情之间的条件与结果关系，但这种关系能不能成立是以它为组成部分的那个重言式本身回答不了的。无论人们使用的是哪一语种的自然语言，仅仅依据"q"是绝对不可能得到"$p \rightarrow q$"的。上面重言式的意思实际上只是在说在"q"真的情况下既成的（或假定的）"$p \rightarrow q$"仍是真的。

于是，当人们发现"$q \rightarrow (p \rightarrow q)$"中的两个"→"代表的并不是同一种意义时，也就会发现这种用来表达某种真值关系的重言式实际上并不能算是自然语言使用中的条件推理。

尽管有关自然语言逻辑的表述语言主要是自然语言，但这样的逻辑也并不排除可以适当使用一些能够与自然语言意义相匹配的人工符号语言来代表或指称自然语言；虽然自然语言逻辑要分析以及解释的语言主要是自然语言，但是在需要的时候它也可以把某些人工语言作为自己分析与解释的对象。就后者来说，对于某些现代逻辑特别规定了其逻辑涵义的人工语言，自然语言逻辑研究完全可以根据语言使用的实际情况指出这样的人工语言所表达的意义是不是与自然语言的使用意义相匹配，使用这样的人工语言是不是能够把使用语言的实际意义分析或表达清楚。

20 世纪 70 年代以来，语用学研究在国内的发展为人们对自然语言进行的语用分析打开了新的空间。因此，在这样的背景下，有人提出要建立"语用逻辑"这样一种新的逻辑分支。

其实，关于语用方面的逻辑研究本来就属于自然语言逻辑研究的题中之义。人们完全可以在自然语言逻辑的范围内分析或讨论与语用相关的逻辑问题，也完全可以把有关语用方面的逻辑分析与研究当作自然语言逻辑研究的一个方面来看待。在承认自然语言逻辑研究具有必要性与可能性的前提下，并没有必要再重开辟和建立一个新的所谓"语用逻辑"的分支。一门学问如果分支过多，那么不仅每一个分支会带有其局限性以及片面性，而且过多的分支也必然会给学习者或研究者带来许多选择以及使用方面的困扰或负担。

　　总而言之，从目前的研究情况来看，我们只能把自然语言逻辑看成一种与自然语言使用意义相匹配的分析性逻辑。这样的分析性逻辑在指出现有正统逻辑在分析或处理自然语言意义方面存在的不足的同时，恰恰能够与某些正统逻辑在分析方法以及分析结果方面形成某种互补，这种互补将会使逻辑的工具性作用得到更全面、更切合语言使用实际的体现与发挥。

第二章　亚里士多德的"分析能力"

人类历史上第一个以自然语言为分析目标并以自然语言为基本表述手段系统研究与阐述逻辑问题的人是古希腊百科全书式思想家亚里士多德。当今学界所说的"传统逻辑"尽管主要以传播亚氏逻辑为宗旨，但是其内容、性质以及表达方式与亚氏逻辑本身还是存在一些明显区别的：一方面，亚氏逻辑中有不少与语言分析相关的思想并没有被传统逻辑吸纳进来；另一方面，即使是从被人们认为是传统逻辑中以亚氏逻辑为主体的演绎部分来看，其内容以及表述方式仍然与亚氏逻辑本身并不完全一致。

亚氏逻辑思想主要体现在其《工具论》《形而上学》等论著中。亚氏本人始终并未使用"逻辑"一词来称谓他的学说，而是采用了"分析能力"这样的术语。亚氏的《前分析篇》与《后分析篇》甚至是直接用"分析"这样的术语来冠名的。亚氏《形而上学》一书在强调"分析能力"的意义及作用时曾经特别指出：

> 有些人于应该承认的真理也试作论辩，这些人往往缺乏"分析能力"。①

该书汉语译者吴寿彭在其译著的脚注中对亚氏所说的这种"分析能力"给出了如下解释：

> "分析能力"，或译"名学训练"。亚里士多德所称"分析"即后世所称"名学"，或译"逻辑"。②

亚氏建构的这种具有明显分析性质及特点的逻辑理论不仅为此后西方逻辑学的发展奠定了坚实的理论基础，而且也为后来产生的一些意义分析理论提供了若干有效的逻辑分析方法。

---

① 亚里士多德：《形而上学》，吴寿彭译，商务印书馆1959年版，第62页。
② 同上。

第一节　《范畴篇》的逻辑意义

亚氏分析和总结各种逻辑形式及其规律与规则的初始环节是分析和总结各种不同类型的范畴词，这种分析既形成了其逻辑理论的出发点，同时也构成了其逻辑理论的基础环节。

亚氏所说的"范畴"实际上是指一些相对具有普遍意义的名称语词。也正是在这样的意义上，后人才把以亚氏逻辑为核心的传统逻辑称为"名学"，而现在又有人主张把这种逻辑称为"词项逻辑"。然而名称也好，词项也罢，它们实际上都可以根据自身具有的一些特点以及性质归属于亚氏所说的某种范畴。

亚氏的范畴分析与说明主要体现在其《范畴篇》中。

对于《范畴篇》的逻辑意义，不同的逻辑学家基于不同的逻辑立场给出的解释与评价并不一致。

威廉·涅尔（William Kneale）与玛莎·涅尔（Martha Kneale）在他们合著的《逻辑学的发展》（以下简称为《发》）一书中曾对安德罗尼珂当初将《范畴篇》编入《工具论》的意图以及做法表示了极大的不解。他们认为，《工具论》中除《范畴篇》之外的其他篇章都直接或间接地与评判某种论证有关，而且这种评判与亚氏在《修辞学》里所讲的论辩术的标准是一致的；但《范畴篇》所阐述的理论应归属于形而上学，而并不应归属于逻辑。基于此，他们得出的结论是：《范畴篇》的确"对逻辑曾产生了相当的影响，不过这种影响并不完全是好的"①。由此来看，《发》的作者对《范畴篇》的逻辑意义及其价值基本上是持否定态度的。为此，我们不得不对《发》在这方面所存在的问题做一些必要的分析。

首先，无论建立什么样的理论，总得有一个研究以及构建的起点或立论基础。尽管亚氏《工具论》其他篇章所阐述的关于语词、命题、推理、论辩等方面的问题都是与论证相关的具有"论辩术特征"的内容，但是它们的出发点以及理论基础却正是《范畴篇》所揭示的不同范畴所具有的一些不同逻辑性质以及由此而决定的范畴与范畴之间具有的各种逻辑关系。如果据此来看《范畴篇》，那么它不仅应该属于逻辑，而且还应该是一篇在亚氏逻辑中居于基础地位且具有引论意义的重要文献。

---

① 威廉·涅尔、玛莎·涅尔：《逻辑学的发展》，张家龙、洪汉鼎译，商务印书馆 1985 年版，第 34 页。

其次，即使从被后人改编而成的传统逻辑体系来看，《范畴篇》与这种逻辑也有着无法割断的联系。一方面是因为传统逻辑的立论基础以及主体内容就是亚氏逻辑，另一方面则是因为传统逻辑所讲的概念间的关系、命题结构、推理形式以及相关的一些逻辑规则等基本上都是以对名称间关系的分析与解释为基础的，而关于名称间关系的分析与解释又正是以《范畴篇》对不同范畴词特性及其相互关系的认识以及阐述为基础的。

　　再次，从《范畴篇》的具体内容来看，其中前九章说的是"实体"主范畴与"数量""关系""性质""地点""时间""姿态""状况""活动""遭受"9 个次范畴，而且这 10 个范畴属于"前范畴"；而后六章说的则是"对立""先于""同时""运动""有"5 个后范畴。《范畴篇》对这 15 个范畴的分析与说明不仅为《解释篇》分析命题特点、命题结构以及命题组成部分之间的关系创造了条件，而且也为进一步分析与解释定义、推理、论证以及辩谬等逻辑问题奠定了必要而坚实的理论基础。

　　《发》的作者认为，对于符号与其所指对象，《范畴篇》并没有作出明确的区分。① 然而，凡读过《范畴篇》的人都知道，这样的评论实际上根本就不符合《范畴篇》的具体内容以及陈述宗旨。

　　比如，《范畴篇》说："每一个不是复合的用语，或者表示实体，或者表示数量、性质、关系、地点、时间、姿态、状况、活动、遭受。"② 比如"人"或"马"这样的用语就是指实体，"白的"或"通晓语法的"则是指性质，"二倍"或"较大"又是指关系，"二丘比特长"或"三丘比特长"则是指数量，等等。看了亚氏的这些陈述或解释，我们还能说《范畴篇》没有把符号与其所指对象明确区分开来吗？

　　当然，有时出于表达需要，亚氏在解释或分析范畴词时也会直接提到范畴词的所指。但是，即使是在这种情况下，其谈论的真正目的也并非要说对象本身怎么样。当他明确讲到范畴词对实体以及属性的表示时，这时所提到的实体以及属性明显都是那种被范畴词所指称的对象；而当他直接提到实体或属性时，这时被提到的实体或属性很多情况下仍是范畴词。比如，他关于第一实体与第二实体的区分实际上说的就是第一实体词与第二实体词的区分。虽然客观上范畴词与实体或属性之间的关系是一种指称与被指称关系，但是《范畴篇》所列前 10 个以及后 5 个表面看来是在谈论实体或属性的范畴实际上都是用来指称某种实体或属性的范畴词。之所以用

---

① 参见威廉·涅尔、玛莎·涅尔《逻辑学的发展》，第 34 页。
② 亚里士多德：《范畴篇　解释篇》，方书春译，商务印书馆 1959 年版，第 11 页。

"实体"或"属性"来称呼它们,这涉及的应该只是一种表达方式而并非思想或认识。从表达或行文方面来看,我们完全没有必要机械刻板地要求表达者所使用的每一个用语都做到绝对的界限分明或严格的规范与精确;而依赖上下文语境的一些简化表达往往比那种刻板的表达要更加简洁与清楚。退一步讲,即使《范畴篇》在有些地方所讲的"实体"或"属性"指的就是对象本身,那这也应该是在范畴词所指的意义上来说明这种实体或属性的,因此,这样的说明仍未离开范畴词。

亚氏《范畴篇》之所以要列举和分析不同的范畴词,其目的就是要通过对不同类型范畴词的区分与总结,进一步说明不同范畴词各自所具有的不同的逻辑意义,这包括它们各自在不同命题中所处的不同地位、具有的不同作用、它们之间存在的一些不同关系以及由此而决定的一些不同的命题形式以及推理形式等。而在这方面,传统逻辑本身对《范畴篇》逻辑思想的挖掘、总结以及利用,实际上是存在许多遗漏或不足的。

综上所述,亚氏逻辑是从对范畴词的分析出发并以这种分析为基础展开对语词、命题、推理、论辩等逻辑问题的分析的。尽管《范畴篇》本身也可以形成一种相对独立的范畴分析理论,但是相对于亚氏逻辑体系整体来说,《范畴篇》明显体现的是亚氏逻辑的立论基础,因而是其逻辑体系不可缺少的重要组成部分。

第二节 实体词分析

亚里士多德在《范畴篇》中将他所说的实体区分成第一实体与第二实体,认为第一实体最基本,第二实体则次之。亚氏所说的第一实体词类似于现代哲学以及现代逻辑所讲的专名,而第二实体词则属于人们一般所说的通名。

在区分第一实体与第二实体的基础上,亚氏又根据第二实体词所指外延的大小将其区分为"属"与"种"两大类,并且由此进一步列举和解释了外延大小不同的第二实体词之间所具有的属种系列关系。

虽然亚氏逻辑也有一些关于第一实体词的分析与论述,而其语言分析的重点则是揭示与说明通名的逻辑特性以及通名与通名之间的逻辑关系。

一、第一实体词

《范畴篇》中说,第一实体词只能被用作命题的主项而不能被用作命题的谓项。从这一点来说，亚氏的"第一实体词"与现代逻辑奠基者弗雷格所讲的构成简单命题的"对象"似乎就是一回事，但实际上二者有本质的区别。

在弗雷格那里，"对象"与"概念"在某种程度上是两个具有规定涵义的术语，二者在命题中的区别是泾渭分明的。

按照弗雷格的解释，"对象"与"概念"是命题的组成部分或思想的构成部分；"对象"说的是原子命题的主词，它只能由专名来表达而且这种专名并不能用来充当句子的谓词；与此相应，"概念"则属于谓词。

而在亚氏逻辑理论中，一个表达基本命题的语句一般是由名称词与属性词构成的，亚氏所说的名称词既有专名，也有通名；而语句的构成则既包括实体词，也包括属性词。属性词从名称的意义上看应该属于通名。虽然亚氏认为第一实体词只能用作命题的主项，但是他同时还承认第二实体词也可以充当命题的主项。

在看待命题主项所指与世界的关系方面，亚氏逻辑的观点也与弗雷格的主张有很大的区别，而这种区别又主要源自他们各自对"存在"给出的不同解释以及采取的一些不同的使用方式。

亚氏所说的"存在"主要说的是语句所指事况的存在，而这种事况表现在命题中则体现的是命题主谓项所指之间具有的一种关系。对于命题主项，亚氏实际上只是把它作为一个被陈述者来看待。既然如此，那么人们也就可以由此推断亚氏所说的主项的所指并不一定非得都是现实世界存在的对象。

而在弗雷格以及以弗雷格思想为基础的现代逻辑中，"存在"一词却是被当作一种"量词"来使用的，而且现代逻辑所说的"存在与否"主要强调的也是现实世界是否存在命题主词所指的对象。

一阶逻辑分析原子命题时，首先分析的就是现实世界是否存在命题主词所指的对象，接着才会分析命题谓词对主词的陈述情况。罗素（B. Russell，1872—1970 年）曾经使用"实存"这样一个术语来表达传统哲学以及传统逻辑所说的"存在"。比如，他在分析笛卡尔（R. Descartes，1596—1650 年）提出的"我思故我在"这一命题时就说，只要这里的这个"在"不被看成一种对"实存"（subsistence）的断言，而是一种对"存在"（existence）的断言，那么命题主词所指的存在问题就会因此而变得不明显。这种情况下，说"我思故我在"也就等于是在说"我是命题的主词故我在"①。这样一来，这个命题的主词涉及的"我"的存在问题就会被忽略。

罗素认为，忽略命题主词所指意义上的存在必定会出现非实体词成为命题主词的情况，而这又会导致"否定任何事物之有（实存）必定要产生自相矛盾的情况"。比如对于"*A* 和 *B* 之间的差异并不实存"这个命题来说，"*A* 和 *B* 之间的差异"作为命题的主词本来就已经表明其所指是存在的，但处于命题谓词位置的"并不实存"却又否定了这种差异的存在，于是矛盾由此而产生。

其实，理解者或解释者只要不把这个所谓的主词所指简单地理解或解释为必须是相对于现实世界而存在的对象，这类矛盾并非不可避免。比如，在 *A* 和 *B* 之间没有差异的情况下，我们仍然还可以说"*A* 和 *B* 之间的差异并不实存"。这时，"*A* 和 *B* 之间的差异并不实存"指的是"所谓的'*A* 和 *B* 之间的差异'并不实存"。加上"所谓的"这样的限定语，那么"*A* 和 *B* 之间的差异"就成了某些人的一种说法或认识，于是这样的对象也就成了一种处于某种说法或某种认识中的对象，这种对象所相对的"存在"与谓词"并不实存"所相对的"存在"并不在同一个语言层次。

在对"存在"的解释方面，维特根斯坦与弗雷格、罗素的看法并不完全相同。维特根斯坦说："发生的事情，即事实，就是诸事态的存在。"②维特根斯坦基于"发生"而言的"诸事态的存在"中的"存在"与亚氏逻辑所说的"存在"具有异曲同工之妙。一般来说，传统哲学所说的以及人们通常所理解和使用的"存在"与亚里士多德以及维特根斯坦所说的"存在"是基本一致的。

不得不承认的一个事实是，如果像现代逻辑那样将"存在"完全当作一种量词来解释，将会产生一系列解释不通的问题；而在同一个学说或理论中有时把"存在"当量词来使用，有时又把它当作语句所指与事实相符的情况（即实存）来解释，这样一种违背同一律的情况必然会引发这种学说或理论内部的自相矛盾，从而带来思想以及表达方面的混乱。

二、第二实体词

在亚氏逻辑中，第二实体词不仅可以用作命题的谓项来陈述其主项，而且它本身也可以作为命题的主项而被其他的第二实体词作为谓项来陈述。他举例解释这种情况说，相对于个别的人来说，"人"是属，而相对于外延

---

① 参见罗素《逻辑与知识》，苑莉均译，商务印书馆 1996 年版，第 58 页。

② 维特根斯坦：《逻辑哲学论》，第 25 页。

比"人"大的"动物"来说，"人"又是种，而"动物"则是属。这里，作为个别的"人"属于第一实体，而作为种的"人"和作为属的"动物"则都属于第二实体。这里所说的"人"既可以作为命题谓项来陈述一个第一实体，也可以被另外一个外延比它大的作为其属的类似于"动物"这样的第二实体词来陈述。在亚氏那里，"属—种—个体"之间的关系是前者可陈述后者的关系。而与此相反，"种却不能用来述说属"①。而对于第一实体词来说，由于它只能用作命题的主项而不能用作命题的谓项，因此它既不被能用来陈述种，也不能被用来陈述属。例如，说"亚里士多德是人""亚里士多德是动物"都是可以的，但不能反过来说"人是亚里士多德""动物是亚里士多德"。不过，亚氏所说的"种不能用来述说属"的规则应该只是在命题主项带有全称量词或不带量词的情况下才是有效的（而在语言表达中，主项不带量词的命题一般都是被作为全称命题来解释的）；而当一个命题中被陈述的属附加有特称量词或单称量词时，"属"也可以被与其相应的"种"所陈述。这种情况下，由于被陈述的属有量词的限制，因此对这个被限制后的属所作的陈述涉及的只是被陈述者的部分外延。这样的例子在亚氏逻辑或在以亚氏逻辑为主体的传统逻辑教材中并不少见。例如，在"有的动物是人""这个动物是人"这样的语句中，其中被陈述的"动物"就是作为陈述者的"人"的属，而"人"则是"动物"的种。

亚氏关于第二实体词可用作被陈述者或命题主项的主张与他对"通名"的承认以及认识是密切相关的。

亚氏在其《范畴篇》开篇就对"通名"与"同名异义"的情况进行了区别性的说明。亚氏所说的"同名异义"是多义词，它涉及的是同一名称具有不同涵义并指称不同对象的情况，而"通名"则是若干同类对象共同拥有的名称。例如，一个人和一只牛都可以被称为"动物"，这里使用的"动物"就是一个通名，因为无论是对"人"或是对"牛"，它们相对于"动物"来说都"是被同名同义地加以定名的"。②

与亚氏主张不同的是现代哲学以及现代逻辑一般都把名称解释为一种指称单一对象的专名而并不承认还有通名。即使是罗素的摹状词理论，其分析所围绕的名称所指仍然是单一对象；而且这种分析并没有明确指出摹状词中被摹状性成分所限定的那个部分是不是名称。比如对于"那个发现行星轨道是椭圆状的人"这样的摹状词来说，按照罗素的分析，就是先将

---

① 亚里士多德：《范畴篇 解释篇》，第13页。
② 同上，第9页。

这种复合语词的直接所指分析为如下这种复合命题：

　　存在 x，x 发现行星轨道是椭圆状并且 x 是人，并且对于所有的 y 来说，如果 y 也发现行星轨道是椭圆状，那么 y 与 x 相等同。

然后将可以代入这个复合命题所包含的个体变项 "x" 中的个体看作这个摹状词的一种间接所指。

罗素并没有说明 "发现行星轨道是椭圆状的" 这种语言成分所限定的 "人" 是否也是一种指称一类对象的名称，他也并没有像弗雷格那样把这样的名称明确解释为一种 "概念"。

按照弗雷格的观点，亚氏所讲的那些可以用作命题主项的第二实体词在命题中所扮演的角色恰恰是他所说的 "概念"，而并不是对象；其理由是这类语词在命题构成中只能起谓词作用而并不能充当命题的主词。

对于一个位于语句被陈述位置的第二实体词来说，弗雷格是从语句所表达的思想之构成的角度将这种被陈述部分分析成他所说的 "概念" 的。例如，"所有马都是四蹄动物"，这里的 "马" 作为句子的主语虽然从表面来看是被陈述者，但在弗雷格看来这句话所表达的思想应该为：

　　对于所有的对象来说，如果它是马，那么它就是四蹄动物。

于是，在这样的分析命题中，"马" 作为谓词，它所具有的概念特点以及性质也就被清楚地揭示出来了。

不过，弗雷格在谓词意义上所讲的 "概念" 只是他对 "概念" 这个术语提出的一种带有特定目的的特别规定。也正是在这种特别规定的意义上，他把语句谓词部分中含有的通名所表达的属于思想的部分称为 "概念"。这里之所以用 "含有" 这个词，是因为一般所说的语句的谓词部分除了包含弗雷格所说的 "概念"，还包含在语句中表示联结关系的其他一些语词。例如，上述的 "是马" 作为 "它是马" 的谓词部分，其中 "是" 就表示了一种谓述关系，而 "马" 才是弗雷格意义上的 "概念"。显然，弗雷格所讲的 "概念" 不是人们通常所说的某种认识结果，而且从与语词的关系角度看，这种 "概念" 也不是人们通常所理解的那种可以反映对象特有属性的语词的涵义，而是一个在语句所表达的命题中 "起谓词作用" 的部分。

我们的确无法禁止任何人在自己的理论中对 "概念" 这个术语作出某种符合其分析和表述需要且前后一致的规定性解释，但这种规定性解释的确也无法代替人们对 "概念" 一词早已形成的那种约定俗成的解释。应该怎么解释或使用 "概念" 这个术语，主要还是应该看它出现在怎样的语境中。

在亚氏看来，第二实体词既可以被用作命题的谓项也可以被用作命题的主项。就一个语句所陈述的命题本身的构成来说，亚氏所说的命题的主项实际上就是命题构成中的被陈述部分，而命题的谓项则属于命题构成中的陈述部分。

为了区分作为命题谓项的第二实体词在不同类型命题中所具有的一些不同逻辑特征与作用，亚氏还提出了著名的"四谓词"理论。所谓"四谓词"指的就是定义、固有性、属、偶性，它们涉及的是可以充当命题谓项的第二实体词的四种表现情况，而这些不同的表现情况能够说明的则是不同类型的谓词各自具有的一些不同的逻辑特征及其作用。例如，在"人是动物"这个命题中，作为谓项的"动物"这个第二实体词就是"人"的属，它与同样是第二实体词但充当命题主项的"人"之间构成的逻辑关系是一种属种关系。

第三节　属种关系与表述关系

亚氏逻辑主要研究的是名称与名称以及由此涉及的语句与语句之间的关系。其中，关于名称与名称之间的属种关系及其应用在亚氏逻辑中占有极重要的地位；而亚氏关于属种的区分又是以承认通名以及通名的逻辑地位为其必要条件的。

对于具有属种关系的词项来说，亚氏逻辑认为外延大的词项是属，外延小的词项是种。亚氏逻辑中的定义与划分、概括与限制、AEIO 四种命题之间的对当关系、词项的周延性、命题主谓项的换位以及三段论推理等无一不与处于属种关系中的名称外延的大小相关。例如，在以亚氏逻辑为主体的传统逻辑三段论推理中，之所以能够由"所有的阔叶植物都是落叶性的并且所有的葡萄树都是阔叶植物"推出"所有的葡萄树都是落叶性的"，就是因为这一推理中的"葡萄树""阔叶植物""落叶性的"这三个通名处于同一属种系列中。在此系列中，"葡萄树"包含于"阔叶植物"，而"阔叶植物"又包含于"落叶性的"。依据这三个通名所表达的概念在外延方面所具有的属种传递关系，因此，"葡萄树"也包含于"落叶性的"。

对亚氏逻辑有着深入而独到研究的卢卡西维茨（Jan Lukasiewicz）明确指出，在借助字母形成三段论时，亚里士多德总是把命题谓项放在主项之前，从而形成了一种谓项对主项的表述关系。比如，对于传统逻辑所讲的"所有 B 是 A 并且所有 C 是 B，所以，所有 C 是 A"这种三段论推理形式来说，对应的亚里士多德表述的精确译文本来应该为：

如果 A 表述所有的 B，

并且 B 表述所有的 C，

那么 A 表述所有的 C。①

在前一种属于传统逻辑的表述中，"A""B""C"代表的是对象还是指称对象的概念或语词并不清晰。从推理形式看，它们好像代表的是对象，但人们在解释它们时又用了"主项"和"谓项"这些属于命题组成部分的术语。而在后一种表述中，"A""B""C"明确代表的是表达概念且具有某种表述功能的语词，而且这些表达概念的语词之间具有的逻辑关系就是前者表述后者的关系。

在亚氏三段论中，这种表述关系涉及的主要是命题中属概念语词对种概念语词的表述。而一旦用到"表述"这样的关系词，那么这种表达就不仅可用于属种表述关系，而且同样也可以推广至属种关系之外的其他表述关系。比如：

某甲喜欢喝绿茶，

这杯茶是绿茶，

所以某甲喜欢喝这杯茶。

从语句形式上来看，这个推理不仅与我们上面所说的亚氏三段论的表现形式不一样，而且与传统逻辑所说的三段论的标准形式也不一样。这里的第一个前提是关系命题，结论也是关系命题。第二个前提中的"这杯茶"与"绿茶"之间的关系是一种个体与类之间的属于关系。虽然"个体"与"种"以及"个体"与"属"之间的关系不同于"种"与"属"之间的关系，但是传统的处理方式仍然还是把"这杯茶是绿茶"这类句子中涉及的属于关系从广义上理解或解释成一种属种关系或与属种关系近似的关系。

喜欢套用传统逻辑三段论形式的人可能会这样解释这个推理：既然亚氏三段论讲的是命题与命题之间的推演关系，而且语句表达的命题也就是语句的涵义，因而，从语句涵义角度来解释组成以上推理的语句，当然也能够用与这种涵义对应的属种关系式语句来改变原来的语句。于是，采用改变语句句式的方法来解释原语句所表达的那种推理之后，原来那种含有关系命题的三段论形式就可以转换成如下属种关系式三段论：

凡绿茶都是某甲喜欢喝的茶，

这杯茶是绿茶，

---

① 卢卡西维茨：《亚里士多德的三段论》，李真、李先焜译，商务印书馆 1981 年版，第 10 - 11 页。

所以这杯茶是某甲喜欢喝的茶。

然而，这种解释对原语句所作的加工、改造的痕迹过于明显，而如果采用亚氏三段论的原初表述，加工与改造的问题是完全可以避免的。因为亚氏的三段论明确用的是命题组成部分在逻辑上形成的一种表述关系。按照卢卡西维茨所翻译或解释的亚氏三段论的语言表述，我们完全可以把以上推理解释如下：

如果"某甲喜欢喝的茶"表述"所有的绿茶"，并且"绿茶"表述"这杯茶"，那么"某甲喜欢喝的茶"就表述"这杯茶"。

尽管上面的例子中所说的句子涉及的词项关系可以勉强被解释为一种近似于属种关系的关系，但是下面的例子涉及的关系却很难再用属种关系作出解释：

某人在华南师范大学，

华南师范大学在广州，

所以，某人在广州。

以上推理利用的逻辑关系明显并不是概念间的属种传递关系，也不是那种近似于属种关系的关系，而是利用了一种空间范围方面的包括或包括于关系。而假如采用亚氏所说的那种表述关系，上述推理则完全可以被表达如下：

从对象所在空间范围来说，如果"在华南师范大学"表述"某人"，并且"在广州"表述"华南师范大学"，那么"在广州"就表述"某人"。

由于这样的推理既不是以属种关系为根据，也不是以属于关系为根据，因此关于这种推理的研究显然可以进一步拓展亚氏三段论推理的适用范围。而且这种表述关系同样可以借用传统逻辑在说明概念外延关系时所使用的欧拉图来表示，只不过不同的表述关系涉及的欧拉图所代表的意思不同而已。比如，在基于属种关系的三段论中，欧拉图所代表的意思是概念所指对象的外延，而对于上述基于空间关系的推理而言，我们完全可以在借用欧拉图的同时将这种图表示的意思解释为语词所指对象所在的空间范围。

由此看来，如果我们能够进一步在属种关系式语句之外发展性地应用亚氏的三段论推理所依据的那种表述关系，显然还可以进一步总结出许多属种关系推理之外的同样具有亚氏三段论特点的推理，由此进一步扩大三段论的适用范围。

在谈到名称与名称之间的这种表述关系时，亚里士多德说："除第一性实体之外，任何其他的东西或者是被用来述说第一性实体，或者是存在于第一性实体里面，因而如果没有第一性实体存在，就不可能有其他的东西存在。"①

亚里士多德的这一论述突出强调的显然是第一实体词在命题表述关系中所处的特殊地位。因此，我们完全可以据此推断，单称命题中谓项对主项的表述理应包括在亚氏三段论的范围之内。也就是说，亚氏三段论所涉及的命题除了 AEIO 四种命题，完全可以推广至单称命题。

卢卡西维茨曾经根据亚氏三段论的表述指出，三段论没有包含单称命题的原因可能是亚里士多德为了兼顾三段论各个格的特殊逻辑要求。他说："在亚里士多德所知的全部三段论的三个格中，都有一个词项一次作为主项出现，另一次则作为谓项出现：它在第一格中就是中词，在第二格中就是大词，在第三格中就是小词。"② 因此，为了与第一实体词不能作命题谓项的思想保持一致，只能把单称命题排除在三段论之外。卢氏还针对这一问题对亚里士多德逻辑提出了这样的批评："说个体的单一的词项，像'卡里亚'，不能真正地表述任何东西是不对的。"③ "认为我们的论证和研究通常总是有关那些可以表述别的词项，又可以为别的词项表述的普遍词项，这不是真的。"④

不过，为了让三段论能够包容单称命题而把亚里士多德所坚持的第一实体词在命题中不能作表述者的思想也予以否定是不合适的。虽然卢卡西维茨想在三段论中引入单称命题的愿望是可以理解的，但将这个愿望的实现建立在对"第一实体词不能做命题谓项"这一思想否定的基础上是一种避重就轻、顾此失彼的做法。

既然亚里士多德在讨论命题的构成时就已经明确提出了"第一实体词不能作命题谓项"这样的限制性规则，那么实际使用语言中，一个正确的三段论推理是不可能允许出现第一实体词作命题谓项的情况的。有鉴于此，如果人们想要将单称命题合理纳入三段论，那么首先需要做的一件事情就是在三段论一般规则中附加一条"单称词项在前提或结论中都不得是陈述者"的规则；一旦有了这条规则，推理者或分析者就完全可以识别或避免包含单称命题的三段论出现"单称词项作谓项"的推理错误。尽管这条附加规则所体现的思想是亚里士多德在论述或解释三段论之前就已经提出的，

① 亚里士多德：《范畴篇 解释篇》，第 13 页。
② 卢卡西维茨：《亚里士多德的三段论》，第 15–16 页。
③ 同上，第 14 页。
④ 同上，第 15 页。

然而为了能把单称命题顺理成章地纳入三段论，在三段论的一般规则中重申一下这一思想还是很有必要的。

第四节　量词分析

从自然语言使用方面来看，人们关于命题的陈述总是在某种量的限定范围内进行的。亚氏逻辑所说的直言命题所带量项有全称量项（全称量词）、特称量项、单称量项，而且，这样的量项一般都是命题主项所带的量项；不过，亚氏逻辑在阐述命题主谓项周延性问题时所说的"量"却不仅涉及命题的主项，而且也涉及命题的谓项。

亚里士多德在解释全称量项和特称量项时说："所谓全称前提，我是指一个事物属于或不属于另一个事物的全体的陈述；所谓特称前提，我是指一个事物属于另一个事物的有些部分和不属于有些部分或不属于另一个事物全体的陈述。"①

在以上这段话中，"属于"所涉及的"A 属于 B"也可以被理解或解释为"B 表述 A"；"属于"这样的术语显然要比"表述"涉及的关系更广泛一些，因为后者讲的仅仅是一种语言与语言之间的关系，而前者涉及的关系则不仅可以适用于说明语言与语言之间的关系，而且也可以适用于说明事物与事物之间的关系。

以上所引话语对"全称前提"的解释说的是全称命题主谓项之间的肯定或否定联结；而对"特称前提"的解释，"或"之前的话说的是特称命题主谓项之间的肯定或否定联结，而"或"之后的"不属于另一个事物全体的"这个用语则是从另一个角度，即从对一个全称命题否定的角度来说明一个特称命题，因为否定一个全称命题形成的必定是一个特称命题：否定了"全体是"就等于说"有的不是"，否定了"全体不是"就等于说"有的是"。如果将这里的"不属于另一个事物全体"这一用语换一种更加明确的说法，显然也可以将其表述为"并非属于另一事物全体"。实际上，这里将后一个"不属于"译为"并非属于"要比原译的意思更为明确，更不容易引起误解。而亚里士多德本来的意思也正是如此。假如把"不属于另一个事物全体"中的"不属于"解释为主谓项之间的关系，那么就等于

① 亚里士多德：《工具论》，余纪元等译，中国人民大学出版社 2003 年版，第89页。后来的传统逻辑将亚氏所说的这种"属于"关系称为"包含于"关系。

在说"所有 S 不是 P"了，而这样一来，这里的"不属于另一个事物全体"就会与谈论"全称前提"时所说的"不属于另一个事物全体"混为一谈；而根据这里所谈论的对象是"特称前提"的情况来看，这个"不属于"显然并不是在说主谓项之间的关系，而是在说对一种全称性陈述的否定。

对于亚里士多德所讲的特称命题所带特称量项"有的"来说，现代谓词逻辑是将这个词解释为或更准确地说是规定为一个存在量词。比如，对于"有的人是公正的"这个命题来说，现代逻辑明确将其逻辑涵义分析为："存在对象 x，x 是人并且 x 是公正的"。这种分析的重点主要强调的是语句中"有的"这个量词包含的"有"这个词的意义，而对这个"有"的解释则采纳了"存在"这种意思。而这种以割裂语词整体意义的方式对"有的"所作的解释显然并不符合"有的"这样一个量词的本来意义。

实际上亚氏对量词"有的"的解释主要强调的是主项所指对象涉及的量的范围，这样的量词应该是亚氏在前 10 个范畴词中所说的"数量"这一范畴之下的一个子概念。比如，对于"有的人是公正的"这样一个特称命题来说，按照亚氏的意思，这个"有的"只是在说这里的"公正的"陈述的是"人"这类对象的部分，因此，这里的"有的"所含之"有"并不是现代逻辑所说的"存在量词"意义上的那个"有"。

亚氏的确也在"存在"的意义上讲过"有"，不过这个"有"应该是他在《范畴篇》所讲的后 5 个范畴词（即"对立""先于""同时""运动""有"）之一。而这个"有"与属于前 10 个范畴词中"数量"这一范畴之下"有的"的涵义是完全不同的。

亚氏在解释后 5 个范畴词中的"有"这个范畴词时特别指出，"有"这个词具有各种不同的意义。比如，在某种习惯、状态或性质的意义上说有一点知识，在谈数量的意义上说某人有三丘比特高或四丘比特高，在谈论衣着的意义上说某人有一个短褂，在说明佩戴在人们身上的东西时所说的"有"，等等。亚氏所列举的"有"一词具有的这些不同的意义实际上都是"有"的一些具体表现，而这些不同表现中使用的"有"的一个共同特征就是"具有"或"拥有"。这种"有"的意义才接近现代逻辑所说的那种存在量词意义上的"有"。

从亚氏对"有的"与"有"所作的不同解释以及对"有"的不同使用情况来看，"有鸟在树上"与"有的鸟在树上"这两个语句尽管都使用了"有"，但是两个"有"的意思实际上是不一样的：前者所用的"有"表示"有什么东西在什么地方"，在这种意义上，"有鸟在树上"和"树上有鸟"涵义相等，因而说这个"有"表示"存在"是可以说得通的；而后者所用的"有"是和"的"紧紧联系在一起的，这个"有的"表示的应该是命题主项所指对象涉及的量的范围。正因为两个"有"的涵义不同，所以这两个语句所表达的命题也并不一样。然而，从现代逻辑对存在量词以及对亚氏特称命题的分析与解释来看，这两个语句中的"有"应该都表示存在，因此，它们所表达的命题并没有什么本质的区别。

由此来看，有些人借用现代谓词逻辑而把亚氏特称命题中的特称量项"有的"解释为一种存在量词实际上并没有准确表达出亚氏所言特称量项的本来意义。

有人在解释亚氏特称命题时还特意强调，在特称命题"有的 S 是 P"中，"有"的范围可以少至一个多至全体。

如果从量的范围来看"少至一个多至全体"，那么这种解释说的当然还是亚氏逻辑中的特称量项；但是，如果从强调主项所指对象存在的角度来理解和解释"少至一个多至全体"，那么这种理解和解释就与亚氏逻辑所说特称量项的意思完全不同了。况且"少至一个多至全体"与"存在"的意思还是有很大区别的。"少至一个多至全体"重在说明量的范围，而"存在"则重在说明对象与世界之间的一种关系。

对于单称命题，亚氏也是从量的角度来解释这种命题所带单称量项的。亚氏解释单称量项说："我的意思是指那不被这样用来述说许多主体的。"[1]例如"卡里亚斯"就是一个单称词项。而现代逻辑则是把这类命题的主词直接当作一个对象词来解释（如原子命题的主词），或是将其分析为"恰好存在一个 x"（如罗素所说的摹状词的直接所指）。这里所说的"恰好存在一个 x"包含"至少存在一个 x"与"至多存在一个 x"这样两层意思。因此，现代逻辑对亚氏单称命题主项的解释仍然重在强调其所指的存在，而并不是要说明其所指对象在量方面所具有的单一性特点。

弗雷格认为，如果语句的主词所指的在现实世界不存在，那么这样的语句就是没有真假的，而没有真假的语句也就是"无所指语句"，无所指语句也就是无意义语句。例如就"离地球最远的天体"这个语词来说，很难说它相对于现实世界会有一个所指对象。假定它没有所指，那么以这样的语词为主词的语句就会成为一个无意义语句。而按照罗素的理论，"离地球最远的天体"应该是一个摹状词，位于语句主语位置的这类词组实际上并不能成为一个原子命题的真实成分。包含摹状词的简单句所表达的命题从逻辑上分析应该是一个分子命题。比如，对于含有"离地球最远的天体"

---

① 亚里士多德：《工具论》，第60页。

这种摹状词的简单句来说，分析者首先需要把其中摹状词的涵义分析为"至少存在一个 x，x 是离地球最远的天体，并且对于所有的 y 来说，如果 y 也是离地球最远的天体，那么 y 与 x 相等同"，然后将这一涵义与语句陈述部分的涵义联结在一起从而形成一个合取命题。如果我们用"F"来表示"离地球最远的天体"，用"G"来表示对"离地球最远的天体"进行的某种陈述，那么"离地球最远的天体是 G"这样的语句所表达的命题就应该被分析为："至少存在一个 x，x 是 F，并且对于所有的 y 来说，如果 y 也是 F，那么 y 与 x 相等同，并且 x 是 G"。现代谓词逻辑把这种被分析而来的句子的涵义用符号表达为：

$$(\exists x)F(x) \wedge ((y)(F(y) \rightarrow y = x)) \wedge G(x)。$$

对于亚氏所讲的全称语句，按照现代逻辑的分析方法，首先需要将其主语部分当作一种谓词来处理，然后用一个蕴涵式来表达这种语句所表达的命题。比如最早提出这种分析思想的弗雷格就把语句"所有哺乳动物都有红血"所表达的命题分析为：

如果某物是哺乳动物，那么它有红血。

为了解释这一主张，弗雷格还特意对他将"所有哺乳动物都有红血"分析为一种蕴涵命题的思想进程进行了如下回放式解释：

在"所有哺乳动物都有红血"这个句子中，不会认不出概念的谓词性质，因此，对此也可以说：

"凡是哺乳动物的东西都有红血"

或者：

"如果某物是哺乳动物，那么它有红血"。①

这种解释的第一步是将原句中的"哺乳动物"改写为"是哺乳动物的东西"，并且将原句的"所有"替换为似乎与其具有相同意义的"凡是"；进一步，再将本来相当于"所有"的"凡是"割裂性地解释为包括了"凡"与"是"这两重意义，从而形成了"凡是哺乳动物的东西都有红血"这样一个命题。于是，在这个命题中，"凡"成了量词，"是"成了系词，而"哺乳动物"则明显成了系词"是"之后的一个谓词。由此，再根据"凡"在改写后的句子中的涵义将这个句子涉及的关系进一步解释为"如果，那么"这样一种关系，这样就使得原语句所表达的思想进一步过渡到"如果某物是哺乳动物，那么它有红血"。

从这种回放式的推演我们可以看到，现代逻辑把传统逻辑所说的全称

---

① 弗雷格：《弗雷格哲学论著选辑》，第85页。

肯定命题形式"所有 S 都是 P"分析为"$\forall x(S(x)\rightarrow P(x))$"的思路和根据。

但是，如果从弗雷格对条件句和假言命题的区别性分析来看，尽管以上推导从"所有哺乳动物都有红血"过渡到"如果某物是哺乳动物，那么它有红血"，然而把这个思想的逻辑形式进一步解释为"$\forall x(S(x)\rightarrow P(x))$"却与弗雷格对条件句和假言命题语句的区别性解释并不一致。

正如弗雷格在分析条件句所表达的思想时解释的那样，在条件句的前件中，有一个不确定的带有提示性的成分，这个成分与其后置句中的相应成分形成了一种相互指示，这样的相互指示会使得前后件结成一个整体，这个整体则只表达一个类似于规律的整体性思想，而这样一种整体性思想和假言命题并不一样。

弗雷格的上述"如果，那么"式句子中同样存在相互指示的成分，一个是前件中的"某物"，另一个是后件中的"它"。显然，即使承认"所有哺乳动物都有红血"这样的语句可以被分析为"如果某物是哺乳动物，那么它有红血"，后者却是以一个条件句的形式表达一个整体思想，而并不是在表达一个弗雷格意义上的假言命题。因此，对于这样一个思想，将其命题形式进一步分析或表达为"$\forall x(S(x)\rightarrow P(x))$"是不妥当的。因为后者所表达的由一个全称量词所辖的蕴涵是两个思想之间的实质蕴涵，而并不是一个条件句所表达的一种整体思想。

根据亚氏逻辑的逻辑思想，"并非'所有 S 都是 P'"与"有的 S 不是 P"之间的关系是一种可互推关系。

由于现代逻辑把亚氏所讲的全称语句分析成了一个表达实质蕴涵命题的语句，因此，相应的，亚氏所说的那种对一个全称命题的否定也就转化成了对一个实质蕴涵命题的否定。于是，根据现代逻辑所讲的"$\neg(\forall x(S(x)\rightarrow P(x)))$"与"$\exists x(S(x)\wedge\neg P(x))$"之间具有可互推关系，亚氏所说的"并非'所有 S 都是 P'"与"有的 S 不是 P"之间的可互推关系也就被解释成现代逻辑所说的"$\neg(\forall x(S(x)\rightarrow P(x)))$"与"$\exists x(S(x)\wedge\neg P(x))$"之间的可互推关系。同理，亚氏所说的"并非'所有 S 都不是 P'"与"有的 S 是 P"之间的可互推关系也就被解释成现代逻辑所说的"$\neg(\forall x(S(x)\rightarrow\neg P(x)))$"与"$\exists x(S(x)\wedge P(x))$"之间的可互推关系。

现在让我们假定上面所讲的弗雷格起初对自然语言全称语句所作的基于自然语言意义的回放式推导是正确的。既然这种分析方法能够适用于全称语句，那么它当然同样也应该适用于特称语句。

比如，"有的动物是人"这个语句，我们也可以完全按照弗雷格分析全称语句的方法，首先把它表述为：

有的是动物的东西是人。

并且进一步将其表述为：

对于有的东西来说，如果它是动物，那么它就是人。

然后，用符号表述上述命题，其形式为：

$\exists x(S(x) \rightarrow P(x))$[①]

如果弗雷格把亚氏全称语句分析为一个蕴涵命题是成立的，那么以上这种完全按照弗雷格分析全称语句"所有哺乳动物都有红血"的思路与思想而得出的分析结果显然也是成立的。

由此看来，如果不是因为先承认了"所有 S 都是 P"可以分析为"$\forall x$ $(S(x) \rightarrow P(x))$"，并且如果不是因为命题逻辑将实质蕴涵命题"$p \rightarrow q$"定义为"$\neg p \vee q$"这种析取命题，那么这种逻辑也不可能通过对一个带全称量词的实质蕴涵命题"$\forall x(S(x) \rightarrow P(x))$"〔可定义为析取命题"$\forall x(\neg S(x) \vee P(x))$"〕的否定最终得出"$\exists x(S(x) \wedge \neg P(x))$"，从而这样的结论也就不会成为一个特称否定语句所表达的特称命题的现代逻辑表达式。

由此，我们发现了现代逻辑把亚氏特称命题语句分析成一个合取命题并将其称为存在命题的两个原因。

其一，把一个条件句所表达的整体思想等同于一个由两个思想联结而成的假言命题，从而把条件句前后件之间本来具有的条件与结果关系解释为一种实质蕴涵关系。

其二，利用否定一个实质蕴涵命题（可定义为一个相应的析取命题）可以得到一个相应的合取命题的思想来解释由否定一个条件句所表达的命题而得到的命题。

实际上，正如上面所说，从对"所有哺乳动物都有红血"这种语句分析得到的"如果某物是哺乳动物，那么它有红血"这样的句子所涉及的"蕴涵"并不是实质蕴涵，而是一种自然语言条件蕴涵。"某物是哺乳动物"与"它有红血"之所以可以用"如果"与"那么"联结起来形成一种自然语言蕴涵命题，是因为"哺乳动物"与"有红血"之间本来就存在一种包含于关系。人们否定这样一种具有自然语言条件与结果关系意义的蕴

---

① 这里借用"$\exists$"这个符号表示的是亚里士多德逻辑所说的特称量词"有的"，而不是"存在"。下文在亚氏特称量词意义上借用的"$\exists$"也相当于"有的"。另外，这里得出的分析结果虽然比"$\exists x(S(x) \wedge P(x))$"要相对准确一些，但是相对于"$\forall x(S(x) \rightarrow \neg P(x))$"的矛盾命题来说，这里用的"$\exists x(S(x) \rightarrow P(x))$"这种形式仍然未能准确反映出这种矛盾命题的真实意思。相对准确的反映或表达可参见本书第十章第三节"二、反常规条件命题"。

涵，实际上只是否定了其中的条件关系，而并不能如同现代逻辑否定一个实质蕴涵命题那样得出前件真并且后件假的结论。也就是说，从"并非'如果某物是哺乳动物，那么它有红血'"并不能推出"存在某物，它是哺乳动物并且它没有红血"，而只能得到"即使某物是哺乳动物，它也没有红血"（这个句子应该是一种让步条件句）。虽然现代逻辑意义上的实质蕴涵思想是弗雷格首先提出来的，但他用的许多有条件与结果关系的自然语言语句实际上表达的却并不是实质蕴涵关系。

自然语言条件句意义上的条件蕴涵与现代逻辑讲的实质蕴涵实际上是两种完全不同的蕴涵。人们否定一个自然语言条件蕴涵命题，主要否定的是其前后件之间具有的蕴涵关系，而这并不等于在说归于该蕴涵命题的前件真并且后件假。

在自然语言表达中，如果一个条件句的前件与后件带有某种不确定的相互指示的成分，那么这样的条件蕴涵所表达的思想一般也会带有某种量词。例如，对于"如果一个人有作案时间，那么这个人是作案人"这个语句来说，如果以"人"为论域，那么加上量词，其命题就应该是"$\forall x$（如果 x 是有作案时间的人，那么 x 是作案人）"。因此，这样的条件句也可以转换为一个全称直言语句"所有有作案时间的人都是作案人"。从这样的条件句所表达的思想来看，如果对它否定，得到的结果应该是"$\exists x$（即使 x 是有作案时间的人，x 也不是作案人）"。这里的"即使，也"表达的同样还是一种条件与结果关系。而"$\exists x$（即使 x 是有作案时间的人，x 也不是作案人）"这样的条件句则可以进一步转换为一个特称直言语句"有些有作案时间的人不是作案人"。

由此我们可以得出如下结论：

如果"所有 S 都是 P"式语句表达的命题可以分析为条件命题"$\forall x$（如果 x 是 S，那么 x 是 P）"，"所有 S 都不是 P"式语句表达的命题可以分析为条件命题"$\forall x$（如果 x 是 S，那么 x 不是 P）"，那么相应于传统逻辑对当关系中"A 命题与 O 命题""E 命题与 I 命题"之间具有的矛盾关系。下面两组条件命题之间的关系才应该是具有矛盾关系的命题：

"$\forall x$（如果 x 是 S，那么 x 是 P）"与"$\exists x$（即使 x 是 S，x 也不是 P）"；

"$\forall x$（如果 x 是 S，那么 x 不是 P）"与"$\exists x$（即使 x 是 S，x 也是 P）"。

上面提到的"即使，也"也是条件命题联结词，由这种联结词联结的条件关系是相对于对"如果，则"这样的条件关系进行的否定而言的。如果撇开自然语言使用给"即使，也"附加的"退让"这样一层涵义，单纯从条件蕴涵的意义来看 I 命题与 O 命题，那么关于它们的条件蕴涵形式就应该分别是：

"$\exists x$（如果 x 是 S，那么 x 是 P）"；

"$\exists x$（如果 x 是 S，那么 x 不是 P）"。

因此，对于自然语言意义分析来说，把传统逻辑所讲的 I 命题与 O 命题分析为带存在量词的合取命题实际上并不符合这种命题的本来意义。

当我们明确了传统逻辑 I 命题与 O 命题所带量词说的本来是命题主项所涉及的量的范围，而并不是在强调主项所指的存在时，我们上面的分析从现代逻辑借用过来的"$\exists$"这个符号要表达的意思显然也只能被解释为"有些""有的"，而并不能被解释为现代逻辑所说的"存在"。

第五节　主词分析

现代逻辑以及分析哲学主张把命题主词的所指与现实世界联系起来分析命题的真假。这样的分析从某种意义上说可以澄清传统哲学中出现的一些无意义命题。然而，从语言使用的角度看，如果使用语言中涉及的所有语句都必须满足主词所指在现实世界存在这样的要求才会有真假可言的话，那么将会有许多自然语言使用语句被这样的主张断定为无意义语句。比如，不仅像"孙悟空是唐僧的大弟子""哈姆莱特是莎士比亚笔下的人物"这样的语句会被这种主张断定为是无意义的，而且像"亚里士多德是《范畴篇》的作者"这样的语句也会被这种主张断定为是无意义的。因为这些语句有的属于那种在现实世界根本就不存在其主词所指的语句；而有的则属于其主词所指虽然在现实世界曾经存在过，但是后来却不存在了的语句。

我们并不否认命题主词所指的存在问题是分析语句或命题必须要考虑的一个重要问题，但从语言使用的实际情况来看，分析命题主词所指的存在问题首先需要分析表达命题的语句以及其组成部分所相对的各种具体语境。

第一，要明确命题主词所指所相对的世界。例如，就"孙悟空是唐僧的大弟子"这样的命题来说，其中"孙悟空""唐僧"这样的名称语词所指的对象虽然在现实世界并不存在，但是它们却存在于《西游记》所描写的那个世界中。尽管中国历史上的确有过"唐僧"所指的对象，但历史上曾经存在过的那个被"唐僧"这一名称所指的对象却并不是《西游记》故事里所说的那个"唐僧"所指的对象。因此，如果我们是相对于《西游记》所描写的那个故事世界来分析和说明"孙悟空是唐僧的大弟子"这类命题的意义，那么其真假判定就不仅需要看这个命题中的"孙悟空""唐僧"这样的名称语词所指的对象在《西游记》的故事世界中是否存在，而且还需要看这个命题关于"孙悟空"与"唐僧"之间关系的陈述与《西游记》所描述的那种属于故事世界中的"事实"是否相符。至于我们所处的这个现实世界是否存在或曾经存在过"孙悟空""唐僧"所指的对象，这对于《西游记》故事所虚构的那个世界来说却是无关紧要的。

第二，要明确命题主词所指涉及的"存在"所相对的时态。比如，"亚里士多德"这个名称的所指对象虽然在我们所处的这个现实世界曾经存在过，但是后来却不存在了；然而即使如此，我们仍然可以相对于现实世界来解释或使用以"亚里士多德"为主词的各种命题，而且这类命题并不会因为其主词所指对象在现实世界已不再存在而成为无意义命题。因为这类对象在我们的语言中本来就是相对于过去时态而言的。既然这些命题的主词所指对象在现实世界曾经存在过，那么说这样的主词没有所指对象或仅表达了某种涵义就是没有道理的。

第三，要区分命题整体与其不同组成部分所相对的不同语境。比如，就"哈姆莱特是莎士比亚笔下的一个人物"这一命题来说，尽管其中"哈姆莱特"的所指是莎士比亚所虚构的世界中的一个个体，但是这个命题本身所指的事情却是相对于现实世界而言发生的一个事实，而其中的"莎士比亚"的所指又是相对于过去时态而言在现实世界曾经存在过的一个对象。因此，分析这种命题的真假既需要分析"莎士比亚"所指的对象在现实世界是否存在过，也需要分析莎士比亚是否写过有关作品，在这样的作品所描述的世界中是否有"哈姆莱特"这样的名称所指的对象。

以上我们只是从区别不同世界以及区别不同时态的角度指出了指称现实世界对象的语词、指称现实世界事况的语句、指称非现实世界对象的语词，以及指称非现实世界事况的语句之间的区别。如果从语言本身的结构以及其组成部分的表达地位来看，"哈姆莱特是莎士比亚笔下的人物"这样的语句实际上已经涉及了两个不同的语言层次。如果把"哈姆莱特是莎士比亚笔下的人物"解释为第一语言层次，那其中的"笔下"所涉及的故事就应该属于第二语言层次，而"哈姆莱特"恰恰正是这里所说的那种处于第二语言层次上的一个名称语词。区别不同的世界是就语言所指对象的存在情况而言的，而区别不同的语言层次则是就语言表达本身而言的。

对于自然语言使用中出现的量词"有的"来说，如果它仅仅表示一种量的范围，那么"有的 S 是 P"与"有的 S 不是 P"这样的句式就不预设其主项所指一定存在于现实世界，因而这样的量词也不属于存在量词。比如，根据《西游记》的故事描述，我们会说"有的妖精是负责巡山的"，而这个语句所表达的命题尽管包含有量项"有的"，但是这个"有的"并不能被理解或解释为一个相对于现实世界而言的存在量词；并不能说用了这个量词，由它所辖词项所指的对象就一定是现实世界存在的对象。因此，这种不看具体情况而笼统地把传统逻辑"有的 S 是 P"与"有的 S 不是 P"中的"有的"当作一个存在量词而解释的处理方法实际上是不对的。

我们应该充分认识到亚氏逻辑与现代逻辑作为两种不同的逻辑类型在意义分析方面所具有的不同性质以及不同作用。亚氏逻辑来源于自然语言而又未完全脱离自然语言，其分析语言的根据主要依赖人们对自然语言意义持有的一种约定俗成的理解或解释，而并非某些人为的逻辑规定。因此，无论从分析根据或分析目的看，还是从分析结果或理论表现看，亚氏的分析能力理论与现代逻辑以及现代哲学都大不相同。简单套用现代逻辑来诠释或改造亚氏逻辑并不是一种合适的或可行的方法。

第三章　语言与对象

本章我们讨论语言的特征、使用语言与其所指对象之间的关系以及语言的功能。这些问题是我们讨论语言的逻辑必须首先要说明的基础性问题，它们既涉及语言学的有关知识，也涉及逻辑学与语言哲学的有关知识。

第一节　语言的特征

研究和讨论语言的逻辑，首先需要搞清楚的问题是人们在意义表达以及分析方面所言说的"语言"是什么。

一、"语言"是什么

早在两千多年前，亚里士多德就在其《解释篇》中对"语言"作出过如下说明：

> 口语是心灵经验的符号，而文字则是口语的符号。[①]

亚氏这里分别从"口语"和"文字"两个方面对"语言"所作的说明可以说是一种最早的关于"语言"的定义，而且其影响极为广泛而深远。

直到二十世纪初，人们仍然可以从现代语言学理论的奠基者索绪尔（F. D. Saussure，1857—1913 年）的《普通语言学教程》对"语言"的定义以及说明，看到一些与亚氏定义看上去似乎有些相似的东西。索绪尔说：

> 语言是一种表达观念的符号系统，因此，可以比之于文字、聋哑人的字母、象征仪式、礼节形式、军用信号等等。它只是这些系统中最重要的。[②]

---

① 亚里士多德：《范畴篇　解释篇》，第55页。
② 索绪尔：《普通语言学教程》，高名凯译，商务印书馆1980年版，第37页。

从年代相隔相当久远的两种不同的"语言"定义，我们似乎可以看出人们关于语言认识的一种延续与发展。

不过，这里我们要特别指出的是索绪尔所说的"表达观念的符号系统"与亚里士多德使用的"心灵经验的符号"之间是存在差别的。

其一，索绪尔定义中的"表达"一词主要突出的是语言的交流功能，而亚氏定义中的"心灵经验"相对来说则涵盖面比较广泛。"心灵经验"不仅可以涵盖思想活动的结果，而且也可以涵盖思想活动本身；无论是关于心灵经验的表达，还是心灵经验活动本身，它们都需要一种载体，这种载体就是语言。因此，比较而言，亚氏关于"语言"的古典定义对语言特征和功能的描述及概括相对来说要更为全面一些，它不仅涉及语言的交流功能，实际上也涉及语言的思想功能。

其二，索绪尔把文字与语言并列，并且把文字当作语言之外的另一种"语言"来解释；而亚里士多德则明确把文字看成一种口语的符号。相比之下，亚氏关于"语言"的定义不仅直白，而且还明显表现出不同符号所处的不同语言层次，即口语是心灵经验的符号，而文字又是口语的符号，是一种符号的符号。

从对语言特性与功能的揭示方面来看，亚里士多德的说法似乎更切近实际并且也更容易让人理解，而索绪尔把文字看作一种与口语并列的语言则显得有些不太符合这两种语言之间的实际关系。因为人们建造文字的目的本来就是用它来代表有声语言。自从文字产生以后，"语言"的外延也就相应地被扩大了；文字与语言之间的关系并不是一种并列关系，而是一种包含于关系，即文字与口语作为两种表现形式不同的语言都包含于语言。

其三，索绪尔把语言解释为一种"符号系统"，并由此进一步区分了"语言"和"言语"，同时还对他所说的"语言"进行了系统且专门的分析与论述，这样也就使得人们对语言的认识上升到一种理论化、系统化的层次；而亚里士多德则只是笼统地把语言作为一种具有意义的符号来看待，这种朴素、直观的看法既代表了人们对语言的一种早期认识，同时也与人们一般所理解或认识的语言比较一致。

为了进一步解释语言与对象的关系，同时也为了进一步分析语言的意义并由此去深入探讨一些与语言相关的逻辑问题，在比较上述两种不同定义的基础上，我们可以根据本书研究主题的需要，从语言的特征以及功能出发，重新给出一个表述简单且内涵比较丰富的"语言"定义：

语言是一种代表对象用来思想或交流的符号。

以上定义中的"对象"指的是能够被语言所代表（或所指）的一切东

西，它可以是个体、类或属性，也可以是语言（即对象语言）或思想本身，还可以是隐含有某种思想的言语意图或情感表现，等等。定义中的"思想"是一种动词意义上的思想，它指的仅仅是思想活动本身，并不是思想活动的结果。而定义中的"交流"则既包括关于思想结果的交流，也包括某些情感、言语意图的交流。

对于"思想"一词来说，人们一般都是在名词意义上使用这个术语，而名词意义上的"思想"指的是由语言所表达的概念、命题、推理等可以归属于语言涵义的东西，是以上"语言"定义中的"思想"的结果或被用来交流的东西。

这里需要特别注意的是语言交际中出现的被一些人认为是纯粹表达某种主观情感的语言符号，实际上它们在表达某种情感的同时也隐含性地表达了某种思想或思想的部分。比如，"哎哟""啊"一类的感叹词在具体使用中除了表示感叹还会依赖不同的语境表达一些不同的思想或思想的部分。

上述"语言"定义不同于以往一些定义或说法的一个突出特点就是把语言的思想功能与交流功能并提，从而既可以合理解释语言与对象、语言与思想、语言与逻辑之间的关系，也可以弥补一些语言理论存在的只强调语言的交流功能而忽视其思想功能的片面性缺陷。

正确认识语言的思想功能有利于人们全面分析语言的意义并以此为基础建立起一种既可适用于表达也可适用于思想的语言逻辑理论。

二、"语言"和"言语"

作为一种现代语言学理论，尽管索绪尔关于"语言"的定义看上去似乎还不如亚里士多德的定义通俗且全面，但是这种区别实际上是由二者所针对的问题不同而引发的。

在索绪尔那里，"语言"和"言语"是有着明确的区别界限的。

索绪尔把他所说的那种符号系统意义上的语言称为"语言"，而把那种符号使用意义上的语言则称为"言语"。

对于"语言"这一术语，索绪尔给出了这样的解释：

> 语言是通过言语实践存放在某一社会集团全体成员中的宝库，一个潜存在每一个人的脑子里，或者说得更确切些，潜存在一群人的脑子里的语汇或语法体系……它只有在集体中才能完全存在。[①]

因此，从逻辑上推断，索绪尔给出的"语言"定义所使用的"观念"

---

① 索绪尔：《普通语言学教程》，第35页。

一词指的也并不是人们通常所理解的语言所表达的思想、认识、感情之类，而是一些潜存于每一个人脑子里的属于词汇或语法体系的东西。

索绪尔认为，语言是社会的，而言语则是个人的；语言是主要的、本质的，是言语活动中的确定部分，而言语则是从属的、偶然的、灵活多变的；语言是一代人传给另一代人的一种社会约定系统，它包括语法、句法、词汇；等等，这样一种社会约定系统会潜存于使用某种语言的每一个人的意识中，并且成为他们展开各种具体言语活动的规范或准则，而言语则是某种被具体使用的语言，是一些被说出来的具体的话语；言语要合乎规范以及要让人理解，没有语言不行，而语言系统要建立起来，缺少了言语也不行。

索绪尔还明确指出，语言类似于一种"集体模型"，它存在于集体中的情况相对于其使用者来说就有点像把同样的词典分发给每个人使用；而对于"言语"来说，却"没有任何东西是集体的；它的表现是个人的和暂时的"①。

由此看来，索绪尔所讲的"集体模型"意义上的"语言"与人们在语言和对象关系意义上所谈论的"语言"并不是一回事；而人们通常所谈论的"语言"实际上正是索绪尔在其语言学理论中所讲的那个"言语"。

对于语言分析以及语言逻辑理论的建立来说，特意区分"语言"和"言语"实际上并不十分重要，或者也可以说索绪尔意义上的"语言"作为一种系统或"集体模型"是某些语言学理论需要专门去研究的对象，这样的研究对象与我们所要研究的语言逻辑并没有太大的关系。

无论是亚里士多德所讲的"语言"，还是索绪尔所说的"言语"，抑或是我们在"代表对象用来思想或交流的符号"意义上所定义的"语言"，它们都是一种表达某种意义的符号。我们在意义分析以及语言的逻辑中所言说与使用的"语言"指的就是这种语言。

第二节 语言与所指

对于使用语言来说，无论其表现形式是语词还是语句，它们在表达某种涵义的同时一般都会有与这种涵义所相应的不同的所指，这种所指就是语言所代表的对象。

---

① 索绪尔：《普通语言学教程》，第42页。

一、语言与对象

在语言所指意义上所说的对象与世界事物并不等同。

早在人类产生之前，世间万事万物就已经处于生生灭灭之中。世间有了人才有了人的心灵经验，有了人关于世界万事万物的各种观念、思想或情感，于是也才有了反映或表现人的观念、思想、情感的语言。正是相对于人的认识、思想、情感或人所使用的语言，人们才把那些可以被认识、被思想或被语言所指的东西称作"对象"。

人们最初使用语言的目的只是表达思想或指称事物，而使用的结果却表明语言还可以做许多其他的事情。人们不仅可以用语言来指称能够被感知的事物，而且也可以用语言来概括或指称对象类、对象的性质或对象与对象之间的关系；人们不仅可以借助语言回忆过去、想象未来，而且还可以通过语言构造或指称一些在现实世界原本并不存的对象或事情；人们不仅可以通过语言形成、展开或表达思想，而且也可以利用语言交流情感、表达言语意图；人们不仅可以用语言指称语言外的东西，而且还可以通过语言去指称以及反思语言自身等。

二、名称（语词）与所指

用来代表对象的语词在现代哲学以及现代逻辑学那里往往被人们称作"名称"。对于指称一个单独对象的名称来说，现代哲学与现代逻辑一般又将之称作"专名"。

名称所指的对象有实存的，也有虚存的。实存的可以是现在实存的，也可以是过去曾经实存的或将来可能实存的，大至宇宙、小至微观粒子，无所不包；而虚存的则包括人们推想、假想或虚构的各种在现实世界并不存在或不可能存在的对象。比如"亚里士多德"这个名称指的就是历史上曾经实存过的亚里士多德这样一个对象。人们并不会因为现实世界现在已经不再存在"亚里士多德"的所指对象而否认"亚里士多德"这个名称指称的仍然还是那个曾经在现实世界存在过的人。又如"孙悟空"这个名称指的是中国古典小说《西游记》所虚构的一个特定的对象，人们并不会因为"孙悟空"这个名称无论过去、现在还是将来在现实世界都没有或不可能有其所指对象而否认"孙悟空"在《西游记》的虚构故事或虚拟世界中确实有其所指对象。另外，对于"山""水""人""物"这一类名称来说，它们各自所指的对象又分别是由若干同类对象形成的对象类。而"火车""飞机""电脑""无线网"这一类名称所指的对象则原本并不是世界上的存在物，而是一些被人们创造或制作出来的存在物。尽管有些对象看不见摸不着，但是人们仍然会凭借自己的思维或想象相信它们的确是世界上的存在物。

针对名称所指对象的不同表现情况而使用的"实体""个体"或"对象"这样一些作为哲学或逻辑范畴的术语在涵义以及所指方面应该是有区别的，它们涉及的指称范围也是不一样的。其中，"对象"的适用范围应该最广，它既可适用于个体，也可适用于对象类或对象属性，还可适用于事情、言语意图、情感以及语言自身等；比"对象"适用范围小一些的是"个体"，它可以指现实世界或非现实世界一切实存或虚存的单一物；比"个体"适用范围更小的才是"实体"，它仅指现实世界存在或曾经存在过的单一物。"实体""个体""对象"这样一些术语自身的所指对象则都是类。比如，我们可以说"'柏拉图'的所指对象是一个个体或实体""'亚里士多德'的所指对象也是一个个体或实体"等。而这种句子中用到的"个体"或"实体"这些词本身都是被当作一种指称对象类的术语（或名称词）来使用的。

现代哲学与现代逻辑的主流理论一般只承认指称单一实体的"专名"而并不认可语言使用中还有"通名"和"虚名"。为此，我们需要对后两种名称作一些必要的解释或说明。

通名指称的是一类对象或对象具有的某些属性。比如，人们可以把某个叫作"S"的人称作"英雄"，这里，"S"是专名，"英雄"就是通名。后者不仅可以适用于"S"，而且也可以适用于其他能够被冠以"英雄"称号的人。至于谈到对象的属性，它们一般都并不会只适用于某一个体，因此，对于指称对象属性的名称语词，我们也可以将它们划归于通名。

作为一种被语言所指的对象，同类对象需要有同类对象的同一名称，而不同类对象则需要有不同类对象的不同名称。比如我们可以把由所有人的个体组成的类称为"人"，可以把由所有动物的个体组成的类称为"动物"。同类对象中的每一个体都共同拥有同一个通名，而可适用于此类对象的通名一般并不适用于他类对象。专名可以用来区别不同的个体，而通名则可以用来区别不同的对象类。对象类是作为类的对象。这样的对象类虽然是通过某种思想而形成的，但是它们与思想或思想的部分本身之间的区别应该是非常明显的。

亚里士多德在其《范畴篇》中所概括总结的15个指称对象类的范畴词就都是通名，这些通名为后人认识与使用不同范畴之下的不同对象类提供了极为重要的启示与指引。

从大的方面看，亚里士多德逻辑本身就是建立在对通名所具有的某些逻辑特性的认识基础之上的。正是以对不同通名之间逻辑关系的认识为依据，亚氏才在概念、命题、推理以及辩谬等方面提出了若干被后人归属于传统逻辑的主张或理论。这些主张或理论至少可以给人们正确地思考和谈论问题提供一些方法性、原则性的指引，而由此揭示的一些逻辑规律与规则也就成了人们使用语言展开思想或表述思想必须遵守的一些起码准则。

"实名"所指的对象是或曾经是现实世界中存在的对象，而"虚名"所指的对象则属于某个虚构世界中的对象。比如，"哈姆莱特"这个名称所指的对象就是莎士比亚所虚构的某个戏剧世界中的一个特定个体。

为了区别在现实世界中有所指和没有所指的名称，罗素曾经把莎士比亚文学作品中的"哈姆莱特"这样的虚名当作摹状词来解释，并且对这种名称的意义与有摹状性描述的摹状词具有同样特点进行了逻辑分析。但是，对于一个仅仅作为某一对象名称的"哈姆莱特"来说，它并不包含任何对它所代表的对象作出某种摹状性描述的语言成分。因此，将"哈姆莱特"这样的名称词称作"摹状词"与罗素给出的摹状词定义并不相符。从名称所指的实际情况来看，将"哈姆莱特"称作"虚名"显然要比称作"摹状词"更为恰当或更有针对性。

名称的使用在指称方面会表现出不同的语言层次。例如：

> "亚里士多德是《工具论》的作者"这句话中的"亚里士多德"是主词。

在以上语句中，后边的"'亚里士多德'"指的就是前边双引号中那个句子中出现的"亚里士多德"，因此，后一个"'亚里士多德'"就是指称前一个"亚里士多德"的名称，而前者则是后者的所指对象。这种情况下，后一个"'亚里士多德'"与前一个"亚里士多德"尽管从表面上来看似乎是同一个名称，但是它们各自所在的语言层次却并不相同。因为后一个"'亚里士多德'"的所指本身就是一种语言，它具有元语言意义，而前一个"亚里士多德"的所指则是一个个体，因而它具有对象语言意义。

语词和语句各自都会有指称。某一语词往往是通过它所具有的某种特定涵义（或它所表达的某种特定概念）来指称某一特定的对象；而某一语句则往往是通过它所表达的某种特定思想（或特定命题）来指称某一特定的事情。语词与概念、语句与命题之间的关系可以被概括为表达与被表达关系；概念与对象、命题与事情之间的关系则可以被概括为反映与被反映关系；而语词与对象、语句与事情之间的关系则可以被概括为指称与被指称关系。对于这些不同的关系，周礼全进行过如下总结性的说明：

语词指称一个或一类事物，例如，"孔子"这个语词指称一个个别的人。"苹果"这个语词指称一类事物。"孔子是一位哲学家"和"苹果是富于营养的水果"这两个语句分别指称两个不同的事物情况。一个语词表谓一个概念，一个语句表谓一个命题。概念和命题都是思想。语词所表谓的概念反映语词所指称的事物。语句所表谓的命题反映语句所指称的事物情况。①

三、言语意图

人们用来交流思想的语言不仅可以表达关于对象的认识，而且往往还会在言语交流中传达说话者的言语意图。

一般情况下，语句所陈述的事情与说话者的言语意图是一致的。比如当某人针对某个地方出于赞美的目的说出"这个地方真美"这样一句话时，其目的就是要表达他对这个地方产生或持有的某种认识与评价。这种情况下，听话人既可以从说话者话语所陈述的事情是不是符合事实这方面去衡量这句话是真的还是假的，也可以从说话者所说话语承载的"赞美"这样的言语意图来评价这句话是否恰当。假如一个人对另一个人提出了某种请求，而被请求者却故意把话题绕开，说了"这个地方真美"这样一句与对方的请求毫无关系的话，那么这时说话者的言语意图就可能只是在拒绝或回避对方的请求。而在这样的情况下，尽管"这个地方真美"表面上似乎是在陈述一个事情，但是说话者所使用的语句表面所陈述的事情与其在具体言语交流中的言语意图并不匹配。在这样的情况下，正确的理解或解释并不是根据有没有语句所陈述的事情去衡量这句话是真的还是假的，而应该从这句话依赖特定语境所体现的说话者的某种言语意图是否可以得到听话人的正确意会以及会不会带来某种不良后果这样的角度来评价这句话是否恰当。

有些情况下，人们使用语句的目的并非要指事。比如人际交往中常用的"你真漂亮""你真能干"一类的赞美性语句，它们在多数情况下实际上都与语句对事情的指称并没有多大的关系，而主要还是与说话者的某种言语意图有关。当一个有某种评价资格的人对一个偶尔做成某件事而实际却并不能干的人说出"你真能干"时，尽管这句话表面上也表达了对某人能力的一种评价，但是说话者真正的言语意图却可能只是在鼓励对方，而并不是在一般性地陈述一种他所认为的事实。

---

① 周礼全：《形式逻辑和自然语言》，《哲学研究》1993 年第 12 期。

维特根斯坦曾明确表示，他前期思想的错误并不在于承认和指出语言可以指称事物，而在于把语词的意义仅仅局限于"事物—名称"这样的模式。针对这一问题，他说："似乎只要有命名活动，就给定了我们下一步要做的事情。似乎只存在一件事情，叫作'谈论一个事物'。然而事实上我们用语句做大量的各种各样的事情。"①

言语行为理论把言语交际中的使用语句表达了某种言语意图归结为说话者完成了某种言语行为，不过这种观点实际上只能代表该理论的提出者对言语意图的一种看法或解释，而能不能把表达者的表达用语所具有的某种语旨或意图理解或解释为一种"行为"应该是一个值得进一步思考的问题。比如，有人不小心踩了另一个人的脚，然后踩者对被踩者说了声"对不起"。按照言语行为理论的解释，踩者说了这样一句话就是完成了一个道歉的言语行为。然而，这句话实际上只不过表达了说话者的一种道歉的语旨或意图，而这种语旨或意图并不能构成人们通常所理解的那种带有行动特性的"行为"。就一般情况而言，人们之所以要区别"言"与"行"，就是因为前者只停留在"说"的层面，而后者则进入了"做"的层面；而言语行为理论所言之"行"恰恰是一种仍停留在"说"这一层面的"行"。

第三节　语言的功能

上面提出的"语言"定义，不仅体现了语言的基本特性，而且还压缩性地隐含了使用语言所具有的一些主要功能，它们分别是语言的指称功能、思想功能和交流功能。

一、"指称"的涵义

语言与对象之间的关系主要是通过指称来体现的。语言之所以可以在思想以及交流中代表对象，就是因为它能够指称对象。从这一点来说，指称论在各种意义理论中居于基础地位或主要的地位。

"指称"中的"指"讲的是语言符号的指向，"称"讲的是语言符号对所指对象的称谓。从"指称"这个词的实际使用情况看，它既可当动词，也可当名词。当动词时，"指称"指的是使用语言与其所指对象之间具有的一种关系，在这种关系中，语言是指称者，对象是被指称者；而当名词时，

---

① 维特根斯坦：《哲学研究》，李步楼译，商务印书馆1996年版，第19－20页。

"指称"指的则是被语言符号所指的对象，有时人们也这样指称"所指"。例如：

"维特根斯坦"指称的就是那个写了《逻辑哲学论》的人。

上面这个句子中使用的"指称"就是动词。其中，"那个写了《逻辑哲学论》的人"就是被"维特根斯坦"这个名称所指称的对象。例如：

那个写了《逻辑哲学论》的人就是"维特根斯坦"的指称。

上面这个句子中使用的"指称"就是名词。这里出现的"指称"也叫"所指"。

从构词角度看，以上两个语句中出现的"那个写了《逻辑哲学论》的人"是一个摹状词，它在两个语句中都是代表一个特定对象来说明"维特根斯坦"这个名称的所指的。由此看来，像罗素那样不加区别地把摹状词一律归结或解释为一种不能直接代表对象或不能直接指称对象的指称词组并不符合语言使用的实际情况。

维特根斯坦在其《逻辑哲学论》中曾经把语句所表达的思想比作一种人们为自己所建造的关于世界的逻辑图像，并且认为"世界是一切发生的事情"①，"我们给我们自己建造事实的图像"②。

从以上维氏的两个简要陈述，我们可以清楚地看出他所说的"事情""事实"与"思想"（逻辑图像）之间的关系：事实是发生的事情，思想则在思想者那里代表一种关于事实的逻辑图像。

在谈到事态或事情的构成时，维特根斯坦认为，基本语句（或原子语句）所指的事态或事情都是由对象配置而成的。

仔细思考维氏对世界的看法，可以发现他所说的对象的"配置"实际上不仅有对象与对象的配置，而且也包含对象与对象属性（从广义上讲，属性也可以被解释为一种对象）的配置。对象与对象的配置在语言表达中表现为名称与名称的结合；而对象与属性的配置则在语言表达中表现为普通名称词与属性名称词的结合。对象与对象或对象与属性之间的配置形成的是事情，而名称词与名称词或普通名称词与属性名称词的结合形成的则是语句。世界上的所有对象都是处于某种配置中的对象，与此相应，语言使用中所有关于对象的名称当然也都是处于某种语句中的名称。

受维特根斯坦思想所启发，罗素从哲学角度进一步提出了"逻辑原子主义"这样一个概念，并且通过这一概念阐述了自己在解释世界方面所持

---

① 维特根斯坦：《逻辑哲学论》，第 25 页。
② 同上，第 29 页。

的一些哲学主张。

　　罗素指出："在一种逻辑上完满的语言里，除了像'或''不''如果''那么'这类词外（这些词具有不同的功能），命题中的词将一一对应于相应事实的诸组成部分。在一种逻辑上完满的语言中，对于每一简单的客体将只存在一个词，而每一非简单的事物将由词的组合来表述。"[①]

　　罗素这里所提到的"事实的诸组成部分"也就是他所认为的那种被专名所指的逻辑原子，而命题的所指则是由逻辑原子组合形成的事实。不仅罗素对命题所指有这样的看法，而且很多人在谈到命题或语句的所指时也会用到"事实"这个词。

　　但是，严格来说，把语句的所指直接解释为事实并不准确。为了正确理解和把握语句或命题的所指，我们需要区别"事实"和"事情"这样两个不同的术语。

　　正如维特根斯坦所说，"事实"指的是发生的事情，而发生的事情也就是实际存在的或曾经存在过的事情。由此来看，"事情"所涉及的范围要比"事实"广泛。"事情"既可以是现存的或曾经存在过的事实，也可以是可能的、否定的或虚构的一些关于世界的情况。维特根斯坦所说的"否定的事实"指的就是那种相对于某个世界来说并不存在的事情，这种不存在的事情尽管没有发生，但是它们却都是可能的，因而也是可说的。而只要是可说的，人们就都可以用语句来指称或陈述它们。

二、指称类型

　　我们这里所说的指称类型指的是名词意义上的指称（即所指）所具有的一些不同种类。这些不同的种类是根据指称的不同特性及其表现情况区分的。比如罗素在《论指称》一文中所提到的"假定的所指""约定的所指""实存所指""涵义所指"等指称情况所代表的就是一些不同的指称类型。

　　下面我们以不同的划分标准为根据，简要阐述几种常用的指称类型。

1. 语词的指称与语句的指称

　　无论是语词还是语句，它们都既有涵义也有指称。

　　如果不把名称语词的所指仅仅理解或解释为实体，而是理解或解释为一种适用范围更广的对象，那么我们也可以据此从广义上把所有的语词都看成对象的名称。在这种意义上，我们不仅可以把语法上讲的名词看成对

---

　　① 罗素：《逻辑与知识》，第 238 页。

象的名称，而且也可以把动词、形容词、数词、量词等都看成对象所具有的某种特点、状态或性质的名称。例如，我们完全可以把"打"这样一个动词看作关于打这一类动作的名称，把"红"这样一个形容词看作关于红这一类颜色的名称。

弗雷格将一个语句所表达的基本思想区分为"对象"与"概念"这样两个部分；与此相应，他又把表达思想的语句区分为主词和谓词这两个部分。比如，就"晨星是一颗行星"这个句子所表达的思想来说，"晨星"是构成这个思想的对象，也是表达这一思想的句子的主词，而"行星"则既属于句子所表达的思想之构成中的概念，同时也是句子谓词"是一颗行星"的主要构成部分。

如果从承认通名也是名称的角度来看弗雷格所说的表达思想的语句，通常情况下，构成思想的"对象"一般都是由专名来表示的，而"概念"则是由通名来表达的。

按照弗雷格的主张，语句中作为语法主语的通名在语句所表达的思想中代表的只能是概念，而并不是对象。例如，就"所有哺乳动物都有红血"这个句子所表达的思想来说，弗雷格把这个句子中的语法主语"哺乳动物"所代表的东西与语法谓语"有红血"所代表的东西都解释为句子所表达的思想之构成中的"概念"；而把这个句子所表达的思想则分析为："对于所有对象来说，如果某对象是哺乳动物，那么它就有红血"。于是，对于在这个被表达的思想来说，即使从其表面的构成情况看，"哺乳动物"与"有红血"作为概念的情况与"晨星是一颗行星"这个思想中的"行星"作为概念的情况也是完全一样的。

针对弗雷格的这种分析与说明，我们这里特别需要解释清楚的一个问题就是他所说的一个思想构成中的那个与"概念"所相对的"对象"，它与思想的关系是什么，它属于思想的部分，还是属于思想之外的东西。

如果像以往大部分哲学家或逻辑学家那样把"对象"理解或解释为被专名所指的个体，那么这样的个体显然并不属于思想，而应该是由思想的部分所指的东西。而在这样的理解或解释之下来看弗雷格所说的"思想"，那么一个思想就会既包含属于思想部分的概念，又包含属于思想之外的对象。两个处于不同语言层次上的东西结合在一起形成了一个句子或一种思想，这无论如何都是不可思议的。

于是，为了避免思想以及表达的混乱，在语句所表达的思想的层次上，我们显然不能在把语句谓词看作表达思想的部分的同时，把主词所表达的东西理解或解释为思想之外的对象，而必须在区别思想中的对象与思想外的对象的前提下对弗雷格所说的属于思想之部分的"对象"作出特殊的理解或解释。与此相应，当然也需要对弗雷格所说的属于思想之部分的"概念"作出特殊的理解或解释。

弗雷格在《论概念和对象》① 一文中，曾经针对贝诺·克里（Benno Kerry）从心理学角度所理解的"概念"，对自己所提出的"概念"明确给出了不同于贝诺·克里的解释和说明。他说，在他的理论中，"概念"属于思想的部分，它是相对于一个思想中的对象而言的。而这样一来，弗雷格在解释"概念"的同时实际上也对他所说的那个与"概念"处于同一语言层次上的"对象"作出了间接的说明。

尽管如此，想要给"概念"与"对象"这样两个先前早已有了其通常涵义和所指的术语重新赋予一种新的涵义，那就必须提出足够的理由且给出清楚的说明；否则，对于不太了解赋予者意图的人来说，是很容易由此产生一些误解的。

其实，对于"对象"这样的术语，弗雷格自己也并不总是十分严格地将它用作思想的部分。比如，他在《论涵义和指称》一文中所说的"对象"就与他在同年发表的《论概念和对象》一文中的所说的作为思想组成部分的"对象"完全不同。在前一篇论文中，"对象"实际上是被他作为专名所指的个体来解释和使用的。

也许正因为如此，后来的一些分析哲学家以及逻辑学家一般都不太注意或使用弗雷格所讲的"对象"作为"思想的部分"的那一层意义，而主要还是把他所说的"对象"当作一种名称的所指来解释和使用。

维特根斯坦在用"事态"解释一个原子语句的所指时则把指称了事态的原子语句所表达的思想解释为事态的逻辑图像；而对于其中涉及的"事态"与"逻辑图像"，维氏的解释则是："对象的配置构成事态"，而"在图像中图像的要素代表对象"。② 从这样一些说法来看，在维特根斯坦那里，"对象"属于事态的构成部分；而"图像的要素"则属于逻辑图像的构成部分。

传统逻辑把简单句所表达的思想（命题）的构成部分一律称作"概念"；而弗雷格则把传统逻辑讲的简单句所表达的思想进行了原子命题与分子命题的区分，并且又在原子命题中区分出了对象与概念这样两个部分；维特根斯坦则进一步明确把思想的构成部分称作"逻辑图像的要素"，而把

---

① 弗雷格：《弗雷格哲学论著选辑》，第 79 - 94 页。
② 维特根斯坦：《逻辑哲学论》，第 28 - 29 页。

对象看成图像的要素所代表的东西。三种解释各有不同，哪种解释更加合理，要看采用某种解释的理论是在谈论什么问题。在同一种理论中不加说明地混用这三种不同的解释必定会带来思想以及表达方面的混乱。

从语言使用实际看，在一个关于自然语言逻辑的理论中，把语句中专名和通名所指的东西都当作构成事情的对象来理解或解释可以方便人们搞清楚语言、思想与对象之间的关系。在分析语句时，我们并不一定非得把所有的对象都当作某种实体来看待，也不一定非得把命题的主词都解释为对象，而是需要把"对象"当作一种被指称者来看待。专名可以指称某一个体，通名则可以指称某种对象类或对象属性。而归属于思想的部分则应该是不同的名称在命题中所承担的不同的部分。

为了避免思想或认识方面的混乱，我们必须区分语言与思想。

一个表达思想的语句，即使其涵义是由另外一些语句来代表或说明的，我们仍然还是应该把这种用来代表或说明涵义的句子当作被说明句子所表达的思想来看待，并且与此同时也应该把这种以思想身份出现的句子之构成部分看作思想的构成部分，而并不应该再把它们看成事情或语句的组成部分。比如，我们可以说"晨星是一颗行星"这个句子表达了"晨星是一颗行星"这样一个思想，而在后一个以句子形式表现的思想中，"晨星"与"行星"就都属于由相应的名称所表达的思想的组成部分。

依赖特定语境而把某种语言本身作为另一种语言所表达的涵义或思想，这样的情况在语言使用中应该是一种常见的现象。比如为了明确一个语词的涵义，人们经常会用另一个语词或语句来定义或说明这个被定义或被说明的语词，这时，被定义或被说明者代表的是语词，而用来定义或说明的语言代表的却是涵义。显然，作为被解释对象的语词或语句与用来解释的语词或语句所承担的角色与意义是不同的。

一般来说，语词所指称的东西是对象，而语句所指称的东西则是对象与对象之间所具有的某种关系，对象与对象之间的关系所表现的情况就是事情。所以，语句的所指对象归根结底就是事情，而只有存在或存在过的事情才是事实。

世界永远处于发展变化之中，所以事情也永远处于发展变化中。由此来看，语句对事实的指称也一定会受到某种特定条件的限制。当人们说一个语句是一个指称了事实的语句时，这种被指称的事实一定是相对于某一特定时空或某一特定语境而言的。

就语言表达式本身的表现情况来看，语词有专名与通名之分，而语句则有简单句与复合句之别。而就语言表达式所相对的世界来说，语词所指对象有存在与不存在之分，而语句所指事情则有事实与非事实之别。由此，指称事情的语句也就有了真假之分。所指事情符合事实的语句是真语句，而所指事情不符合事实的语句则是假语句。

根据上面的论述，从语言表达的角度，我们大体可以形成如下关于指称的分类：

$$指称\begin{cases}语词的指称\begin{cases}专名的指称\\通名的指称\end{cases}\\语句的指称\begin{cases}简单句的指称\\复合句的指称\end{cases}\end{cases}$$

2. 直接指称与间接指称

弗雷格在把真值作为语句的所指对象的同时又明确指出，当句子包含有直接引语或间接引语时，引语所谈论的东西实际上只是语句本身或语句的涵义，这种情况下，引语在整句话里并不具有通常的真假指称，而只具有一种间接指称，这种间接指称就是那个引语本身或引语所表达的思想。例如，通常被直接说出的"地球是宇宙的中心"是一个有真假可言的语句，但是，对于"哥白尼认为，地球是宇宙的中心"这句话来说，其中的"地球是宇宙的中心"作为一个处于"哥白尼认为"之下的间接引语，它相对于包含它的整个语句来说并不具有通常的真假特征，而仅仅是在指一种思想或涵义，这种思想或涵义相对于包含这一间接引语的整句话的所指来说则是一种间接所指。

罗素在分析指称词组的所指时认为句子中出现的指称词组的所指首先应该是这个词组的涵义，而这个涵义又有其所指。他认为，指称词组在指称方面所具有的这种指称层次类似于语句中带引号的语词在指称方面所表现出的指称层次：带引号的语词首先指的是引号中的语词，引号中的语词则在自己所在的语言层次上又有自己的所指。例如，对于"《威弗利》的作者是一个人"这句话来说，其中的"《威弗利》的作者"就是一个指称词组，这个词组的直接所指应该是该词组所具有的涵义：

下述这种情况对于 x 并非总是不成立的：x 写了《威弗利》，假如 y 写了《威弗利》，则 y 与 x 相等，这对于 y 总是成立的。

其实，对于罗素所讲的这种指称词组来说，它们本身并不一定会包含不同的语言层次，正确的意义分析也并不一定会因为一个句子包含指称词组就需要对这样的句子作出不同的语言层次区分。比如就"《威弗利》的作者是一个人"与"司各脱是一个人"这样两个不同的句子来说，"《威弗利》的作者"与"司各脱"在句子中的所指实际上并没有什么本质的区别，人们因不同的表述需求或目的而在句子中使用它们本来都是为了指称某个特定的对象；罗素在区分指称词组直接所指与间接所指的情况下所说的那种作为指称词组直接所指的涵义只不过是这种词组的一种语词组合涵义。语句中出现的由若干语词组合而成的词组与相应于该组合的专名在句中所处的语言层次其实是相同的；被这种组合性词组所指的对象（如果有这样的对象的话）与相应的专名所指的对象也应该是相同的。

罗素在分析指称词组的所指时曾特意提出了这种词组在指称对象方面所表现出的初现与再现这样两种特征，而在指称方面能够表现出指称词组所在不同语言层次的恰恰是指称词组所具有的这两种特征，而并非指称词组本身。比如在"当今的法国国王不是秃头"中，"当今的法国国王"是初现；而在"'当今的法国国王是秃头'是假的"这个句子中，"当今的法国国王"属于再现。假如相对于现实世界并不存在"当今的法国国王"所指的对象，那么相对于同一世界来说，这里的前一句话是假的，而后一句话则是真的。就罗素提出的这一思想来说，其中具有"初现"的指称词组，其所指是直接的，而具有"再现"的指称词组，其所指则是间接的。

在罗素那里，由其"初现"和"再现"思想进一步发展而来的逻辑类型论同样也涉及了语言表达式的直接所指和间接所指。按照罗素对不同逻辑类型的区分，如果作为逻辑类型 n 的语句指的是逻辑类型 $n-1$ 的语句，那么逻辑类型 $n-1$ 的语句的所指就是逻辑类型 n 的语句的间接所指。

3. 实指与虚指

实指是一个语言表达式的真实指称，这样的指称对象应该是在现实世界存在或曾经存在过的对象；虚指则是一个语言表达式的虚拟指称，这样的指称对象在现实世界并不存在或从来就没有存在过。

在讨论符号的指称时，弗雷格曾经提到过假定对象的问题。他举例说，我们在通常的表达中提到并谈论"月亮"时实际上并不是在谈论关于月亮的表象，而是首先假定了这个名称有一个所指。

尽管人们在谈论中提到"月亮"时会首先会假定它是在指称某个对象，但是这样的名称在现实世界毕竟还是有其所指对象的。而一旦承认了人们在谈到某个名称时可以假定该名称能够指称对象，必定会涉及许许多多人们所谈论的在现实世界确实并未发现有其所指对象的名称。比如像"孙悟空""飞马""金山"这些名称，当人们提到它们或在语言表达中使用到它们时，还能说使用者是首先假定了它们是在指称某个对象吗？

对于在表达中确实需要使用的那些在现实世界实际并无所指对象的名

称，弗雷格提出的处理意见是给这种被引入的名称规定一个所指，以此来规避空名的出现。比如对于"无穷收敛级数"这样的名称就可以"通过像应该指 0 这个数这样的特殊规定"① 来说明其所指。

针对这种处理方法，罗素批评说，弗雷格"通过定义替一些情况提出某种纯粹约定的所指，否则这些情况就会不存在所指，这样，'法国国王'就应指称空类；'某某先生（他有一个美满的十口人之家）唯一的儿子'就应指称他的所有的儿子所构成的类；等等"。②

根据罗素的这种批评，我们可以引申出这样一个结论：根据某种主观意愿随意去规定或约定某个语言表达式的所指实际上是行不通的或错误的。

其实，人们只要按照使用语言的本来目的去理解或解释所用语言表达式的所指就完全可以解决上面提到问题。

看一个语言表达式有无指称对象应该主要看它是相对于什么语境而言的。比如对于"孙悟空"这个名称语词来说，我们并不能因为它在现实世界没有所指对象就断定这个名称在任何使用语境中都只有涵义而没有所指，也不能以此为理由而把"孙悟空是唐僧的大弟子"这样的句子一律当作无意义语句来处理。"孙悟空"这种名称的所指应该属于《西游记》所描写的那个虚拟世界，而"孙悟空是唐僧的大弟子"这种语句所指的也是《西游记》所描写的那个虚拟世界中的一件事情，而且这样的事情相对于那个世界来说还是一种事实；与此相反，"孙悟空是唐僧的二弟子"相对于《西游记》所描写的那个虚拟世界来说虽然也可以指称一件事情，但这件事情相对于《西游记》的虚拟世界来说却并不是事实。如果把现实世界作为衡量陈述虚拟世界情况的语言表达式有无指称的标准，从而把小说、戏剧、电影、电视等文学作品中所说的那些针对某个虚拟世界对象而言的名称或语句都说成是无指称、无意义的，这明显等于是人为缩小了语言的所指范围，因而这样的一种处理方式并不能恰当地说明语言表达所涉及的实际指称情况。

三、语言的思想功能与交流功能

从语言具有的功能方面看，以上所讲的指称问题涉及的主要是语言的指称功能。从大的方面来看，与语言的指称功能并列于同一层次的语言功能至少还可以有语言的思想功能与交流功能。

① 弗雷格：《弗雷格哲学论著选辑》，第 110 页。
② 罗素：《逻辑与知识》，第 57 页。

人们对世界的思考和认识一般都是通过语言来实施或展开的。当人们说"语言是思想的载体"时，按照通常的理解，这里的"思想"一般指的应该是一种名词意义上的思想，而由此所体现的语言功能则主要是语言的指称功能。而实际上，这句话中的"思想"这个词是既可以当名词讲也可以当动词讲的。名词意义上的"思想"指的应该是一种既成思想或思想的结果，而动词意义上的"思想"指的则是一种思想活动或思想的过程。后一种"思想"就体现了语言所具有的思想功能。

　　人与人之间关于思想、情感、意图等方面的交流都可以转化或表现为一种语言交流，而这种情况所体现的语言功能又是语言的交流功能。

　　正因为语言既有思想功能又有交流功能，所以它才能给语言使用者在符号世界感受、思考、谈论事物或事情以及相互交流思想及感情提供一种便捷的工具；由此，语言使用者也才能通过这样的思想与交流不断拓展与提高自己对世界的认识。

　　过往的一些语言理论在解释语言的功能时往往只谈论语言的指称功能与交流功能，而对于语言的思想功能却有所忽略或重视不够。比如，萨丕尔（Edward Sapir，1884—1939 年）就认为"语言是人类特有的、用任意创造出来的符号系统进行交流思想、感情和愿望的非本能的方法"[1]。这种关于"语言"的定义或解释不仅缺少了语言的思想功能，而且就连语言的指称功能也没有明确表示出来；而《现代汉语词典》对"语言"的解释则是"人类特有的用来表达意思、交流思想的工具"[2]。这种定义中的"表达意思、交流思想"虽然涉及语言的指称功能和交流功能，但是并没有提到语言自身所具有的思想功能。

　　其实，人们不仅在思想时会使用语言，而且语言交流本身往往就表现为一种关于思想与思想结果的交流。"用来交流的思想"与"用来思想的语言"这样两种不同说法中的"思想"一词所具有的意义并不一样。前者指的是一种既成思想，后者指的则是一种思想活动。从思想与交流的关系看，语言的思想功能应该是语言交流功能的前提或基础，只有表达思想的语言才能在语言交流中产生思想交流的效果。

　　有的语言学家曾经在"内心独白"的意义上把人们用来思想的语言称为"内部语言"，比如，他们会列举出一个人独自思考、回忆、想象之类的情况，以此来与人们在交流时所使用的外部语言相区别。其实，他们所说

---

① 哈特曼等：《语言与语言学词典》，黄长著等译，上海辞书出版社 1981 年版，第 189 页。
② 《现代汉语词典》（2002 年增补本），商务印书馆 2002 年版，第 1539 页。

的这种"内部语言"并不是一种不同于外部语言的新语言种类，而是同一语言在思想过程中的一种表现。利用或通过语言来思想所体现的语言功能正是语言的思想功能。

有些关于"语言"的解释或论述虽然也会隐含性地涉及语言的思想功能，但是这样的解释以及论述总让人有一种似有非有的感觉，无论是态度还是立场都表现得并不十分明显。比如，《中国大百科全书》对"语言"的解释是这样的：

> 语言，人类特有的一种符号系统，当作用于人与人关系的时候，它是表达相互反映的中介；当作用于人和客观世界的关系的时候，它是认知事物的工具；当作用于文化的时候，它是文化信息的载体。[①]

这段话主要通过阐述语言在不同方面具有的不同作用来说明语言的不同功能，但仔细品读其中包含的"反映""认知"这一类术语，我们仍然还是可以由此推想到这种术语背后所隐含的语言所具有的思想功能，体会到这种表述不仅包含了参与言语交际的人借用语言而对思想进行的表达，而且也涉及了人们借助语言而对世界事物、事情展开的思想。

不过，以上观点虽然重点强调了语言的思想功能，但是却明显弱化了语言的交流功能。

有些研究语言的人虽然并没有通过研究及总结人们利用语言进行思想这样的情况而明确提出语言的思想功能，但他们往往会在一些相关表达或论述中自觉或不自觉地表露出他们对语言所具有的思想功能的一些看法。比如，罗素在阐述语言的功能时虽然主要谈论以及强调的是语言的交流功能，但他关于语言特点与作用的一些论述却同时也隐含性地表现出他对语言思想功能所持的一些看法。比如，罗素曾经这样评论"语言"：

> 语言有两种相互关联的优点：第一，它是社会性质的，第二，它对"思想"提供了共同的表达方式，这些思想如果没有语言恐怕永远没有别人知道。[②]

罗素这里所评论的语言的两个优点虽然也与思想有关，但是它们明显表现或强调的还是语言的表达以及交流功能。

但是，罗素的论述却并没有就此止步。他在进一步阐释与总结他所说的语言的以上两个优点时又明确提出了如下论断：

---

① 《中国大百科全书·语言文字卷》，中国大百科全书出版社 1988 年版，第 475 页。
② 罗素：《人类的知识》，张金言译，商务印书馆 1983 年版，第 71 页。

语言是把我们自己的经验加上外形并使之为大家共晓的一种
工具。①

　　我们从这句话甚至可以看到亚里士多德关于"语言"定义的影子。这
里的"外形"指的就是经验的载体——符号，而"经验加上外形"则无疑
涉及的思想，因此，这种说法所体现的语言的思想功能相对来说就比较明
显了；而"为大家共晓"则体现的又是语言的交流功能。如果"自己的经
验加上外形"还停留在思想中没有被表达出来，从而并没有进入交流，那
么这涉及的就应该只是语言的思想功能；而如果"自己的经验加上外形"
在关于思想的交流中被表达出来了，那么语言的交流功能也就由此而被体
现出来了。

　　罗素还说，一只狗并不能讲它的自传，而一个人却可以做到这一点。
他说："在某种意义上讲，我可能知道我有五个手指，却不认识'五'这个
词，但是除非我学会了算术的语言我就不会知道伦敦有800万人口，我也
不能有与'圆的周长与直径之比约为3.14159'这句话所说的意思非常接近
的思想。"② 这些议论都充分表现出罗素对语言思想功能所具有的一些认识，
而且这些认识同时还隐含这样一个观点：

　　　　语言的交流功能是建立在语言的思想功能基础之上的。

　　罗素还从语言的思想功能出发进一步指出，语言作为一种人们用来处
理与外界关系的符号具有两个明显的特点：

　　　　(1) 在时间上具有一定程度的永久性，

　　　　(2) 在空间内具有很大程度的分立性。③

　　虽然这两个特点说的是语言在表达思想方面所具有的局限性，但是这
种局限性却是与语言的思想功能密切相关的。

　　罗素举例说，当人们把一个名叫"琼斯"的人当作一个物来看时，这
个物在时空间方面都是不确定的或随时变化的。人们甚至很难确定正在剪
指甲的那个名叫"琼斯"的人剪下的指甲是不是仍然还属于他。然而，对
于作为对象名称的"琼斯"来说，它却比它所指的琼斯这样一个对象的不
确定性和短暂性显然要少很多。罗素将这种情况归结为语言在表达认识方
面所具有的一种特殊用途。基于这一情况，罗素指出："语言虽然是一个有
用甚至是不可缺少的工具，却也是一个非常危险的工具，因为语言是从暗

　　① 罗素：《人类的知识》，第72页。
　　② 同上，第72页。
　　③ 同上，第73页。

示物体具有一种确定、分立和看来好像具有永久的性质而开始的", "因此，哲学家就面对着使用语言来消除语言所暗示的错误信念的困难任务"。①

从上面所述情况来看，语言的思想功能既是语言的一种重要功能，也是语言的一种基础功能。把这样一种功能总结或提取出来，与语言的指称功能、交流功能一起明确并列纳入"语言"的功能并给予必要的说明、解释以及论证，这不仅有利于进一步拓展人们对语言与思想之间关系的认识，从而进一步丰富与深化哲学以及逻辑学关于"思想"的研究，而且同样也有利于人们进一步丰富与深化语言学关于"语言"的研究。

言语行为理论曾经从说话者角度出发，把说话者的言说在受话者那里引起某种反应或带来某种效果称为"以言取效"。也有人据此把人们使用语言的这种目的归结为语言所具有的召唤功能，从而与语言的交流功能并提。其实，说以言取效也好，说召唤也好，它们所表现出的都是语言所蕴涵的思想及情感力量。语言之所以能"以言取效"是因为语言能表达人的思想、情感、意图，而且这种思想、情感、意图往往会齐聚于同一语言表达之中从而产生一种具有驱使性或召唤性的力量；听话者也正是受说话者所说承载的思想、情感、意图的驱使或影响，才会产生出种种不同的言后反应。把语言使用者对这种反应的追求概括为"以言取效"，以此说明说话者使用语言想要达到的某种目的是可以的，但将语言使用者的这种追求概括为语言本身所具有的一种基本功能，从而与语言的其他基本功能并提却是不太恰当的。

---

① 罗素：《人类的知识》，第 75 页。

第四章 语 境

任何具体的表达或理解都离不开使用语言所依赖的具体语境。语境既可以是一些与使用语言相关的表现为言辞的上下文，也可以是一些言辞外的主客观环境因素。语境之于语言表达与理解具有极为重要的意义。力求联系并切合语境进行正确的解释与恰当的表达是使用语言必须要遵循的一个基本原则。

第一节 语境研究的一些基本情况

早在古希腊时期，亚里士多德就在其《范畴篇》中说：

一个语词到底具有多层涵义还是只有一层涵义可以用下述方法来考察确定。首先，考察其相反者是否具有多层涵义，若有多层涵义，其差别是种方面的还是属于用语方面的。因为在某些场合，仅从用语方面也能发现区别。例如，在形容声音时，"尖锐"的反义词是"低沉"，但在修饰刀刃时，"尖锐"的反义词是"滞钝"。显然，"尖锐"的反义词有多层涵义，"尖锐"也就有多层涵义。[①]

这段话尽管没有出现"语境"这个词，但是其中根据一个语词之相反者的多义情况来判别这个语词多义情况的方法，实际上就是一种语境分析方法。

在语言学研究领域，人们一般认为最早提出"语境"问题的人是英国人类学家马林诺斯基（B. Malinowski，1884—1942 年）。

早在 1923 年，马林诺斯基就在给奥格登（C. K. Ogden）和理查兹（I. A. Richards）所著《意义之意义》一书所写的"补录"中明确提出并解

---

① 亚里士多德：《工具论》，余纪元等译，中国人民大学出版社 2003 年版，第 367 页。

释了"context of situation"（"环境的上下文"）这个术语。其中所用的"context"（"上下文"）就是后来人们用来指称语境的一个比较通用的术语。马氏这里所说的"context of situation"虽然用了"context"这个术语，但是在这里这个术语指的主要是表达某种具体意义的语言表达式所依赖的一些言辞之外的主客观环境因素。

马氏在解释语境之于表达与理解的重要意义时说，他在南太平洋工作期间曾发现当地土人所说的一些话很难译成英语。比如，一个划独木船的人会用"木头"这样一个词语来称呼他所使用的那支桨，外人假如不把他的这种用语与其使用语境相联系根本就无从知道他所说的这个"木头"是指什么东西。马氏据此指出，话语与环境纠合在一起，"语境对于理解语言来说是必不可少的"[1]。

后来，现代语言学伦敦学派的创始人弗斯（Firth，1890—1960 年）在其《社会中的个性和语言》（1950 年）一书中对"语境"所作的进一步解释则不仅包括"语境"的定义，而且还有对语境进行的初步分类。弗斯明确将说话者说话时所借助或依赖的一些具体环境因素称为"情境的上下文"，而将话语的前言后语则称为"由语言因素构成的上下文"。

1964 年，系统功能语言学的创始人韩礼德（M. A. K. Halliday）又从语境的角度提出了"语域"这样一个概念。而他所说的"语域"则主要指的是话语的某些表现领域，因为不同话语表现领域所决定的话语表现特点及其意义是有很大区别的。因此，韩礼德所谓的"语域"实际上是将某些"话语情境"意义上的语境进一步具体化了。

韩礼德起先是将他所说的"语域"区分为话语范围、话语方式和话语风格三大类。到了 20 世纪 70 年代，他又将"语域"总结为"场景""方式"和"交际者"这样三个因素。

从语境分类角度来看，韩礼德所说的"语域"及其分类实际上只涉及情境语境的某些类型，因而这种对语境的概括实际上是一种有选择性的概括。

根据目前已有的一些"语境"研究资料来看，哲学以及逻辑学领域对语境问题的关注以及思考应该比语言学领域更早一些。

现代逻辑的奠基人弗雷格早在其 1884 年出版的《算术基础》一书序言中就明确提出了与意义分析相关的三个基本原则：第一个原则是要把心理

---

① Ogden, C. K. and Richards, I. A. The Meaning of Meaning. Harcourt, Brace & World, Inc., 1923, p. 307.

学的东西和逻辑的东西、主观的东西和客观的东西明确区别开；第二个原则是"决不孤立地询问一个词的意义，而只在一个命题的语境中询问词的意义"；第三个原则是要时刻看到概念和对象的区别。弗雷格在这里所讲的第二条原则后来被人们称为"语境原则"或"整体主义原则"。①

美国实用主义哲学家皮尔士（C. S. Peirce，1839—1914 年）也在 19 世纪末针对索引词的具体所指问题提到并解释了语境。

皮尔士所说的"索引词语"指的就是那些只有知道其使用语境才能确定其具体所指的词语。比如"他现在在这里"这句话就包含有这样三个索引词语："他""现在""这里"。如果没有具体语境支持，听读者就不会知道这句话中的"他"具体指的是谁，"现在"具体指的是什么时间，"这里"具体指的是什么地方。

巴尔-希勒尔（Bar-Hillel，1915—1975 年）在解释语用学的研究对象时曾经对皮尔士提出的"索引词语"给予高度评价，认为索引词语应该是语用学的主要研究对象。为此，他主张要对那些效能极为复杂的索引词语进行广泛的调查并在此基础上作出周密的分析以及系统的制定。

蒙太格（Montague）评价巴尔-希勒尔的这一主张说，这实际上是把语用学的研究对象以及内容进一步具体化了。蒙太格还由此进一步带有总结性地指出，语用学与语义学的不同之处就在于：前者不仅着眼于语言表达式的语义，而且还进一步考虑了语言表达式的使用语境。②

罗素在他的最后一部哲学著作《人类的知识》中所提到的"自我中心特称词"实际上就属于皮尔士所讲的索引词。罗素指出，在这类词中有四个词是基本的，它们分别是"我""这""这里"和"现在"。他解释说："现在"这个词的每一次使用都表示了一个不同的时间点；"这里"这个词的每一次使用都表示了移动者所处的一个不同的空间位置；"我"这个词会因其说出者的不同而代表不同的说话者。不过在强调这些词的具体意义都与其具体使用语境相关的同时，罗素还特别指出："这些词仍然具有某种使它们具有不变意义的东西，这就是使用这些词的理由。"③ 罗素这里所说的"自我中心特称词"所具有的那种"不变意义的东西"就是这类词所具有的仅仅属于语言方面的基本涵义，而这些基本涵义并不能代替这些词在具

① 参见弗雷格《算术基础》，王路译，商务印书馆 1998 年版，第 8 - 9 页。

② Cf. Thomason, R. H. Formal Philosophy：Selected Papers of Richard Montague. Yale University Press，1976，p. 21.

③ 罗素：《人类的知识》，第 102 - 103 页。

体使用中具有的那种与其具体所指相关的具体意义。比如"我"的基本涵义就是说话者的一种自称，而这种基本涵义与"我"这个用语在实际语言使用中具体指谁是有根本性区别的。没有具体使用语境的支持，只凭对这种词语基本涵义的了解是无法知道或说清这种词语的具体所指的。

除了基本的"自我中心特称词"，罗素还列举了大量非基本的自我中心词，并对这些词的基本涵义以及具体使用意义进行了区别性说明。比如像"近"和"远"、"已是"和"将是"、"过去"和"将来"等就既有它们各自的基本涵义，又有它们各自依赖某种具体语境而具有的具体意义。

其实，不仅罗素所讲的"自我中心特称词"的基本涵义与其具体使用意义不同，而且任何一个使用语词的基本涵义与它们在具体使用中的具体意义都有着这样那样的区别。语词的基本涵义本来就是从其具体使用意义中概括总结而来的，而这样的基本涵义一旦被概括总结出来后，这种意义当然也就失去了其具体的所指。而语词的具体意义则是语词在特定的使用语境中所具有的那种与某个特定所指相联系的特定意义。

对于语言分析来说，有没有提出或使用过"语境"这个术语并不能成为判定分析者有无语境分析思想的标准。比如罗素对"自我中心特称词"的分析与说明虽然没有用到"语境"这个术语，但是他所采用的那种根据语言使用实际情况来分析语词意义的方法实际上就是一种语境分析方法。

后期维特根斯坦把语言的不同使用情况归结为一些不同的语言游戏。由于其语言游戏理论主要强调的是语言的具体意义与语言的具体使用情况之间的关系问题，因此即使这种理论并没有明确把"语境"作为一个核心概念来解释与使用，但它所分析与谈论的语言的各种具体意义实际上都是与各种不同的语言游戏这样的具体语境相关的意义。

其实，依赖语境分析与解释语言意义的主张以及相关思想早在维特根斯坦的前期思想中就已经有所表现。比如反映其前期思想的代表作《逻辑哲学论》就这样说过："正如我们根本不能在空间之外思想空间对象，或者在时间之外思想时间对象一样，离开同其他对象结合的可能性，我们也不能思想一个对象。"[1] 如果将这种思想推广到语言分析，那显然也可以说考察一个名称的意义是离不开被考察名称与其他名称的结合情况的。而这种结合情况本身就是一个名称表达某种具体意义的具体语境。从言辞语境的角度看，这种结合也可以说是名称在表达某种具体意义时所依赖的某种句子语境或段落语境。

---

① 维特根斯坦：《逻辑哲学论》，第26页。

比较一下维特根斯坦前后期理论所涉及的一些语境思想，人们会发现，其后期理论所包含的语境思想不仅更加明确，而且其理论特征也更为明显。

维特根斯坦在其后期著作《哲学研究》中明确指出，指着某个对象说出一个语词，这个语词并不一定就是这个对象的名称。他说，对于有些语词，例如像指示代词"这个"这样的词，虽然从语词本身来看，它并没有确定的所指对象，因此它也并不能算是一个名称，但是语言使用中出现的指示词"这个"却永远不能没有其拥有者。他还进一步指出，语词的意义就在于它们在不同情况下的不同使用，而从使用角度来考察语言的意义，人们并不能把所有的语词都看成事物的名称。比如像"水！""走开！"这些处于不同使用情况下的语词，由于它们在书面语表达中会附加表述某种特殊意义的标点、标志，而在口语表达中会含有某种特殊的语气，等等，因此它们实际上都是被作为句子来使用的。

从后期维特根斯坦的语言游戏理论来看，由不同的语言游戏（或者说不同的语境）所决定的不同语言表达式或同一语言表达式的具体意义是不可能一样的。如果从语境角度来看语言的不同使用情况或不同的语言游戏，我们当然也可以把它们归结为表达语言所依赖的一些不同语境。

后来的一些哲学家们也从他们各自的研究情况出发对语境问题发表了一些不同的看法。比如法国语言哲学家利科（P. Ricoeur，1913—2005 年）就曾经从解释学角度出发对语境进行了这样的说明："字词的多义性要求，在确定某一特定信息中字词的当下意义时，要有语境的选择作用作为补充"，"用多义性的字词产生出某种相对单义性的话语，在接受信息时辨别出这种单一性的意向，这就是解释的首要和基本的任务"。①

利科曾经明确把语境归结为一种问答模型，这种归结虽然有较强的针对性，但是由此而总结或解释的语境，其适用范围却过于狭窄。因为问答模型不仅不能解释非言辞语境，而且它作为一种言辞语境也只是涉及这种语境的其中一种类型。

20 世纪 80 年代以来，国外语言哲学领域产生的情境语义学理论所谈论的"情境"实际上也是语境。比如巴威斯（J. Barwise）和佩里（J. Perry）合作出版的《情境与态度》②一书中所说的"情境"就可以被理解或解释为语境。

---

① 利科：《解释学与人文科学》，陶远华等译，河北人民出版社 1987 年版，第 43 页。

② Cf. Barwise, J. and Perry, J. Situations and Attitudes. CSLI Publications, 1999.

第二节　语境的逻辑意义

本节我们需要对语境展开一些适当的哲学思考，并且以这种思考为基础进一步对语境的种类、功能以及依赖语境的语言表达所具有的一般的逻辑形式作出一些符合语言表达与理解实际的分析与总结。

一、语境与世界

维特根斯坦在其《逻辑哲学论》中把我们所处的这个世界解释为一张由对象与对象以及事实与事实相互联结而形成的无限之网。从维氏所描述的这张无限之网我们不仅可以看出，世界中的每一对象或每一事实总是或远或近地与其他对象或其他事实相互关联着，而且也可以顺理成章地得出这样的结论：在指称对象或事实的语言表达式中，名称对于对象、语句对于事实的指称也都是相互关联的（某个名称具体指称什么对象，某个语句具体指称什么事实），相关的情况或语言表达往往会为关于这类问题的解释提供必要的语境支持。比如，对于两个都叫"亚里士多德"的人来说，当有人解释说他所说的"亚里士多德"指的就是那个曾做过柏拉图学生的人时，说话者就是在借助"亚里士多德""柏拉图""学生"与"人"之间所具有的一些关系来确定他所说的"亚里士多德"这个名称的具体所指。

从表达方面看，某一对象应该由何种名称来表示，某一事实应该由何种语句来表达，一般都存在一个表达者根据具体语境而对相关语言表达式进行选择的问题。在实际生活中，当人们说一些人说话不看场合、没有分寸时，这在一定程度上说的也就是这些人没有注意其表达用语与相应语境相匹配的问题。表达者所面对的理解者的具体情况，表达时所处的一些具体场景，表达者的身份、地位、运用语言的能力以及与表达相关的一些历史的、文化的、社会的因素等都可能成为与表达相关的一些语境因素。

从语言与世界的关系看，语境因素属于与表达语言所相对的世界。与语境因素相匹配的表达语言也就是切合相应世界的表达语言，只有这样的表达语言才可能成为相对恰当的语言。

上述语境要求对于理解或解释来说同样也是适用的。

人们针对听话者的理解所说的"多心""粗心"或误解、曲解往往说的就是理解者在解读某种语言的具体意义时没有正确认识与把握表达者的表达用语所依赖的具体语境，从而搞错了这种用语的实际意思或真实意图。

在具体的表达或理解中，语言使用者需要特别注意，不要把那些与表达或理解无关的言语或环境因素当作语境来解释和使用。理解者要想依赖语境从表达者的使用语言解读出这种语言所具有的某种具体意义，那么得出这种具体意义的语境对于表达者来说就必须是确实存在的；而表达者要借助某种语境表达某种隐藏在语言表达式表面意义背后的真实意思，同样也必须特别注意这种被借助的语境是否可以被理解者注意到或领会到。

二、语境的种类及辨识

依据不同的标准可以将语境区分为不同的种类。为了在表达与理解过程中正确认识与利用语境，我们既需要了解或掌握一些不同的语境类型，也需要了解或掌握一些辨识语境的具体方法。

1. 言辞语境和非言辞语境

根据语言表达或理解所涉及的表现为言辞的上下文或一些言辞外的主客观因素，可以将语境区分为言辞语境和非言辞语境。

与一个语言表达式表达某种特定意义相关的表现为言辞的上下文是相对于该语言表达式的言辞语境。

言辞语境既可以表现为书面语，也可以表现为口头语。

就言辞语境的复杂程度来说，一方面，小到简单的一个词、一句话，大至整段或整篇话语，它们都可能会为某个语言表达式的选择或解释提供其所需要的言辞语境；另一方面，在表达方面作为语境的那些言辞有的可能与被解释语言紧紧相联，因而比较容易识别，有的则可能与被解释语言在整体表达链条中相距较远，因而需要尽量去挖掘或寻找。比如就小说作品来说，尽管这类作品在表达方面使用的一般都是一些并不难理解的日常用语，但是假如读者并非从头至尾依次来读某篇或某部小说，而是从中间截取一些段落来阅读，那么这样的阅读方式往往会使得读者对作品中一些词句的意思无法理解。这种情况之所以会发生，其原因就在于这样的阅读会使得被阅读作品中的一些用语在理解或解释方面失去所需要的上下文语境支持。

语言使用者所处的各种属于言辞外的时间、地点、场合、身份、地位等影响表达或理解的客观因素以及语言使用者的认知能力、背景知识、假设、信念等影响表达或理解的一些主观因素则都属于非言辞语境。

人们有时也会直接用"上下文"（"context"）这样的用语来称呼或指代语境。

"上下文"的最初意义本来指的是口头语或书面语的前言后语；后来当人们把非言辞语境因素也引申为"上下文"时，这种包括了非言辞语境因素的上下文也就由此演变成一种广义的上下文，而原本在口头语或书面语的前言后语意义上所说的那种上下文则变成一种狭义的上下文。

语言表达式所依赖的非言辞语境因素是多种多样、无穷无尽的。因此，对于一个语言表达式的理解或表达来说，无论什么人都不可能详尽列出这种表达式所依赖的所有的非言辞语境因素。然而，就确定一个具体语言表达式的某种特定意义来说，表达者或理解者实际所需要的相关语境因素却是有限的。而且即使是对于这样的语境因素来说，不同语境因素对于理解或表达所起的作用仍然有大小或强弱的区别。

2. 简单语境与复杂语境

根据语言表达或理解所依赖语境的复杂程度，可以把语境区分为简单语境与复杂语境。

简单语境是一种比较容易被发现从而也是一种比较易懂易用的语境。对于这样的语境来说，表达者与理解者一般比较容易获得相对比较一致的意见。与此不同，复杂语境则不仅是一种需要语言使用者去努力发掘的语境，而且往往也是表达者或理解者双方容易产生意见分歧的语境。

从理解的角度来看，对于那些只需简单语境支持即可获得相对正确解释结果的语言表达式来说，不同的理解者尽管起初也可能会由于种种原因而产生一些理解方面的差异，但是通过结合语境进行解释或说明，原先的一些不同理解或解释相对比较容易求得一致意见。例如，维特根斯坦的《逻辑哲学论》中有这样一句话：

对象是无色的。[①]

乍一看，这句话很难理解。明明人们看到的对象都具有某种色彩，为什么维特根斯坦要说对象是无色的？有的人可能还会别出心裁地去猜测维特根斯坦说出这样一句与人们平常看法大相径庭的话会隐含某种不同寻常的意义。但是，理解者只要注意一下作者使用这句话的上下文就会发现，实际上其上文就已经明确指出，颜色、时间与空间都是对象的存在形式。而一旦注意到这样的上文语境，理解者一般都能够认可这种解释：既然维特根斯坦已经指出颜色是对象的存在形式，当然它也就不会是对象本身所具有的某种属性。显然，假如不联系或未注意到这句话的上文，理解者一般都很难理解和把握这句话的准确意义。而一旦将这句话表达某种特定意义所依赖的简单语境点破，难题也就很容易被破解了，由此而引发的种种不同解释或意见也就相对比较容易求得统一了。

---

① 维特根斯坦：《逻辑哲学论》，第 27 页。

日常会话中的大部分使用语言一般都可以在某种简单语境的支持下得到相对较为准确的解释。简单语境之所以能支持理解者的理解并且这样的理解与表达者本来要表达的意思能够趋于一致，这主要靠的是人们在理解或解释语言方面所具有的一种约定性。这种约定性就相当于理解者或解释者对于说者所说都会具有这种共同的认可："这种情况下既然你这么说了，那意思也就是……"；而说者同样也希望或同意这种认可。

然而，也有一些语言表达式所处的语境是相对比较复杂的。对于处于某种复杂语境中的语言表达来说，理解者所理解的意思不仅可能会与表达者本来要表达的意思产生种种差异，而且不同理解者往往很难达成一致意见。于是，为了恰当处理此类情况，就需要采取一些相对合适的处理方法或手段。

首先，当言语交际中的某些语言表达式依赖一些复杂语境而被使用时，为了辨识语言表达式的具体意义，理解者需要尽量去搜索挖掘那些与相应表达具有最大关联度的语境，因为只有这样的语境才能支持被解释语言与某种具体意义的联系。例如，魏征《谏太宗十思疏》中有这样一句话：

乐盘游，则思三驱以为度。

有人认为这句话里的"三驱"指的是一年只打三次猎。这种解释所依据的理由是在古汉语中存在着这样的使用先例。比如，《礼·王制》有云："天子诸侯无事，则岁三田（猎）。"这里的"岁三田"说的就是一年只打三次猎。

而有人却从另外的角度指出，古人提倡好生之德，因此，这里的"三驱"指的应该是打猎只围三面，这样做的目的就是使部分被围野兽能够从未围的一面逃走。

按照现代人的经验与认识来看，这里的第一种解释显然应该更合理一些：既然是打猎，那根本就没有必要留下一面不围而故意让野兽逃走。但是，古代人毕竟不同于现代人，皇帝外出为游玩而打猎与普通人以生活为目的而打猎也很难相提并论。因此，要判明两种解释哪一种更符合作者的意思及意图，就需要寻找进一步的语境支持。比如，要看《谏太宗十思疏》主要是在谈论什么问题，是基于什么样的背景和目的而说出这句话的。对于那些处于复杂语境中的语言表达式来说，理解者更应该尽量寻找或挖掘说写者表达所依赖的与语言表达式联系最为紧密的那种具体语境，从而尽量让自己的理解或解释趋于合理。比如，当我们发现，从《谏太宗十思疏》所谈论的问题以及主旨来看，将"岁三田"解释为一年只打三次猎应该是最为恰当的时，上面的第一种解释也就由此得到了更加有力的支持。

其次，在言语交际中，表达者的表达语境与理解者知道和认识的语境一般来说并不可能等同。因此，一般情况下，理解者对表达者的话语在理解或解释方面与表达者本来要表达的意思存在某些差异应该是合理的或正常的。假如这样的差异涉及的只是一些不太重要的言语意义因而并不会妨碍言语交际目的的实现或不会带来什么不良后果，那么不同的理解或解释也可以按照求大同存小异的方式来处理。例如，李清照《如梦令·常记溪亭日暮》这首词：

> 常记溪亭日暮，沉醉不知归路。兴尽晚回舟，误入藕花深处。争渡，争渡，惊起一滩鸥鹭。

　　尽管这首词全篇用语通俗形象，画面逼真生动，主题突出，内容清楚，但是不同的解释者仍然对其中的"争渡"之"争"应该作何解释产生了一些不同的意见。

　　比如，有人认为这里的"争"应该是一个疑问词，它相当于现代汉语中的"怎"，意思与"怎么"相同。其根据是"争"的这种用法在宋代相当普遍，并且还列举了"争"用作"怎"讲的若干宋文例句。于是，根据这种情况，"争渡"的意思也就被解释成了反映当事人焦急而不知所措之心理状态的一个疑问句："怎么渡？"这种理解与解释显然可以说是一种有语境支持的解释。

　　然而，另有人却认为如果把这里使用的"争"当疑问词"怎"讲的话，就会出现与词的上下文不搭配的情况，而且这样的解释也不符合全词所体现的意境。比如，如果"争"作"怎"讲，那么一个"怎么渡"的疑问句与下一句"惊起一滩鸥鹭"之间的联系表现在哪里呢？按道理来讲，醉酒人将船划到藕花深处，必定非常焦急，因而必定会有一些试图摆脱困境的慌乱举动，而以反复形式出现的两个"争渡"表现的正是这样的举动。由此来看，这里使用的"争"明显表现了一种"奋力""拼命"之意，而"争渡，争渡"的意思也就是"奋力划呀，奋力划！"或"拼命划呀，拼命划！"也正因为这样的手忙脚乱，所以才导致下句所描述的"惊起一滩鸥鹭"情况的发生。在这种解释下，前后相互联结的两句话描述的恰好是相继发生的两件有因果关系的事情。这种解释所依据的语境就是原词本身所提供的上下文语境以及词句自身所表现出的某种意境语境。

　　以上两种理解似乎都有道理，为此就需要进一步考虑究竟哪一种涵义更符合作者的本意。

　　应该说，凡是有根据的解释都不应被轻易否定。就对这种文学语言的解读来说，很难强迫人们一定要接受其中某一种意见而否定另外的解释。

比如，就上例来说，第一种意见虽有若干宋代语例作论据，但这种解释明显会使全词意境平淡许多；而第二种意见虽然会使"争渡"的意义更具画面感，从而使得词中人物表情、动作以及心理状态跃然纸上，然而这种意见仅凭这一点论据似乎也并不足以完全说服第一种意见。到底采用何种意见，这就需要看读者自己的感悟与选择了。不同的选择与选择者的认识、心境、志趣等因素是密切相关的。

3. 语境的辨识

面对一个本来借助某种语境表达某一特定涵义的语言表达式，有人却偏偏认为它是在借助另外一种语境表达另外一种涵义。而要判明两种解释到底哪一种正确就需要进行一定程度的语境辨识，有时还需要为一个语言表达式表达何种意义以及与何种语境相干进行一些必要的说明、论证或辩论。例如：

　　　某甲与房产商签订的购房合同规定"每户设可视对讲机一只。如有违约，房产商补偿一倍的设备差价"。交房时，某甲发现装好的对讲机并不是可视的，而且比可视的还便宜了 1600 元。于是就向法院起诉，要求房产商按合同约定补偿设备差价的一倍 3200 元。而房产商则坚持只补偿差价 1600 元，理由是：某个数"一倍"的规定意思或本来意思就是该数字乘以 1。

为此，法院在调查取证时还特意征询了科学院数学研究所有关专家的意见，专家对"一倍"的解释也如房产商所言。于是，法庭根据"一倍"的这种规定涵义判房产商补偿某甲差价 1600 元。

现在我们需要进一步分析的是法院的这个判决是否公正，这样的判决会不会因过于简单而进一步造成助纣为虐的后果，到底应该怎么理解与解释这里使用的"补偿设备差价的一倍"。

关于上述问题的进一步思考就会涉及对相关语境的辨识、论证以及辩论等问题。就这个例子来说，实际上其中既存在一个合同格式条款的问题，也存在一个故设语言陷阱的问题。

就合同格式条款这方面来说，房产商属于条款提供方，因此，签定合同时有义务对一些容易引起误解的条款向购房者作出解释。在房产商没有尽到相应义务的情况下，购买者可以请求该格式条款无效；对于格式条款的解释应当根据合同的性质、目的，并结合其他相关条款来确定，合同如果无相关解释条款，则应按照不利于提供条款方的原则来解释。

以上法律方面的解释可以为合理处理这一问题提供一个相对比较合理的语境。根据这一语境来看，法院依据条款制定方单方面的解释作出的判决显然过于简单，有失公正。

为了此案能够有一个相对合理公正的判决，现在我们需要进一步分析对合同规定所涉及的一些关键用语应该作一些什么样的语境辨识以及辩护。

第一，应该搞清楚房产商原先是不是就清楚合同所使用的"一倍"一词的规定含义。如果是，那么房产商从明显维护自己利益出发而在合同条款中使用这样的语言就存在故设语言陷阱的嫌疑，因此有必要要求房产商在接受惩罚性赔偿的前提下赔偿购房人因此而造成的一切损失。

第二，合同中的"补偿"并不能被简单理解或解释为"补足"，而应该是有补有偿。"补"的意义只能表明房产商的认错与纠错，而"偿"才是对购房者因此造成的各种损失的赔偿。房产商在法庭上提出的主张显然只是一种"补"，而并没有包括"偿"。

第三，即使是"补"，房产商的解释与主张仍然存在侵害购房者利益的问题，其侵害的主要表现为：如果购房者不愿意要这个不可视对讲机，那么这个被违约安装的对讲机对购房者来说就是一个废品，而这样的废品显然不能再计价，而法院的判决等于强行让无过错一方的购房者在以原价接受这种废品的前提下再接受房产商所补的与可视对讲机之间的差价。

第四，需要明确合同条款的目的。这条规定本来就是房地产商给出的一种商业承诺，目的是保证不以次充好。以这样的标准来看，房产商不仅需要把原来的对讲机换成可视的，而且还要根据合同条款的目的作出某种违约赔偿，购房者因此造成的一切精神损失与物质损失都应一并算在赔偿之中。

由此得到的结论就是：房产商首先需要把原来的对讲机换成可视对讲机或者补给购房者对等现金（对等现金应包括：合同规定的设备费用、购买与安装过程所需费用以及其他）。在此基础上，才能进一步考虑"偿"是偿1600元，还是3200元的问题。考虑到"一倍"一词对于普通人可能形成的语言陷阱，对于购房者来说，争取到最好的结果也不是没有可能。

四、语境的功能

与表达和理解相应，语境对于语言使用来说，既有解释功能，也有选择功能。解释是听读者根据某种特定语境而对某种使用语言表达何种特定涵义以及有何特定所指进行的一些分析或说明；选择则是说写者为表达某种特定意义而根据相应语境对某种语言表达式进行的筛选和确定。

就解释功能来说，一个语词在具体使用中的准确涵义实际上在多数情况下都并非它们在词典中被列出的某种词义的照搬；一个句子在具体语境中的具体意义也并非组成该句子的若干语词涵义的简单复合。就对一个使用语词的解释来说，如果这个语词相对于语境而产生了某种不同于其已有意义或常用意义的新意义，而且这种意义后来又得到了多次使用从而具有了一定程度的普遍性，那么这种新意义反倒有可能会发展成该语词在词典中的一个新义项。不过，多数情况下，语词依赖特定语境所产生的一些新意义只是一种临时性的活用意义，一旦离开了其使用语境，这种活用意义将不复存在。

就选择功能来说，语境制约着语言表达中语词或语句选择的方方面面，其中既可能涉及用语的准确性，也可能涉及用语的恰当性；既有表达方式、语体风格问题，也有各种修辞手法的运用问题等。比如，就语体风格来说，一部学术著作与一部文学作品的语体风格就大不一样。而这种语体风格作为一种语境因素又往往与作者的知识背景、言说内容、作品所针对的阅读对象等语境因素密切相关。不同类型的作品在语言表达方面所采用的语体风格如果切合语境，那么这样的表达语言不仅可以准确传递出表达者要表达的意思，而且有时还会产生某些意想不到的表达效果。

逻辑学研究语境更多关注的是语境之于表达用语之具体意义方面所具有的解释功能，而修辞学研究语境则更多关注的是语境在恰当用语方面所具有的的选择功能。

在实际言语交际过程中，任何离开特定语境的语言表达式都只能是一种抽象的语言表达式。对于这样的语言，我们很难说清楚它究竟指称了什么样的具体对象，表达了什么样的具体涵义，传达了什么样的具体言语意图。只有依赖特定语境的具体语言表达式，其涵义、所指以及言语意图才可能是明确的。

无论是言辞语境，还是非言辞语境，它们都是人们选择或理解语言表达式需要依赖的一些客观条件。因此，为了能够恰当地使用语言，语言使用者在进行表达或理解时首先需要注意的一个问题就是要准确识别和把握表达或理解所处的具体语境，从而尽量做到用语的恰当或理解的准确。

从逻辑学在语言表达与理解中的运用情况来看，由于具体的表达与理解本身具有动态性、复杂性以及丰富性等特点，因此，当人们将某种逻辑知识运用于表达或理解实际时难免会遇到一些已有逻辑尚未遇到或与已有逻辑原理相冲突的问题，而引入语境分析方法则可以为处理和解决这类问题提供一些切实可行的手段或途径。

五、含语境要素的命题形式

我们可以借助符号把含有语境要素的命题形式解析如下：

$$(x_1/N_1/L) \rightarrow C/x_2/N_2/L$$

在这个命题形式中，"C"代表语境，"L"代表语言表达式，"N_1"表示"L"的表面涵义，"x_1"表示"L"通过"N_1"所指的对象；而"N_2"则表示"L"的语境涵义，"x_2"则表示"L"通过"N_2"所指的对象。公式的意思是说：

> 如果"L"通过其表面涵义"N_1"指称对象"x_1"，那么在特定的语境"C"之下，"L"就通过其语境涵义"N_2"指称对象"x_2"。

这里"x_1"表示的是一种表面所指，"x_2"表示的是一种实际所指；"x_1"与"x_2"表示的对象则都是一种广义的对象，它们既可以表示个体，也可以表示类，还可以表示语句所指的事情。

这种含有语境要素的命题形式反映了人们在依赖语境进行语言表达与理解时所使用的语言表达式所表达的实际命题的构成情况。以此为基础，我们还可以进一步通过这样的符号组合形式去表达或理解语言表达式表面意义与语境意义之间具有的某些推理关系。

在以上带语境的符号表现形式中，我们可以把公式中的"C"所表示的语境看作一个语言表达式通过其表面意义表达某种实际意义的语境参项。所有表达某一具体意义的语言表达式都会包含这样一个语境参项。语境参项是决定一个语言表达式表达何种具体涵义以及指称何种具体对象的关键因素。语境参项不同，语言表达式的具体涵义和所指也不同。没有语境参项的语言表达式只能表达一种抽象的意义，这种抽象意义大体类似于词典所列语词的某种解释性意义。这样的意义虽然可以是语言交际参与者的共晓意义，但并不是具体使用语言的语境意义。

比如，索引词"我"就总有一种使用它的人所共晓的意义，即说话者自己对自己的称呼。但是，这个"我"究竟具体指什么对象却需要看语境参项。语境参项不同，"我"的具体所指也不会一样。

除了索引词这样的特殊语词，一般的语词同样也具有这样的特点。比如，"绿"这个词在词典中的意义一般都是在说一种名词意义上的颜色，但我们在分析王安石《泊船瓜洲》中的"春风又绿江南岸"这句话所表达的思想时，首先需要根据这句话的整体语义及语旨把这里的"绿"解释为"染绿"或"吹绿"这样的动补关系词，这样的关系词不仅包括了想象中的"染"或"吹"，而且还包括了"染"或"吹"的目的或结果是"绿"。

在这样的解释中，句子中使用的"绿"虽然也与绿色有关，但其涵义并不是现有词典所列"绿"的任何一个义项，而是作者依赖特定语境对"绿"这个语词的一种活用，有一种说明对象为何而绿的想象包含在其中。

根据这样的分析来看"春风又绿江南岸"的逻辑形式，其中填入"L"的句子当然是"春风又绿江南岸"；如果填入"N_1"的涵义是"春风又绿色江南岸"，那么这样的合成涵义就会因"绿色"不能带宾语而无法形成一个完整的思想，因而也不能指任何事情；而依赖特定语境（比如，合乎情理的想象，对词语"绿"的活用等）填入"N_2"的如果是"春风又染绿了江南岸"或"春风又吹绿了江南岸"，那么一种表面看来不合语法的句子由此就会依赖特定语境过渡到一种合乎语法且富有形象性意义的拟物性命题：

"春风又染绿了江南岸"（或"春风又吹绿了江南岸"）。

人们通过这样的命题可以想象到一种绿树成荫、春意盎然的景象，而这个景象也就是"春风又绿江南岸"依赖特定语境通过"春风又染绿了江南岸"或"春风又吹绿了江南岸"这样的涵义所指的某种情景意义上的对象。

如果再进一步分析以上命题所使用的"染绿"或"吹绿"这样的词组，我们还会发现表达这类命题的新语句实际上还可以通过"染"与"绿"或"吹"与"绿"表面上具有的动补关系表达一种深层次上的使动关系，也即："春风"使得"江南岸"又变绿了；这样一来，"春风"这个词又可以依赖"又绿"这样的语境以拟人的手法表达"春天的到来"这样一种意思；而原句中的"又"则不仅可以作用于"江南岸变成了一个绿色的世界"，而且也可以同时表示年复一年的"春天的到来"；于是，当我们把"春天的又一次到来"解释为"江南岸又变成了一个绿色的世界"的原因时，"春风又绿江南岸"这句话所表达的思想就可以被进一步解释为如下这样一个推理：

由于春天的又一次到来，因此江南岸又变成了一个绿色的世界。

于是，在这个推理性解释中，"绿"这个词经过二次分析又回到其本意"绿色"。这里显然存在一个从"绿"被用作"染绿"或"吹绿"，再过渡到使对象"成为绿色"的思想转换过程。而其中作者对"绿"的使用以及理解者对"绿"进行的每一步解释显然都与这首词本身所提供的语境以及表达者和理解者共有的认知语境密切相关。

第三节 "语境"研究与应用中出现的若干问题

随着"语境"这一词语在语言学之外的其他一些学科中的广泛应用，语境研究的范围也越来越宽。由于处于不同研究领域的研究者学科背景以及认知背景不同，因此他们关于语境认识与研究的侧重点也有所区别。于是，关于"语境"的一些不同观点以及认识也就随之产生了，其中当然也不乏一些片面的或错误的说法。比如，有人认为"语境就是认知语境"；有人则直接把某种精神的或物质的领域称作"语境"；还有人甚至认为"语境就是环境"；而一些习惯使用形而上学语言的人则干脆使用一些大而空的晦涩词语来解释"语境"，并据此而提出了所谓"抽象语境""整体语境"这些无法说清其具体涵义和所指的术语。当然，也有人把这样一些奇特的或片面的观点或认识归结为语境研究的一些新成果，并且据此区分出所谓的传统语境理论与现代语境理论。

一、关于"认知语境"问题

"语境就是认知语境"的观点最初是由一些研究认知语用学的人提出来的。提出这一观点者认为，"语用者对语言信息超载部分的推导，并不一定要依赖具体的语境"①，而主要是依赖某些认知语境的干预。这种意见存在的主要问题是过分夸大了认知语境的适用范围及其作用。实际上，所谓的"认知语境"只不过是言语交际主体在使用语言表达某种思想时所依赖的某些认知背景或认知模式。在这样的意义上，人们虽然可以说认知语境是一种语境，但绝对不可以反过来说语境就是认知语境。

现在，我们来具体分析一下过分夸大认知语境作用者是如何通过对一个实验活动的分析来论证认知语境所具有的解释功能的。

在一个暗室中，安排两组不同的学生听下面两句无任何意义标记的对话录音并由此判断答话者所说要表达的实际意思或意图——

A：今晚一起去看电影吧？

B：我明天有考试。

实验结果：两组学生都认为对话中 B 的回答要传达给 A 的实际言语意图是对 A 请求的回绝。实验设计者据此指出，对于听话者来说，这个暗室虽然没有任何对话的现场因素，但是现场因素实际上早已内化为听话者的

---

① 熊学亮：《认知语用学概论》，上海外语教育出版社 1999 年版，第 115 页。

某种认知，这种情况下，听者理解说者话语涵义的根据就是他们所具有的某种相同的认知模式。设计者由此得出结论：人们在通常情况下都是依据某种认知模式来进行各种语用推理的，而这种认知模式就是认知语境。

就这个实验来说，尽管实验参与者的推论是相近的，但仅凭这样的事例并不能说明当这样的对话处于现实语境中时，人们也会进行同样的推理。

假如这样的对话发生在现实环境中，那么理解或解释 B 的回答显然还会有其他相关语境因素参与进来。比如，交际双方的默契程度，说话者的身份、地位、所处的具体环境以及说话者说话时所带的语气、表情，等等。

因此，像上面所说的这种人为设定的实验情况并不能完全说明实际言语交际情况。

另外，我们也不能否认这种实验场景本身对实验参与者的理解或解释所产生的影响。可以说，正是因为实验设计者事先选定的那些具有相近背景知识的实验参与者（学生）以及这个与外界环境完全隔绝的暗室，才为实验参与者得出某种相近的推断提供了某些认知语境之外的场景语境与身份语境。因此，将这样一个实验结果当作一种具有普遍性意义的论据来证明"语境就是认知语境"显然是犯了以偏概全的逻辑错误。

这个实验所强调的实验参与者所具有的共有认知模式实际上来自一种经验式归纳。实际生活中常常也会发生与上述实验会话类似的对话，例如：

（1）A：可以和我一起上街吗（p）？

　　　B：我现在有事（q）。

（2）A：买花吗（p）？

　　　B：没有钱（q）。

　　　…………

正是从日常语言交往中存在的无数这类会话模式（即答话人不直接给出答案），人们归纳总结出了一个"如果 q，那么 X"的认知模式，然后又用依赖某种语境所选定的一个被"q"所可能蕴涵的语句"r"代入其中的"X"，从而得到一个条件命题，并据此把这个条件命题的后件"r"解释成"q"所传递的实际意思。比如，以上实验中，B 针对 A 的问话这样的语境所回答的"我明天有考试"就在"如果 q，那么 X"的认知模式下蕴涵着可代入"X"的"我今晚不能去看电影（r）"。

这里，"如果 q，那么 X"作为一种习惯性认知模式是相对比较确定的，但其中的"X"却是一个变项，在"q"被给出的情况下，应该选择何种具体句子来满足这种认知模式中的"X"，这对于处于不同现实环境中的不同听话者来说并不会像那个暗室实验中的听话者那样给出相近或相同的答案。

比如，在（1）中，B 的话所蕴涵的语境意义就可能是"我不能和你一起上街（r）"，也可能会是"等我办完事后再和你一起上街（s）"等；而在（2）中，B 的话所蕴涵的语境意义则可能是"我不买花（r）"，也可能是"你看错人了（s）"等。

其实，认知语境理论所强调的所谓"认知语境"只不过是把属于语境因素之一的认知情况提取出来进行了一些专门的研究或说明。

对于处于某种现实环境中的言语交际者来说，更为直接的语境因素应该是一些属于时间、地点、说话者身份等情况的现实语境因素，而且除了一些现实语境因素之外，言语表达的上下文，也常常会影响到听话人对说话者所说之后承的理解或解释。比如 B 说了语句"q"，A 在"如果 q，那么 X"这种认知模式下可能会依据自己所处的或所认为的语境从而不确定地回应说"你的意思是不是说……"，或者根据自己理解的意思而付诸某种行动。这种情况下，说话者 B 可能会默许 A 的这种理解，也可能会重新申明自己的意思而修正 A 的理解。在具体对话中，说者与听者之间的信息交流往往就是在这种不断的猜测、误解、修正与确认中最终达到交际目的的。

既然同一话语依赖不同的语境会蕴涵不同的意思，那么为什么听话者会在"如果 q，那么 X"这样的认知模式下选择他认为唯一恰当的后承，而并不会去选择别的后承？按照斯珀波和威尔逊（D. Sperber and D. Wilson）的关联理论来看，这样的选择实际上是受关联原则支配的，而关联本身又是与人的心理因素以及其他语境因素密切相关的。从关联原则的角度看，当听话者在"如果 q，那么 X"的习惯认知模式下，为其中的空位"X"选择出一个适当的后承语句时，这种被代入"X"的语句一定是听话者所认为的与"q"具有最大关联度的语句。

斯珀波和威尔逊在他们的表述中虽然也指出判定关联与判定者所具有的认知语境密切相关，不过他们所说的"认知语境"指的却是人们在认知语言意义时所依赖的各种语境。这样的语境"既包括了上下文这样的言说意义上的语境，又包括了即时情景这样的物质性语境，还有个人的特定记忆、经历或对未来的期望所构成的心理语境以及社群知识、百科知识等在不同程度上的共有语境"[①]。而这样的"认知语境"显然既不是那种仅仅属于某个语境种类的认知语境，也不是认知语境理论所强调的那种认知语境，而仍然是一些通常的语境。从大的方面看，这种认知语境既可以是言辞语境，也可以是非言辞语境。

---

① 斯珀波、威尔逊：《关联：交际与认知》，蒋严译，中国社会科学出版社 2008 年版，第 14 页。

从词组结构来看，斯珀波和威尔逊所说的"认知语境"应该是一个偏正词组，其意思说的是用于认知语言意义的语境；而认知语境理论以及人们在某个语境种类意义上所讲的"认知语境"却是一种专用词组，其意思指的只是那种具有某种认知性质、认知特点或反映某种认知规律的语境。

二、关于"动态语境"问题

"动态语境"的提出者则认为，语言表达与理解的每个阶段都会受到语境制约，使用语言的具体意义完全取决于言语交际者之间的动态洽商。因此，语境并非一些固定不变的因素；使用语言不仅会依赖某些既得语境得到解释，而且言语交际本身也会改变既得语境或创造某种语境。

从语境自身的特点和性质来看，语境的动态性问题的确是一个值得研究的问题，但由此而认为传统语境理论所讲的语境都是静态语境，或者直接把语境表现的动态性当作一种语境种类看待，这样的认识就有问题了。

就语境本身在语言使用中的表现情况来看，相对于具体表达与理解而言的语境一般都具有动态性特点。比如，言语交际涉及的地点、时间、场景、交际者身份等语境就都是动态的，不然言语表达中也就不会出现"到什么山，唱什么歌，对什么人，说什么话"的表达情况。由于"语境的动态性"的说法只是人们对语境自身特点进行的一种描述性说明，因此并不能据此就认为语境还有动态语境与静态语境之分，当然也更不能用"动态语境"这样的术语来代替"语境"。

在一些人看来，似乎把"动态语境"这样的术语与认知语境结合在一起就可以更加突出认知语境理论的创新性与优越性。而实际上这样的认识以及在此基础上所采取的这样的结合都是缺乏充足理由的。

若是从不同种类语境的表现情况来看，一些认知语境因素所表现出的静态特征实际上要比其他语境因素更为明显。因为人的认知结构一旦形成，这种结构必定会具有某种程度的相对稳定性，而这样的稳定性也就决定了这种语境对于具体的语言表达与理解来说必定具有某种静态性。

相对静态的认知结构有时候虽然也可能会导致某些关联推想的成功，但主观而片面地依赖某种认知结构而进行的推断常常也会出现一些错误的结论。人们通常所说的由某种习惯性思维所导致的错误就属于这种错误。比如，当理解者依据其认知结构从而在"如果 q，那么 X"这样的认知模式下认为 B 说了"q"就意味着"r"时，也许说话者恰好并没有这种意味，也许他说"q"就是在说"q"，或者也许他说"q"意味的是"s"。B 说了"q"到底有没有意味？如果有，那么这种意味应该是什么？这样的问题并不是仅凭某种认知模式就可以解决的，而是需要根据言语交际过程本身所呈现或隐含的一些具体语境进行具体分析的。

现代逻辑在模态词意义上所讲的一些语境类型从其表现情况看就可以属于具有某种认知意义的静态语境。比如，"我相信某甲没有犯罪"，这里的"相信"这样的模态词会为它所带的语句提供一种内涵语境，而这种提供内涵语境的方式就是静态的或固定的。因为凡是模态词所带间接引语，它们在整句话中的所指都只能是这种引语所具有的某种通常涵义，而并不是这种涵义所指的对象。

就语言表达与理解所依赖的具体语境来说，判定它们是动态的还是静态的，一般都需要根据具体语境的具体表现情况进行具体分析。

从言语交际本身表现为一个动态过程来看，属于言语交际范围的时间、地点、场合等现实语境因素以及一些表现为言辞的上下文，它们一般都会随言语交际本身的变化而变化，因而它们一般都具有动态性特征。但是，由语境的这种动态性特征进一步总结出"动态语境"这样一个语境种类却是不合适的。

既然语境是制约语言表达与理解的重要因素，那么当我们说某个语言表达式依赖某种特定语境表达了某种特定涵义时，在确定这种涵义的同时，这种解释所依赖的具体语境当然也是由此而相应地被确定了的。如果这个时候还说这样的语境是动态的，那么语言表达式的涵义也将会因此而变成一种难以把握的飘忽不定的东西。

三、关于"社会文化语境"问题

在一些关于"语境"研究的新理论中，有的研究者在将语境区分为狭义语境与广义语境的前提下明确把"社会文化语境"解释成一种广义语境。面对这样一种解释，我们不得不追问一下，这种解释到底是在什么意义上使用"广义"这个语词的。

就"社会文化语境"的具体所指来看，人们的语言表达与理解所依赖的那些与衣食住行相关的各种风俗习惯、价值观念等尽管都可以被划归于"社会文化语境"的范围。但是如果说这样的语境是广义的，那么与此相对的狭义语境又是什么？实际上，"社会文化语境"涉及的语境因素与语言表达和理解所依赖的时间、地点、场景等其他语境因素一样都属于言辞外语境。

我们不能不承认社会文化语境的确是一种非常重要的背景语境。不同的社会文化背景不仅会影响人们对同一语言表达产生不同的理解或解释，而且也会影响人们对同一思想或言语意图选择一些不同的表达语言或表达方式。但是，属于社会文化背景方面的一些语境因素毕竟不能代表所有的语境，而且社会文化语境也绝对不可能是一种游离于一般语境因素之外的别的什么语境。因此，无论从哪个方面看，将这种语境称为"广义语境"并不恰当。

四、关于"整体语境"问题

随着"语境"研究的不断扩大及深入，语境之于表达与理解的重要意义也越来越得到人们的广泛认同。于是，有些从事形而上学哲学研究或习惯于使用形而上学思维方式与表达方式的人也开始从自己的研究视角或思维习惯出发关注和研究起了语境问题。在这类研究中，有一种观点径直把"语境"这种针对性极强的术语上升到一种哲学范畴的高度，并提出了若干从"范畴"角度认识和解释语境的观点及思路。所谓"整体语境"的观点以及相关论证就是在这样的认识背景下产生的。

"整体语境"论者指出，语境问题以及"语境范畴"具体表现的多领域性集中反映了语境问题的普遍性与语境范畴的一般性，因此，无论将"语境"作为一个一般问题还是作为一个具体的问题来认识和研究，"都应当遵循整体性原则"①。

尽管这种表述将"语境"这个术语上升到范畴以及整体的高度，但是人们由此看到的却是一系列形而上学名词的堆积以及一些让人不知道是在谈论什么的所谓整体语境"理论"构建主张；人们甚至很难根据这种"理论"搞清楚论者所说的"整体语境"这一基本用语的内涵与外延到底是什么，从曾经被逻辑实证主义批判过的那种形而上学角度对语境进行的这种空洞的研究到底意义何在。

语言学、逻辑学以及现代哲学研究与讨论语境的目的不过就是说清不同领域或不同环境下被使用的语言表达式所具有的某种具体的或确定的涵义与所指，而"整体语境"论者却是主张人们在对一般"语境"有所认识的基础上构建一个带有普遍性意义的哲学概念。这种脱离具体表达与理解的所谓"整体语境"论表面上看似高深，而实际上却纯粹属于一种玩弄概念游戏的形而上学理论。

关于"语境"的形而上学解释实际上只能模糊"语境"这个术语的本来意义，从而导致关于"语境"的研究最终演变为一种脱离语言使用实际

---

① 韩彩英：《关于语境问题的哲学解读》，《科学技术与辩证法》2004 年第 21 卷第 3 期。

的空洞的形而上学研究。

五、"泛语境"问题

近几十年来，"语境"这个词经哲学以及语言学领域的开发性研究逐渐演变成了一个许多研究领域都热衷谈论或喜欢使用的热词。由于一些使用者并没有真正搞懂"语境"这个术语本来的涵义和所指，只是觉得这个词新颖、时髦，可以用来显示或突出自己不同于常人的博学与创新，于是就把一些本不属于语境的东西也用"语境"这样的术语来称呼。比如，有人用"语境"来称呼与语言表达和理解并无直接关系的"世界""实践""社会环境"等概念就可以被断定为对"语境"这个术语的一种乱用。这里，我们可以把这类问题统一归结为一种"泛语境"现象。

"泛语境"现象的主要表现是对"语境"这个术语的胡乱解释与随意套用。

"泛语境"现象的存在似乎并不需要太多的理论说明。我们只要看看下面一些在国内公开发行的学术杂志上出现的论文标题，情况似乎就可以一目了然了：

世界语境中的空间政治发展逻辑；

兼容并包语境下我国政治文明建设研究的新进展；

中国传统工艺振兴语境下的工匠精神……①

以上第一个题目中的"语境"也许要说的是论者提出问题的一种视角或范围，第二个题目中的"语境"也许想要说的是某种主张或立场，第三个题目中的"语境"也许要说的是一种某种状态或背景。从这类题目的意思来看，它们显然都只是在借用一个时髦的名词来说明它们想要说明的东西，而这些被说明的东西与"语境"这个术语的本来意义却并没有多少关联。

---

① 这里只列出一些论文的题目就事论事。出于对相关杂志以及作者的尊重，对所列论文的具体出处不再另外注明。

第五章　语言层次

在使用语言中，有的语言表达式直接指称或陈述属于世界的对象或事情，而有的语言表达式则是把指称或陈述世界对象或事情的语言本身作为一种对象来指称；而且这种用来指称语言的语言往往还会由另外的语言来指称。于是，使用语言在指称方面就会表现出若干不同的语言层次。本书将正确认识和区分的不同语言层次看作继语境原则之后进行正确的意义分析或恰当的语言表达需要遵循的第二个基本原则。

第一节　弗雷格的语言层次思想

人们对语言层次问题的认识经历了一个由基本认识到形成理论的发展过程。现代逻辑的奠基者弗雷格的语言层次思想就表现了人们对语言层次问题的一种基本认识。

一、直接引语

弗雷格关于语言层次问题的第一个基本认识表现在他对直接引语的认识以及使用方面。

直接引语指的是说话者在其语言表述中直接引用的另一个人所说的话。

弗雷格在解释书面语中的直接引语时着重强调与说明的是相对于这种引语而言的引号的使用规则。例如，对于"这朵玫瑰是红的"这个句子，在书面语中，人们可以作出这样的解释性陈述：

这个句子中的语法谓词"是红的"属于主词"这朵玫瑰"。①

弗雷格指出，在以上解释性陈述中，由于表达者借助引号明确将"这

_____

① 弗雷格：《弗雷格哲学论著选辑》，第 84 页（脚注）。

朵玫瑰是红的"这个句子中的"是红的"称为谓词，因而它本身在这样的语言中也就不再具有谓词的性质了。或者也可以说，这种语言中被提到的语法谓词"是红的"已经不再像"这朵玫瑰是红的"中的"是红的"一样是在起谓述作用，而是在指被解释的那个句子中的"是红的"这个谓词。因此，被解释句子中的谓词"是红的"与用来解释的语言中的"是红的"并不在同一语言层次。同样道理，这种解释性语言中的"这朵玫瑰"作为一个被谈论对象也与被谈论的句子"这朵玫瑰是红的"中的"这朵玫瑰"不在同一语言层次。

　　将上面的例子引申到口语表述，人们不难发现，在口语表述中使用的一些与书面语中的引号具有相同意义的表述语言，同样也可以起到书面语中引号所起的那种标志性作用。比如，当一个人针对"这朵玫瑰是红的"这个句子解释说"这个句子中的语法谓词'是红的'属于主词'这朵玫瑰'"这句话时，听话者完全可以根据说话者说这句话时的语气、停顿或这种用语本身的意义等情况辨识出这种解释性语言中的"'这朵玫瑰'"与"'是红的'"说的就是那个被解释的句子中的"这朵玫瑰"与"是红的"，而并不是如被解释句子中的"这朵玫瑰"与"是红的"那样直接说的是它们所代表的对象或对象的属性。

　　弗雷格所说的这种与引号使用相关的情况表现了他对语言层次问题形成的第一个基本认识。这种基本认识与他把句子所表达的思想区分为"对象"和"概念"这样两个部分以及对"概念"本身进行的层级区分是完全不同的。为了说明这种不同，同时也为了说明弗雷格对这些用语的解释与人们通常对这些用语的理解之间存在的区别，我们这里有必要分析与解释一下他讲的句子所表达的思想涉及的一些基本术语以及基本关系。

　　弗雷格在把简单句所表达的思想的逻辑结构解释为一种语句函项的同时把这样的思想区分成了"对象"与"概念"两个部分。从这两个部分在句子中的表现来看，"对象"处于语句函项的自变项位置，而"概念"则处于语句函项的谓词位置。从名称或术语的使用情况来看，"对象"与"概念"是他给予处于语句函项自变项位置与谓词位置的那种思想的部分的一种特殊命名。例如，就"2是一个正数"这个句子所表达的思想来说，其中的"2"就是对象，而"正数"则是概念。于是，这样的命名就使得"概念"与"对象"这两个术语在他的理论中具有了一种与人们通常的理解完全不同的特殊意义。

　　为了进一步说明"概念"与"对象"各自不同的意义，弗雷格还特意借用了如下这样一个例句：

在"至少有一个 4 的平方根"这个句子中，不可能用"4 的平方根这个概念"替代"一个 4 的平方根"这个用语。[1]

弗雷格指出，尽管以上句子中的"4 的平方根"不是以句子主词的身份出现的，但是这里它是以一个指称"4 的平方根"这种概念的专名的身份出现的；而当这样一个专名作为句子的一个主要构成部分在句子中出现时，它只能被用作句子的主词，而并不能被用作谓词。

由于"4 的平方根这个概念"中的"4 的平方根"是作为一种名称来指称"至少有一个 4 的平方根"中的"4 的平方根"的，因此"4 的平方根这个概念"中的"4 的平方根"并不像"至少有一个 4 的平方根"中的"4 的平方根"一样是一个概念。作为概念的"4 的平方根"与作为名称的"4 的平方根"虽然从语词表面看似乎是同一个语词，但是二者使用在句子中却分属于两个不同的语言层次。

为了排除人们可能产生的一些疑惑，弗雷格进一步解释说："人们不会看不出来，如果我们声称马这个概念不是一个概念，而柏林这个城市是一个城市，维苏威火山是一座火山，那么这里确实有一种不可避免的困难。"[2]

弗雷格在这里所说的这种困难实际上是一种因这些语言表达式表面结构相似但实际结构不同而造成的理解或解释方面的困难。"马这个概念不是一个概念"这样的句子相当于是在说"'马'不是马"。而这里所使用的这个"不是"实际上本身就是在区分"马"与"马"所属的不同语言层次。然而，当人们说"柏林这个城市是一个城市"时，其中的"柏林"与"这个城市"属于同位语，二者与句子中所使用的"城市"一词之间的关系是同一语言层次上主词与谓词的关系，或者也可以说是同一思想层次上对象与概念的关系。"维苏威火山是一座火山"中"维苏威火山"与"火山"之间的关系与"柏林这个城市是一个城市"中的"柏林"与"城市"之间的关系则是完全相同的。

不仅一个语词和指称这个语词的名称词之间具有的不同语言层次关系与一个语句所表达的思想中对象与概念的关系不同，而且语言层次关系与一个思想中概念部分所包含的（或表现出的）概念与概念之间的层级关系也完全不同。

对于一个思想中所包含的对象与概念的关系以及概念部分本身所包含的不同概念之间的层级关系，弗雷格是这样解释的："有概念处于其中的第

---

① 弗雷格：《弗雷格哲学论著选辑》，第 87 页。

② 同上，第 84 页。

二层概念与有对象处于其下的第一层概念有本质的不同。"① 为此，他对这里的"其中"与"其下"涉及的"之下"与"之中"这样两个语词所表达的两种不同关系进行了明确的区分。从他给出的区分看，在一个表达思想的语句中，我们也可以说专名所代表的对象处于该句子谓词所表达的概念之下，而对于谓词所表达的若干具有包含于关系的概念来说，则应该说"第一层概念"处于"第二层概念"之中。

为了进一步区别与说明"之下"与"之中"这样两种不同的关系，弗雷格把一个对象"Γ"具有的若干性质分别用"Φ""Χ"和"Ψ"来表示，并且进一步指出，人们还可以用"Ω"这样一个符号来概括这些性质。这样一来，人们就既可以说"Γ"有性质"Φ""Χ"和"Ψ"，也可以说"Γ"有性质"Ω"。为了区别这里涉及的两种不同的性质，弗雷格把这里所说的"Φ""Χ"和"Ψ"称为"Ω"的"标志"。因此，"Γ"与"Φ""Χ""Ψ"以及"Γ"与"Ω"之间的关系表现的都是对象与性质之间的关系，而"Φ""Χ"和"Ψ"与"Ω"之间的关系表现的则是标志与概念之间的关系。

如果从传统逻辑所解释的概念外延关系来看弗雷格的上述区分，任何一个概念所具有的标志实际上都是这个概念的属概念。在这样两种不同关系下，人们只能说对象"Γ"处于概念"Φ""Χ"和"Ψ"之下或处于概念"Ω"之下，而作为"Ω"之标志的第一层概念"Φ""Χ"和"Ψ"则处于第二层概念"Ω"之中。

弗雷格通过"2 是一个小于 10 的正整数"这样一个句子所表达的思想的构成情况，对他所总结的"之下"与"之中"这样两种不同关系进行了例示性的分析与说明。

从句子所表达的思想这方面来看，人们也可以把"2 是一个小于 10 的正整数"这样的思想分解为下面这个合取命题：

2 是一个正数，并且 2 是一个整数，并且 2 是一个小于 10 的数。

这里出现的"正数""整数""小于 10 的数"与"小于 10 的正整数"之间的关系就是标志与概念之间的关系，这种关系表现的是同一语言层次上属概念与种概念之间所具有的关系，它既不同于作为对象的"2"与第一层概念"正数""整数""小于 10 的数"之间的关系，也不同于对象"2"与第二层概念"小于 10 的正整数"之间的关系，因此，人们既可以说"2"这个对象分别处于第一层概念"正数""整数""小于 10 的数"之下，也

---

① 弗雷格：《弗雷格哲学论著选辑》，第 88 – 89 页。

可以说"2"这个对象处于第二层概念"小于 10 的正整数"之下；而对于"正数""整数""小于 10 的数"这些作为"小于 10 的正整数"之标志的概念来说，人们却只能说这些概念作为句子所表达的思想中的第一层概念处于第二层概念"小于 10 的正整数"之中。

这里需要引起注意的是，弗雷格在这里主要是从涵义方面来解释第一层概念"正数""整数""小于 10 的数"与第二层概念"小于 10 的正整数"之间具有的关系的。从涵义方面说，第一层概念包含于第二层概念之中。而如果从传统逻辑所讲的外延关系方面来看，情况却正相反，即应该是第二层概念的所指包含于第一层概念的每一个概念的所指之中。因此，对于弗雷格把"Γ"所具有的性质"Φ""X"和"Ψ"概括为"Ω"来说，我们并不能把这里的"概括"简单地解释或理解为传统逻辑所讲的那种概念外延方面的概括，而应该解释或理解为一种语词涵义方面的概括，这样的概括能够表明的是"Ω"的涵义比"Φ""X"和"Ψ"的涵义更加丰富。而对于这种情况，传统逻辑使用的恰恰是从概念外延方面所讲的另外一个术语——"限制"。

从语言层次的角度看，弗雷格所讲的作为概念"Ω"标志的"Φ""X""Ψ"在"Ω"之中与作为对象的"2"在"Ω"之下这样两种关系尽管不同，但这两种关系却都还是属于同一语言层次上的关系。即第一层概念"Φ""X""Ψ"与第二层概念"Ω"之间所具有的前者在后者"之中"的关系属于同一语言层次上的用语在涵义方面的包含于关系；而对象"2"分别在概念"Φ""X""Ψ"之下或者在概念"Ω"之下的关系则属于同一语言层次上对象与概念之间的属于关系。

二、间接引语

弗雷格对语言层次的第二个基本认识表现在他对间接引语的认识以及解释方面。

间接引语指的是说话者在表达中所使用的一些转述性从句。

对于间接引语，弗雷格主要强调的是引语引导词在揭示或标示语言层次方面所具有的意义以及作用。例如：

　　哥白尼认为，行星的轨道是圆圈。

以上语句中的转述性从句"行星的轨道是圆圈"就是由引语引导词"认为"所引导的。由于被引语引导词所引导的句子所表达的思想并不是由具有这种思想的人直接说出的，而是由引用者转述的，因而这种引语属于间接引语。

针对间接引语，弗雷格把这类引语概括为由"daβ"引导词所引导的间接引语从句。为了说明"daβ"引导词的意义以及言辞表现，他在《论涵义和指称》一文中列举了许多能够提供间接引语的词语类型。比如"听说""认识到""知道""相信""认为""推论""高兴""命令"等。

这里我们需要特别说明的是，对于"说"这个语词来说，它有时可以是一个直接引语引导词，有时又可以成为一个间接引语引导词：如果被说的话语是被引号引起来的，那么这样的话语属于直接引语；如果被说的话语不是被引号引起来的，那么这样的话语则仍然属于间接引语。

由此来看，引号可以被看作直接引语的标志性符号，而引语引导词则可以被看作间接引语的标志性符号。无论是带直接引语的语句，还是带间接引语的语句，它们都属于由位于不同语言层次的语句组合而成的主从复合句，而其中的直接引语或间接引语则都属于这类主从复合句的从句。弗雷格根据这种从句在整句中的指称情况指出，"一个句子在直接引语中还是指称一个句子，但在间接引语中则指称一个思想"[1]。

弗雷格认为，无论是直接引语还是间接引语，它们都有其通常的指称，不过这种通常的指称只能是相对于它们所涉及的"另一个人的话"而言的。这里的"另一个人"就直接引语而言指的是该引语本来的言说者，就间接引语而言指的则是该引语所表达的思想的提出者。比如，在"哥白尼认为，行星的轨道是圆圈"中，"行星的轨道是圆圈"相对于哥白尼自己的认识或表述来说才会有通常的指称，但是相对于说出"哥白尼认为，行星的轨道是圆圈"这种语句的人的认识或表述来说却并不具有通常的指称。

由于弗雷格所说的作为整个主从复合句一部分的引语与整句话并不属于同一语言层次，因此，虽然整个主从复合句的涵义与引语的涵义都是句子的涵义，但引语的涵义或引语所表达的思想与整句话的涵义或整句话所表达的思想并不在同一语言层次上，而是分属于两个不同的语言层次。由此可见，语句结构方面所表现出的不同的语言层次实质上反映的是不同的思想层次；表达者在语言表达方面出现的某些混淆语言层次的情况实际上能够说明的正是表达者在思想或思维方面存在的逻辑混乱情况。

借用直接引语和间接引语来表达思想是语言使用中常见的两种表达方式。比如，古希腊哲学家柏拉图的著作在阐述某些观点或主张时所采用的一些言谈方式就常常涉及若干处于不同语言层次的直接引语或间接引语。

在柏拉图的著作或言谈中，带有直接引语或间接引语的一些言辞方式

---

① 弗雷格：《弗雷格哲学论著选辑》，第106页。

所表现出的语言层次大体表现如下。

首先是柏拉图在向读者讲述一些事情，而被讲述的事情里往往会先出现一个谈话者，这个谈话者会谈到另一个谈话者的话，而另一个谈话者又会再提到其他人的谈话。例如，《巴门尼德篇》采取的就是如下这样的言谈方式：

> 首先是柏拉图在讲述，他说有一个报告人在讲话，报告人说他是听安提丰（Antiphon）讲的他听说的苏格拉底与芝诺（Zeno）、巴门尼德的谈话，而安提丰则说是皮索多鲁（Pythodorus）曾经告诉他，苏格拉底是怎么说的，芝诺是怎么说的，巴门尼德是怎么说的。①

就《巴门尼德篇》的上述言谈方式来说，柏拉图说的是报告人怎么说，报告人说的是安提丰怎么说，安提丰说的是皮索多鲁怎么说，皮索多鲁说的是苏格拉底、芝诺、巴门尼德怎么说，而苏格拉底、芝诺、巴门尼德所说的那些话才是最后一个语言层次上的引语。处于各个不同语言层次上的语句各有各的真假判定依据；而读柏拉图著作的人一般主要关心的是最后一个语言层次上那个语句的真假。如果区分不清柏拉图的这种言谈方式涉及的不同语言层次，那就不仅难以准确判断其中所涉及的不同语言层次上语句的真假，而且也很难搞清《巴门尼德篇》讲的内容究竟是谁在谈谁并且谈了些什么，最后一个引语所表达的思想到底是谁的思想，各个语言层次上语句的真假到底应该根据什么来判定。

当然实际的言语表达也可能存在这样的情况：

本来某句话是 A 说的，但是由于各种各样的原因，A 可能会假借他人的口吻来说出他想要说的话，从而使得所说话语从表面上看是一个引语，而实际上却并非如此。这种情况下，分析 A 的所说及其真假就需要联系语境了。从表达手法方面讲，我们可以把这种表达方式称为"假托"。所谓"假托"，也就是假借他人之口说出自己要表达的意思。

正确区分引语与包含引语的语句所属的不同语言层次不仅体现了一种正确的语言使用方法，而且也体现了一种正确的思维方式。传统逻辑在解释论证谬误时所说的"以权威为据"，实际生活中出现的传谣、信谣现象等，在某种程度上都包含一些忽视或混淆引语真假与通常语句真假之间关系的因素。在语言使用方面，正确的言论不是说不能引用，也不是说这样的言论就不能代表言说者自己的思想，但哪些属于引语所表达的思想，哪些属于说话者自己的思想，自己的思想与引语所表达的他人的思想在自己

---

① 参见《柏拉图全集》第 2 卷，王晓朝译，人民出版社 2003 年版，第 755 –760 页。

的表达中是一种什么关系，这些都必须在表达中以某种方式给出清楚的说明或明确的交代。

三、弗雷格语言层次思想的局限性

虽然弗雷格针对语言层次问题发表过一些看法，但是这些看法却并未形成专门的理论。而且从弗雷格自己对语言的使用来看，有些本该避免的属于混淆语言层次的逻辑错误照样还是发生在他的一些理论陈述中。

第一，弗雷格在自己的理论陈述中对一些关键术语进行的解释本身就存在语言层次不清的问题。

比如，当弗雷格在《论概念和对象》一文中把一个语句所表达的思想区分为对象与概念两个部分时，这种区分明显是把"对象"看成或解释成一种与概念处于同一语言层次上的思想的部分，而这种属于思想之部分的"对象"与人们一般所理解的那种被思想的部分所指的对象显然既不属于同一种对象，也不属于同一语言层次。

然而，在《论涵义和指称》一文中，弗雷格却对他所使用的"对象"这个术语又进行了如下解释：

> 我在这里把"符号"和"名称"理解为任意的标记，它代表一个专名，其所指是一个确定的对象（在最广的意义上使用这一词），而不是概念和关系。①

这里所说的"对象"指的显然又是人们一般所理解的那种被符号所指的对象，这种对象一般都属于与语言所相对的世界（而被另外一种语言所指的语言作为语言对象则另当别论），它们与句子所表达的那种属于思想的部分这种意义上的对象并不在同一语言层次。

这样一来，弗雷格所说的"对象"到底是属于思想，还是属于与思想所相对的世界，就需要理解者或解释者根据具体情况进行具体分析和处理了。

在上面的引述中，"对象"之后括号内"在最广的意义上使用这一词"这样的用语是不是弗雷格为了与《论概念和对象》一文中所说的"对象"相照应而特意进行的一种补充性说明，值得引起研究者们的特别注意。

不过，即使是为了相互照应，像弗雷格那样对两种性质完全不同的"对象"作出狭义与广义的区分仍然是不太合适的。根据弗雷格自己的说明以及人们通常对"对象"一词的使用情况来看，把《论概念和对象》中所

---

① 弗雷格：《弗雷格哲学论著选辑》，第96页。

说的那种属于思想部分的"对象"当作一种具有特殊意义的"对象"来解释或重新给出一个新的命名或许应该是一种相对更为妥当的处理方法。

第二，弗雷格对语言层次的分析还仅仅局限于那些明显带有语言层次标记的语词或语句，而对于那些本身不带语言层次标记却的确又属于不同语言层次的或在思想与认识方面处于不同语言层次的语言，弗雷格并没有给予太多的注意。比如，他对带引号的语言和引号内语言所进行的不同语言层次区分以及分析，对直接引语和间接引语的区分以及分析，所有被分析的语言都带有明显的语言层次标记。于是，对于处于不同语言层次的语词或语句来说，正确的表达必须将这些标记附着于语言表达式的某个位置，而正确的理解则必须严格区分带有这种标记的语言表达式涉及的不同语言层次。

正是由于没有注意或认识到本身不带语言层次标记却的确又属于不同语言层次的语言，或者没有注意或认识到在思想与认识方面处于不同语言层次的语言，因此尽管弗雷格对语言层次问题发表了一些看法，但他在思考某些问题以及陈述有关思想时仍然免不了会犯混淆语言层次的错误。比如，他在寻找语句所指时坚持把"真值"作为语句的所指这样的一种认识或处理问题的方式，就使得"真值"在语句的指称与断定方面出现了语言层次错位。因为"真值"本来应该是判断者对语句所指事情是否与事实符合的一种判定结果，这种判定结果从表达用语所在的语言层次方面看应该高于被判定语句，而且这种判定结果本身应该是一种属于认识方面的东西，而并不能成为语句或其思想所指的对象。

第三，弗雷格并没有从思维方式角度或从理论层面进一步认识和总结不同类型语言所体现出的不同语言层次以及由此涉及的不同的思想层次。

在使用语言思想或表达思想的过程中的确存在着这样的情况：有的人虽然能够在较为简单的语言表达中识别出不同的语言层次，而且对区分这类语言层次的意义也有足够的认识，但当面对更为复杂而宽广的理论构思及构建时，他们却往往不能自觉处理好不同语言层次涉及的不同类型语言之间的关系。比如弗雷格的《算术的基本法则》之所以会出现悖论就是因为他在构思与构建自己的理论体系时忽略了不同类型语言之间存在的语言层次区别。

事实上，许多在表达方面出现的语言悖论基本上都是与混淆不同语言层次相关的。分析与解决悖论问题如果仅仅停留在一些技术性的细枝末节上，而对于其中存在的语言层次问题却或者没有发现，或者不予探究，那么这种分析很可能会遗漏掉悖论产生的根本原因。面对弗雷格《算术的基本法则》中所出现的悖论，罗素的高明之处正是在于他是以区分不同逻辑（语言）类型从而区分不同语言层次的角度来分析其中存在的问题的。①

1902 年，当罗素把他所发现的《算术的基本法则》存在的悖论写信告诉弗雷格时，该书第二卷已经付印。这种情况下，弗雷格只能在这本书的后记中不无遗憾地说，由于罗素悖论的发现，他精心建构的逻辑大厦的基础已经开始动摇。为此，他只能选择放弃原先还准备继续出版《算术的基本法则》第三卷的计划。

尽管如此，弗雷格的语言层次思想还是为语言层次理论的产生以及发展做出了具有里程碑意义的贡献；他的《算术的基本法则》出现悖论的情况恰好说明人们对语言层次的认识与分析并不能仅仅局限于对一些名称、谓述或引语的语法分析与认识上，而是需要有一种全面认识和把握语言层次关系的自觉的理论，需要一种在这种理论指导下形成的自觉的思想方法。如果没有这样一种具有指导意义的自觉的理论或由此所决定的自觉的思想方法，那么尽管人们有时可以在名称、谓述以及引语使用方面将那些带有明显语言层次标记的属于不同语言层次的语言区别开，但是当涉及对一些不带语言层次标记的不同类型语言的辨析、使用以及对由此引发的一些逻辑关系的认识与处理时，或者当涉及更广范围的多层次思想及其表述或涉及某种理论的建构与论证时，处于这样一些复杂情况下的思想者或表达者仍然可能会误入混淆语言层次的歧途。

第二节　罗素的语言层次理论

与弗雷格的语言层次思想相比，罗素关于语言层次的分析思想则经历了一个从引号的识别与说明到主张区分"初现"与"再现"，再到进一步提出逻辑类型论的发展过程。逻辑类型论的产生标志着罗素关于语言层次问题的分析与研究进入了理论构建阶段。

一、"初现"与"再现"

早在 1905 年，罗素就在其《论指称》一文中阐述过两个与语言层次相关的思想。一个是引号在区分语言层次方面所具有的标志性作用，另一个

---

① 罗素在弗雷格逻辑体系中发现的悖论就是历史上有名的"罗素悖论"，他将这个悖论表述为："一切不是自己分子的类所合成的类。"

则是指称词组的初现与再现。由此来看，《论指称》不仅包含罗素摹状词理论的一些基本思想，而且也包含其逻辑类型论的一些思想萌芽。

针对指称词组在意义表达方面所具有的特点，罗素指出："我们要谈论一个相对于其所指的指称词组的意义时，这样做的自然方式是借助引号。"①他举例说，太阳系的质量中心是一个点，而"太阳系的质量中心"是一个带引号的词组；格雷挽歌的第一行是一个命题，但是，"格雷挽歌的第一行"却并不是一个命题，而是一个语句。"格雷挽歌第一行的意义"等同于"晚钟鸣报诀别的凶兆"，但这与"'格雷挽歌的第一行'的意义"却并不是一回事。"C 的意义"并不等同于"'C'的意义"。因此，从人们对指称词组的使用情况来看，带引号的指称词组与不带引号的指称词组所在的语言层次是不同的。

其实，引号的这种作用不仅对指称词组是如此，而且对所有的语言表达式都是如此。对于一个语言表达式来说，如果需要用它来指称它自身，那么为了区别指称者和被指称者，一般都需要在作为指称者的语言表达式两边加上引号，这样才便于人们把两种貌似相同而实际所指却不同的属于不同语言层次的语言区别开来。

通常情况下，人们把语言表达中一个语言表达式指称自己的情况称作"自指"。其实，说这样的表达是一种"自指"是一种不太严格的说法。因为当人们使用"'A'"指"A"时，引号显然也应该算在语言表达式之内。而这样一来，尽管"'A'"指"A"这样两种表达都用了"A"，但这里说的这种"自指"实际上是含有不同引号的处于不同语言层次上的"'A'"对"A"的指称，这种情况下的"'A'"与"A"实际上已经不再是同一个语言表达式了。因此，严格来说，这样的指称已经算不上是自指了。所谓的"自指"，实际上只是一种没有把引号考虑在内的说法。

罗素对带引号与不带引号的指称词组进行的区别性论述实际上并没有超出弗雷格语言层次思想所能达到的认识高度以及所涉及的语言表达范围。不过，这里需要特别指出的是，罗素在此基础上又特别对那种不带引号的指称词组涉及的语言层次进行了分析与说明。

罗素认为，对于指称词组来说，即使这样的词组在表达中不带引号，它们在所指方面仍然是有层次性的，这种层次性表现在：当一个指称词组在一个语句中出现时，它的直接所指只是由该词组各个构成部分的语词性涵义所合成的一种语词组合涵义，而并不是人们通常所理解的那种由语言

————————

① 罗素：《逻辑与知识》，第 59 页。

表达式的涵义所指的对象。

以指称词组在表达中表现出的不同语言层次为前提，罗素特别提出了这种词组在所指方面所具有的初现与再现这样两种情况。

在具体分析与说明"初现"和"再现"这两个术语时，罗素使用的是"乔治四世想知道是不是如此这般"这种句型。他说，这里出现的"知道"所带的"如此这般"以引语的形式代表了一个命题。假定"如此这般"所代表的命题包含指称词组，那么"我们可以从'如此这般'这个从属命题中，或者从'如此这般'仅在其中作为一个成分的整个命题中取消这个指称词组。这就可以产生我们据以行事的不同的命题"①。

罗素所讲的取消指称词组的方法就是将这类词组进行分解性分析并一直分析到其所指对象。而这样的分析将涉及两种完全不同的分析路径及分析结果。比如，对于"乔治四世想知道司各脱是不是《威弗利》的作者"这样的句子来说，罗素认为可以有如下两种不同的分析路径以及分析结果。

第一种分析路径是把语句"乔治四世想知道司各脱是不是《威弗利》的作者"表达的命题分析为"乔治四世想知道是不是有一个并且仅有一个人写过《威弗利》，并且司各脱就是这个人"。他认为，在这种分析中，"《威弗利》的作者"这个指称词组属于命题"乔治四世想知道是不是如此这般"所包含的"如此这般"这一从属命题的一个成分，因此，这里的"《威弗利》的作者"处于再现位置。

第二种分析路径是把语句"乔治四世想知道司各脱是不是《威弗利》的作者"表达的命题分析为"有一个并且仅有一个人写过《威弗利》，并且乔治四世想要知道司各脱是不是这个人"。罗素认为，在这样的分析之下，"《威弗利》的作者"这样的指称词组并不在乔治四世想知道的从属命题中，因此，这种分析结果中的"《威弗利》的作者"处于初现位置。

罗素本来是想借此说明什么是一个指称词组的初现，什么是一个指称词组的再现，但这种分析实际上却出现了明显的逻辑漏洞。因为对于以上"乔治四世想知道是不是如此这般"这类句型来说，无论分析者采取的是以上两种分析路径中的哪一种路径，在被分析语句中由"想知道"这个词所带间接引语所包含的"《威弗利》的作者"都不可能成为初现。比如，即使是按照上述第二种分析路径，我们仍然并不能用"司各脱"来替换原句中的"《威弗利》的作者"，从而由此得到"乔治四世想要知道的是司各脱是（或不是）司各脱"这样的结论。因为就算是在分析语句中把对"《威

---

① 罗素：《逻辑与知识》，第63页。

弗利》的作者"这个指称词组的分析结果置于"乔治四世想知道"之前，但从这个分析句所表达的整体意思来看，这样的分析结果仍然还会受到"乔治四世想知道"的制约，因为在分析句中受"想知道"所制约的"这个人"指的就是那个被分析者特意放到分析句中"想知道"之前的那个具有"有一个且仅有一个人写过《威弗利》"之特点的对象。因此，罗素上述第二种分析中的"《威弗利》的作者"的所指实际上仍然还是一种受"想知道"所制约的再现性所指，而并非如他所说是一种不受"想知道"所制约的初现性所指。

由此我们可以得到一个可以普遍适用于指称词组分析的结论：一个在原语句中具有再现的指称词组，无论其分析语句怎样排序，都不可能使这种再现变为初现。

不过，具体分析过程中出现的这种失误并不影响人们对罗素"初现"与"再现"理论的语言层次意义作出客观而正确的判断。因为这里出现的这种分析失误并没有伤及"初现"与"再现"理论本身所具有的语言分析意义与价值。人们完全可以在采纳"初现"与"再现"理论的前提下指出罗素在具体分析中出现的某些失误，并进一步依据正确的理解或解释得出相对正确的分析结论。

结合语言层次区分，我们可以对罗素提出的"初现"与"再现"作出如下解释：

如果某种语言表达包括了若干语言层次，那么具有"初现"的指称词组就是在这种表达的第一语言层次上出现的词组，而具有"再现"的指称词组则是在这种表达的第二语言层次上出现的词组。此外，如果语言层次不只有两个，那么"再现"的下面就可能还会有三现、四现等。比如，在柏拉图的著作中，根据不同人的相互转述就会形成总体表达中所包含的语词或词组的三现、四现等。

罗素指出，指称词组在其中具有初现的命题与具有再现的命题各自所具有的不同特点会表现在人们理解、解释以及据以行事的各个方面。例如：

当今法国国王是秃头。

在以上这个句子中，因为指称词组"当今法国国王"是在被直接陈述的命题中出现的，因此它属于初现。而作为包含有该指称词组的上述语句，其分析涵义则应该是：

恰好存在一个对象，这个对象是当今法国国王并且是秃头。

假如说这句话时的"当今"所对应的世界并没有一个是法国国王的对象，那么不仅"当今法国国王"在其中具有初现的肯定语句是假的，而且与这句话相矛盾的另一个语句"当今法国国王不是秃头"也是假的。

但是，如果"当今法国国王"所在的语句只是相关语句的一个成分，或者该指称词组在其中作为再现的语句与包含该再现语句的整个语句并不在同一语言层次，那么相关的整个命题则可能是真的。例如：

（1）以下陈述是假的：当今法国国王不是秃头。

（2）以下陈述是真的：当今法国国王是秃头。

假如在与这种引语所指相应的世界并不存在一个是法国国王的对象，那么以上句（1）是真的，而句（2）却是假的。

以上句（1）之所以真，是因为其中处于第二个语言层次上的"当今法国国王不是秃头"是假的，而第一层次的语句本来说的就是处于第二个语言层次上的这个语句是假的，说假的是假的，这样的语句当然是真的。而以上句（2）中第二个语言层次上的语句尽管在谓述上与句（1）中的"当今法国国王不是秃头"相矛盾，而且句（2）中的"以下陈述是真的"与句（1）中的"以下陈述假"也相互矛盾，但句（2）并不会因为这样的原因就可以成为真的；相反，它恰恰会因为"当今的法国国王"无所指而成为假的，因为说假的是真的，这样的语句当然还是假的。

在这样的分析中，必须特别注意：句（1）与句（2）中被断定的处于第二语言层次上的两个句子并不会因为其谓述相矛盾就可以有一真一假，而是因为两句话都含有"当今的法国国王"这样一个相对于现实世界并无所指对象的指称词组而都是假的。

只要我们回顾一下弗雷格对引语的分析就不难发现，罗素对指称词组再现所作的这种分析，其思路与弗雷格分析间接引语的思路基本上是一致的。因此，到此为止，罗素所讲的"再现"涉及的语言层次与弗雷格所讲的"间接引语"涉及的语言层次实际上并没有什么本质性的区别。

罗素认为，从语言推断的意义上说，当一个指称词组在一个语句中具有初现时，对该指称词组进行的所指对象相同的词语替换并不会改变这个语句的真假。然而，这样的断语尽管从理论上讲并没有什么问题，但是在对语句进行具体分析时面对的情况却往往比较复杂。一旦出现把本来处于再现的语词误判为初现语词的情况时，那么相应的分析以及所谓的同一替换就一定会出现混淆语言层次的错误。比如当罗素把"乔治四世想知道司各脱是不是《威弗利》的作者"分析成"有一个且仅有一个人写过《威弗利》，而乔治四世想要知道司各脱是否是这个人"时，即使他认为处于这种分析语句中用来说明"《威弗利》的作者"所指的分析性语言"有一个且仅有一个人写过《威弗利》"属于初现，但实际上就这个分析语句所表达的思想来看，被罗素有意置于所谓"初现"位置的"有一个且仅有一个人写过《威弗利》"所指的对象正是其分析句中"想知道"后面的"这个人"所代表的对象，因此说这种分析语句的所指是初现显然是不对的。

对于一个在语句中的确具有初现的指称词组来说，有时从语言推断的意义上用指称同一对象的名称语词来替换这种指称词组并不会改变它们所在语句的真假。而判定一个语句所包含的指称词组到底是初现还是再现，其主要依据是看该词组在其原所在语句中本来属于哪个语言层次，而并不是看其分析语句采取了什么样的排列方式。

罗素在分析指称词组的涵义和所指时认为，指称词组本身并不能直接指对象，而是直接指由这种词组所表现出的一种语言组合涵义，因此，语句中出现的指称词组即使没有带引号，它们仍然相当于一种带引号的词组。然而，这样一来，问题也就跟着出现了。

如果我们把罗素的这种分析再嵌入关于指称词组具有再现情况的语句来分析这种语句的语言层次，那么包含了这种再现的整个语句必将出现四个语言层次。比如，就"乔治四世想知道司各脱是不是《威弗利》的作者"来说，第一个语言层次是整句话"乔治四世想知道什么什么"，第二个语言层次是"想知道"所带的引语，第三个语言层次是引语中"《威弗利》的作者"的直接所指（即这个指称词组的涵义），第四个语言层次才是被分析出的"《威弗利》的作者"的涵义所指的对象（即"《威弗利》的作者"的间接所指）。

显然，只有这样分析这个语句涉及的语言层次，才能把罗素对指称词组所指的分析与对"初现"与"再现"的分析统一起来。

但罗素自己对一些语言表达式的分析却没有采取这样的方法。他在对指称词组在语句中的"初现"与"再现"进行分析时，并没有再提及或体现他在分析指称词组自身语言层次时所特别强调的那种分析方法。

出现这种问题的原因是比较复杂的。比如，下面的两种原因就都是可能的。

一种是罗素对指称词组自身语言层次所作的那种分析本身就比较牵强。于是，他在分析指称词组在句子中的初现与再现时无意中忽略了自己特别强调的指称词组本身所具有的语言层次。而如果是这样，那就不得不让人怀疑他对指称词组本身所指进行的那种语言层次分析是不是合理的和必要的。他特别提到的那种在"语言推断的意义"上具有初现的指称词组与专名的相互替换并不会影响整个语句所指的说法实际上也从某种程度上表现出了他对指称词组自身语言层次区分的一种放弃。

另一种可能则是罗素有意不想把关于"初现"与"再现"的语言层次分析搞得过于复杂。因为如果把在句子中出现的指称词组本身所包含的语言层次和"初现"与"再现"所表现出的语言层次结合在一起来分析句子的所指，就会使得这种句子至少出现四个语言层次。显然，这种涉及四个语言层次的分析将会使这类语句的分析意义变得相当复杂，这反倒会让人难以理解或接受。

　　从语言表达的实际情况来看，罗素提出的关于"初现"与"再现"的区分的确涉及了不同的语言层次，然而认为指称词组自身就在其所指方面具有不同的语言层次这样一种看法却有一种将简单问题复杂化的倾向。实际上，放弃对指称词组本身进行的语言层次分析并不会给人们对语言意义的理解带来任何问题。

　　从罗素的分析情况来看，他所分析的指称词组的直接所指应该只是这种词组的一种语词组合涵义，而并不是其真正的所指；而且这种语词组合涵义与那种反映所指对象特性的涵义是很难相提并论的。作为反映所指对象特性的涵义是不能没有其所指对象的；而虽然一个词组可以表现为一种展开的语词组合，但是这种组合实质上表现的仍然还是原来的那个词组，而并不可能成为原来那个词组的一种所指。

二、逻辑类型论

　　逻辑类型论的基本思想及其意义是罗素在其 1908 年发表的《以类型论为基础的数理逻辑》一文中第一次予以理论性的阐述与说明的。他特别强调，这种理论之所以引起他的重视主要是因为它在解决悖论方面所具有的能力。

　　罗素是从引述与分析历史上曾给人们带来极大困惑的七个著名悖论开始对逻辑类型论的分析的。① 而在这七个悖论中，"说谎者悖论"又是最为古老而且也是唯一一个属于自然语言表达方面的悖论。

　　"说谎者悖论"早在古希腊时期就已出现并在后来一直受到逻辑研究者们的关注与研究。罗素转述该悖论说："这个矛盾最简单的形式表现为一个人说'我正在说谎'；如果他正在说谎，这时他说的是真话，反之亦然。"②

　　从这种转述来看，"说谎者悖论"中提到的那位名叫"爱匹门尼德"

---

　　① 罗素列举的七个悖论分别是：说谎者悖论；集合论悖论；关系悖论；里查德悖论；最小整数命名悖论；最小不可定义序数悖论；布拉里－弗蒂悖论。

　　② 罗素：《逻辑与知识》，第71页。

的说谎者所说的话之所以形成悖论的一个充分且必要的条件是克里特岛只有爱匹门尼德一位居民。在这种情况下，爱匹门尼德说"所有克里特岛人都是说谎者"就等于是在说"我是说谎者"。于是，由这句话演变而来的"我正在说谎"真可以推出这句话假，因为他说谎就说明他是在说假话；而由这句话的假又能推出它真，因为这句话假表明了他真的是在说谎。这样的推导用符号表示就是：

$$p \to \neg p;$$
$$\neg p \to p。$$

罗素认为，之所以会出现这样的情况，是因为其中的推导利用了语句的自我指称性或自返性。而在严格区分语言层次的情况下，这样的问题是不可能出现的。

罗素指出，爱匹门尼德所言"我正在说谎"这样一句话实际上应该是指他所说的这句话所指的并不包括这句话在内的其他话语构成的总体。而一旦把这句话也包括在那个话语总体中，那么悖论的产生将是无法避免的。为此，罗素主张要把涉及命题总体的那种命题和被涉及的命题加以严格区分：涉及命题总体的那种命题绝对不可能再是那个被涉及的命题总体所包含的命题，因为涉及命题总体的命题与被涉及的命题并不属于同一个语言层次。

基于以上认识，罗素提出的解决"说谎者悖论"的方法就是严格区分表达所涉的不同逻辑类型。他把说话者所说的那种不涉及命题总体（即所指命题）的命题称为"第一逻辑类型"，而把涉及命题总体的命题称为"第二逻辑类型"。于是，在严格区分不同逻辑类型的前提下，推论者在分析爱匹门尼德的上述言论时首先必须搞清楚他所说的可以归结为"我正在说谎"这样一句话的话语到底属于哪一种逻辑类型。如果这句话所指的语言属于第一逻辑类型，那么这句话本身就属于第二逻辑类型。这种情况下，爱匹门尼德所说的这句话要断言的只是一种属于第一逻辑类型的命题，也仅仅是这种被断言的假命题才能说明他是一个说谎者。据此，罗素对"逻辑类型论"的语义学规则作出如下说明：

　　　假如把由语言所指的非语言对象称作"逻辑类型 0"的话，那么指称这些非语言对象的语言就属于"逻辑类型 1"，而指称"逻辑类型 1"的语言就属于"逻辑类型 2"，依次类推，指称"逻辑类型 n"的语言应该是属于"逻辑类型 n+1"的语言。

因此，我们可以把罗素基于逻辑类型论而提出的语义学规则表述如下：属于"逻辑类型 n"的语言既不能指称属于"逻辑类型 n"的语言，也不能指称属于"逻辑类型 n + 1"或更高逻辑类型的语言；它只能指称属于"逻辑类型 n − 1 的语言"。

以上是从指称者角度出发提出的语义学规则。这一规则说明，表达中的被指称者总会比指称者低一个语言层次。

而从被指称者角度来看，这条语义学规则也可以表述如下：

在属于"逻辑类型 n"的语言所指称的属于"逻辑类型 n − 1"的语言中，不能再包括属于"逻辑类型 n"或更高逻辑类型的语言。

对于以上语义学规则，罗素还从"集合"的角度进行了如下说明：

"凡涉及一个集合的全部元素者，它一定不是这一集合的一个元素"；或者相反："如果某一个集合有一个总体，且这个总体有由这个总体唯一可定义的元素，那么所说的这个集合就没有总体。"[①]

在以上这段话中，"由这个总体唯一可定义的元素"指的就是那个"涉及一个集合的全部元素者"，而此元素所属的逻辑类型从语言层次上说必定高于可以用来定义它的那个集合总体所属的逻辑类型。

根据上述语义学规则及其解释来看，认为"我说的这句话是谎话"这一语句形成悖论的人实际上是把这个语句本身理解或解释成了其中包含的"这句话"的所指。而按照语言表达的正常情况来说，当一个人说"我说的这句话是谎话"时，其中的"这句话"作为"逻辑类型 n"必定指的是一种属于"逻辑类型 n − 1"的语言，而这种被指的作为"逻辑类型 n − 1"的语言才是与"我说的这句话是谎话"处于同一语言层次上的语言。

其实，就语言表达来说，如果要把"我说的这句话是谎话"涉及的语言层次清楚地区别开来，最好的办法是给其中的"这句话"加上引号，将这个语句表达为："我说的'这句话'是谎话"。因为一旦加上了引号，引号所引部分与它所在语句之间的语言层次关系就相对比较明显了。

罗素所讲的"理发师悖论"同样也可以用逻辑类型论的原理来解释或说明。鉴于理发这种行为的特殊性，就正常理解而言，理发师在其规定"我只给不给自己理发的人理发"中所说的他要理发的对象是不应该包含他本人在内的。如果这样解释理发师的规定，那么悖论是不可能出现的；而如果其规定同时也适用于自己，即这个规定所说的他要理发的对象也包含他本人在内，那么这样的规定就会成为一种"无总体"规定。按照罗素对"无总体"所作的解释，"无总体"也就是"无意义"，"无意义"也就是"无所指"。

---

① 罗素：《逻辑与知识》，第 76 页。

维特根斯坦在《逻辑哲学论》中曾经对罗素的逻辑类型论作过一个相当简明的概括。他说："没有一个命题能够作出关于自身的陈述，因为一个命题记号不能包含于它自身之中（这就是全部的'类型论'）。"[①]

维特根斯坦解释说：可以假设函项"F(fx)"也可以成为它自身的主目，这种情况下就会产生"F(F(fx))"这样的函项，其中的"F(fx)"为内函项，而"F(F(fx))"为外函项，这种情况下，其中的"内函项具有Φ(fx)的形式，而外函项则具有Ψ(Φ(fx))的形式"。[②]

维特根斯坦通过函项关系对语句表达的一般形式所进行的这种解释反映了语言表达必须遵循的一种最基本的规律，而罗素的逻辑类型论所遵循的也正是这样一种基本规律。

从逻辑类型论所揭示的语言层次关系来看，语句的自指是违背语言表达与理解的本性或常规的，因而自指语句实际上是不可能在正常的语言表达中出现的。即使是用一个语句来指一个表面看来与自己相同的语句，用来指称的语句与被指称的语句也永远不可能属于同一个语言层次。由此看来，断言说谎者悖论是由语句的自指所引发的这样的说法实际上并不十分恰当。正确的认识以及说法应该是：说谎者悖论实际上是把本不属于自指的语句当作一种自指语句来理解和解释了。

这种属于事物本性或规律性的情况不仅存在于语言表达与理解方面，而且同样也存在于人们日常生活的其他方面。比如一个人不可能用自己的眼睛去看自己的眼睛，不可能用自己的牙齿去咬自己的牙齿，不可能用自己的右手去击打自己的右手，等等。喜欢诡辩的人也许会说，一个人可以通过自己对面的镜子来看自己的眼睛，可以通过把自己的某颗牙拔出来用自己的其他牙齿去咬这颗牙齿。如果非要这样说，那么我们也可以说，镜子中出现的眼睛已经不是镜子外观察者实际的眼睛，因为它仅仅是观察者实际眼睛的一种镜像；当一个人用自己的其他牙齿来咬那颗被拔出来的牙齿时，那颗被咬的牙齿实际上已经不再真正属于那个人了，因而这种咬实际上还是他咬，而并非自咬。

语句的自指虽然违背了语言表达与理解的本性或常规，但是这种违背并不一定都可以形成悖论。比如当一个人说"我说的这句话是真话"时，如果把其中的"这句话"解释为"我说的这句话是真话"本身，那么这种解释尽管不合乎语言表达的本性或常规，但是却并不会形成自相矛盾式悖

---

① 维特根斯坦：《逻辑哲学论》，第38页。

② 同上。

论。只有在说包含自指的那句话是假的时悖论才会出现，因为在这种情况下，这样的语句本身就包含了"真"与"假"两种自相矛盾的断定：任何人说出的任何话语，都有一个潜在的元语言断定，即其中的说出本身就表明被说出的话是真的，否则就没有说出的必要；但当说出的同时又说那句话是假的时，这种表述也就等于把说出的话语所预设的那种潜在的元语言断定又给否定了。

由真假问题引申开来，只要是一个语句采用了否定形式的自指，那么就可以认为这样的表述形成了类似于悖论那样的自相矛盾。比如甲说："你别说了。"乙回应说："我没说啊。"甲接着说："还说？"乙说："没说啊。"这里乙所强调的"没说"本来是说他没有说这句话的"说"所指的其他一些甲不愿意再听的话，如果把"我没说""没说"这样的话也算在他所说的话中，那就会使得说者所说的这种采用了否定形式的语句形成悖论式的自相矛盾。

具有悖论特点的语言表达一般都会表现为如下两种情况：

第一种情况是哲学家、逻辑学家或其他什么人故意费心编造出来的一种混淆语言层次的且有悖于人们通常表达与理解常规的语言游戏。

第二种情况是说话者或写作者在说话或构筑某种理论体系时由于头绪过多而产生了思维或表述方面的混乱自己却全然不觉。

像罗素的"理发师悖论"涉及的情况就应该属于上述第一种情况。也许那个理发师最初提出他的规定时本来就没有把自己包含在他的规定之内，后来的悖论性解释只是有人由这一规定演绎、编造出来的一种逻辑游戏。而弗雷格的《算术的基本法则》出现的悖论则应该属于上述第二种情况。

罗素逻辑类型论的出现标志着逻辑史与哲学史上第一个语言层次理论的产生，因而具有极其重要的里程碑意义。该理论不仅发展和深化了人们对语言层次问题的认识，从而为解决悖论问题提供了一种相对有说服力的工具，而且它也进一步促进了逻辑学本身的发展，这种发展的一个突出表现就是以逻辑类型论为依据而产生的一阶逻辑和多阶逻辑的区分。罗素最初在阐述他的逻辑类型论时就曾经这样说过："我们将初等命题以及只包含个体作为变项的初等命题叫作一阶命题。它们构成第二逻辑类型。这样，我们有一个新的总体，一阶命题的总体。我们又能形成新的总体，其中一阶命题作为表面变项出现。我们称这些命题为二阶命题，它们形成第三逻辑类型。"①

---

① 罗素：《逻辑与知识》，第92页。

显然，这样的区分可以有效避免或排除逻辑理论本身可能存在的一些不易被人们察觉的悖论式矛盾，从而避免重蹈弗雷格《算术的基本法则》的覆辙。

对于逻辑之外的其他理论的陈述与构建来说，自觉区分不同的逻辑类型同样也可以有效避免或排除对于这些理论来说可能会出现的一些具有悖论特点的自相矛盾或自我否定式的逻辑错误。

第三节　对象语言与元语言理论

继罗素的逻辑类型论之后，语言层次理论在后来的发展中又出现了一种新的表现形式——对象语言与元语言理论。

一、对象语言与元语言

最早提出语言表达需要区分对象语言与元语言者是波兰逻辑学家塔尔斯基（A. Tarski，1902—1983 年）。

早在 20 世纪 30 年代，塔氏就明确指出，语言表达式的意义就是其指称对象，而正确使用语言的一个基本前提是必须严格区分对象语言与元语言。这种区分表现在语义学研究方面，最终又演变成关于对象语义学与理论语义学的区分。这里所说的"理论语义学"相对于对象语义学来说就是一种元理论意义上的语义学。塔尔斯基重点研究和阐述的语义学理论就是理论语义学。

在塔氏的语义学理论中，"指称""定义""满足""真"这些术语实际上都是被当作一种需要分析与解释的对象语言而使用的，而用来分析与解释此类术语以及阐述相关理论的语言则属于元语言。

比如，对于什么是"真"，塔尔斯基用了如下公式来表示：

X 是真的，当且仅当 p。

以上公式中的"X"实际上相当于一个带引号的"p"，也即：

"p" 是真的，当且仅当 p。

比如：

"雪是白的" 是真的，当且仅当雪是白的。

这里的"X"或"'p'"都属于元语言，而"p"则属于对象语言。

塔尔斯基将公式"X 是真的当且仅当 p"解释为定义语句"真"的一种标准公式。他认为他给出的这个定义标准与亚里士多德对"真"所作的如下解释是一致的：

> 凡以不是为是、是为不是者，这就是假的；凡以实为实、以假为假者，这就是真的。①

但是，如果我们能够如实地仔细体会一下亚里士多德的上述言论，实际上并不难发现，亚氏这里所说的这种"真"或"假"完全是一种关于对象语言的"真"或"假"，这种"真"或"假"与我们在日常语言中使用的"真的假不了，假的真不了"这类语句中的"真"或"假"的意思应该是一样的。这也就是说，对于亚氏的上述言论，正确的解释应该是与下面的表达用语相一致的解释：

> 如果语句肯定某种事情而这种事情在相应世界不存在，这就属于"以不是为是"，因此这样的肯定语句是假的；如果语句否定某种事情而这种事情在相应世界存在，这就属于"以是为不是"，因此这样的否定语句也是假的；如果语句肯定某种事情而这种事情在相应世界存在，这就属于"以实为实"，因此这样的肯定语句是真的；如果语句否定某种事情而这种被否定的事情在相应世界不存在，这就属于"以假为假"，因此这样的否定语句也是真的。

如果仅仅从语言表面来看塔尔斯基关于"真"的定义标准，它似乎与亚里士多德所说的"以是者为是"这样的语言有些相似。但是，如果结合塔氏对该公式的解释与说明去进一步分析其观点与主张，我们会发现塔氏在其定义标准中所说的"真"与亚里士多德所说的"真"实际上完全是两码事。对于亚里士多德那段关于"真"与"假"的解释来说，塔尔斯基实际上更多地注重或采用的是其语言表达的表面形式。

从后来所产生的一些实际效果来看，塔氏关于"真"的这种表达其实并不在于它对"真"说了什么，是说对了，还是说错了，而在于它用一个简单的公式揭示出了元语言和对象语言这样两种语言之间所具有的一种语言层次关系，这种关系揭示或表达的实际上是作为名称的语句与作为所指的语句之间所具有的一种指称关系。

根据塔氏的有关论述，我们还会发现关于这种指称关系的多种不同表达方法。

（1）使用引号。比如，就"'雪是白的'，当且仅当雪是白的"这个语句来说，就因为第一个语句"'雪是白的'"比后一个语句"雪是白的"多了一个单引号，因而二者属于不同语言层次的情况就被明显地表示出来了。

---

① 亚里士多德：《形而上学》，第79页。

在这种表达中，不在单引号中的语句作为被指称者是带单引号的语句的对象语言，而带单引号的语句作为指称者则是不带单引号的语句的元语言。

（2）使用字母或字母组合符号。例如，可以用"*A*""*B*""*C*"或"I""II""IV"这样的符号来分别作为某些对象语言的名称。每一种与其对象语言相对的元语言都可以用这样的符号来表示。比如，塔尔斯基讲的"X是真的当且仅当 *p*"中的"X"代表的就是一种相对于"*p*"的元语言，而"*p*"代表的则是一种相对于"X"的对象语言。

（3）使用序列数字符号。比如，论文、论著中往往会分用"（1）""（2）""（3）"……这样的序号来标示不同的语例，当后文再次提到或用到这些例子时表达者往往会直接用相应的序号来表示它们，这种情况下，这种序号就是相应于它所代表的语例的元语言。

塔尔斯基对于对象语言和元语言进行的区分与罗素对不同逻辑类型的区分实质上是一样的。如果说塔尔斯基讲的对象语言相当于罗素所说的"逻辑类型1"，那么其元语言也就相当于罗素所说的"逻辑类型2"。从逻辑类型角度看，区分对象语言与元语言也就是在区分不同的逻辑类型。

虽然关于问题的分析思路以及表达思路基本相同，然而就研究目标、性质、适用范围以及在科学发展方面所起的作用来说，由于对象语言与元语言理论特别突出了元语言在理论建构中的地位与作用，因而这种理论针对性更强，使用起来也更为方便。

现代科学理论的研究成果证明，各门科学涉及的许多重要概念实际上只有通过其相应的元语言才能对它们作出更为充分且恰当的解释或说明。

二、元理论

随着人们对语言层次问题认识的不断提高以及对各种不同类型元语言研究的不断深入，与各门科学或理论相应的一些元科学、元理论也相继产生。比如，就语义学本身的研究来说，卡尔纳普（R. Carnap，1891—1970年）所构建的逻辑语义学就是一种在严格区分对象语言与元语言的基础上发展、建立起来的具有元理论意义的形式语义学。

卡尔纳普明确指出，描述语义学经验性地研究语义，而逻辑语义学则是对一般的语义规则进行形式化的研究。卡尔纳普认为，逻辑语义学是一个由诸多规则组成的系统，而这些规则是决定每一对象语言之语句成真的充分必要条件，而且它们都是在一种元语言中被讨论的。① 他认为，元语言意义上的逻辑语义学虽然也讲自然语言的意义，但是其目的以及任务却并不是要讲自然语言的意义，而是要告诉人们某种自然语言的意义是在什么样的规则体系中被使用的。

卡尔纳普还指出，语义学研究如果不能对元语言与对象语言作出严格区分，那么悖论的出现将是在所难免的。

卡尔纳普在区分元语言与对象语言的基础上对哲学的研究对象也提出了一些新的看法，认为哲学应该是一种关于语言分析的具有元理论性质的学问。

"元理论"问题的提出以及由此而展开的相关研究不仅明显启发和带动了人们对元哲学、元逻辑等问题的关注与研究，而且也促进了其他一些人文科学、自然科学分支在元科学方面的迅猛发展。

尽管对象语言与元语言理论推进了哲学以及各门科学在元理论研究方面的发展，然而说到底它只不过是语言层次理论的一种新的发展形式或应用形式。无论是逻辑类型论，还是对象语言与元语言理论，主张将处于不同语言层次的语言区分开来并展开不同的认识与研究从而得出不同的研究结果才是其实质所在。

三、关于对象语言与元语言的认识与处理

既然实际使用语言中既有对象语言问题，也有元语言问题，那么语言使用者就必须时时注意把握好关于这两种语言的认识与区分问题。

第一，要充分认识对象语言与元语言的相对性。

在实际语言使用中，对于语言层次的识别和区分远不像分析一个例句那样简单。

实际语言使用中涉及的对象语言与元语言往往是相对而言的。比如，就表达某种逻辑理论的语句来说，任何一种形式系统意义上的逻辑从大的方面看实际上都至少会涉及三个语言层次，居于第一个语言层次的语言是被形式语言所代表或刻画的自然语言，居于第二个层次的语言则是用来代表或刻画自然语言的形式语言，居于第三个层次的语言又是用来解释或说明形式语言的自然语言。对于这样三种处于不同语言层次的语言来说，被形式语言所代表或刻画的自然语言相对于刻画它的形式语言来说是对象语

---

① Cf. Carnap, Rudolf. Introduction to Semantics and Formalization of Logic. Harvard University Press, 1968, p. 22.

言，而这种形式语言则是元语言；而相对于解释这种形式语言的自然语言来说，这种形式语言又成了对象语言，而解释这种形式语言的自然语言则属于元语言。在这样的语言层次系列中，尽管第一种语言和第三种语言都是自然语言，但是两种自然语言所在的语言层次并不一样。为此，语言使用者一定要特别注意把其中属于第三个语言层次的自然语言与属于第一个语言层次的自然语言严格区分开来。而从语言使用的实际情况来看，将处于不同语言层次的自然语言混为一谈的情况并不少见。

第二，要善于识别和处理无语言层次标志的语言表达所隐藏的不同语言层次。

使用语言时，处于不同语言层次的语言并不一定都带有明显的语言层次标记。比如，人们一般都会认为"我说的这句话是假话"是一个悖论性语句，而实际上这个语句能不能形成悖论是与人们对这个语句中的"这句话"处于何种语言层次的认识和解释密切相关的。但是，从语句表面情况来看，这一语句中的"这句话"与整个语句的语言层次关系却显得并不十分清楚，使用者只能根据这句话的使用情况并结合具体语境来判定"这句话"这样的语言成分所在的语言层次。

假如在特定的语境下，其中的"这句话"指的是包含"这句话"的语句之外的另外一句假话，比如，如果它指的是"2＋2＝3"这样一句话，那么这个被指语句则相当于一个引语，而"我说的这句话是假话"中的"这句话"则相当于这个引语的一个名称。在这种解释下，相对于"2＋2＝3"这样的引语，包含了元语言"这句话"的对象语言语句"我说的这句话是假话"并不会形成悖论；而假如把其中的"这句话"的所指直接解释为"我说的这句话是假话"，那么这样的解释就会因其中的"这句话"所具有的自指其假的性质而形成悖论。

类似于这样的语言表达，由于它们并不带可将不同语言层次区分开来的标志性语词或符号，因此语言使用者如果不能通过辨识不同语词以及语句所代表的不同意义来厘清它们各自涉及的不同语言层次，那就很难说清这样的表达是不是包含悖论，其中有没有逻辑错误。

以上情况涉及的是对一个语句或一个语词本身所在语言层次的理解或解释问题。

在使用语言中，作为区别不同语言层次标志的引号或引语引导词，或者与这种引号或引语引导词具有同样意义的语言标志往往会因某些语言使用习惯而被表达者省略或被某种语境所隐藏，而这种情况的存在往往又会导致人们对某些语言所在的语言层次形成误判。例如，对于"孙悟空逃不出如来佛的手掌心"这句话来说，一般情况下，它在使用中的完整意思应该为：

> 《西游记》的故事告诉人们，孙悟空逃不出如来佛的手掌心。

由于在一般的表达中能够表明其引语语境的语言"《西游记》的故事告诉人们"往往会被省略，于是，有些人就会根据这种语言形式的表面情况认为这种情况下的"孙悟空"与"如来佛"都没有所指对象，因而包含它们的语句也应该是一些无意义语句。而假如人们在分析这种句子的意义时能够还原其被引述语境，那么关于"孙悟空逃不出如来佛的手掌心"这句话真假的识别与判定就应该首先去看它在它所在的语言层次上或在它所相对的语境中有没有它所指的事情。

当然，我们也不能排除这样的情况，即人们使用"孙悟空逃不出如来佛的手掌心"的目的只是隐喻存在于现实世界的某种事物情况。比如人们可能会用这句话来隐喻某些人无论如何也难以逃脱某种被掌控的情况。而在这句话被用于隐喻的情况下，由于它在特定语境下的实际所指并不是其表面语义所指，因此我们并不能直接把这句话当作一种引语，而是应该去分析其隐喻所代表的深层命题所指的某种事情在现实世界是不是存在。

第三，要学会区别对象语言理论与元语言理论。

一个对象语言理论与其相应的元语言理论虽然名称可以相同，但它们各自所阐述的问题却并不属于同一个语言层次。如果把一个本来属于元语言层次的理论当作一种对象语言理论来理解或解释了，那么由此必然会引发一些令人百思不得其解的问题。比如，当今逻辑界所说的某些语言逻辑理论所谈论的问题本来是属于元语言层面的问题，但有些人却由于语言层次观念淡漠而在混淆元语言与对象语言的情况下笼统地将这样的理论当作一种对象语言意义上的语言逻辑理论来理解与解释，由此导致的一些学术争论往往因为不能形成语言层次方面的对应而出现转移或偷换论题的情况。为了避免这类问题的出现，我们必须时时注意我们所研究解释或使用的理论所属的语言层次，从而避免在混淆语言层次的情况下对某些理论作出连自己都将信将疑的解释或论证。

第六章 语词的意义

语词是语句的构成部分，其具体表现可以是单词，也可以是词组。词组的结构及涵义比单词要稍微复杂一些。从语言与逻辑的关系看，语词的意义涉及的逻辑问题主要是概念问题。关于语词意义的分析既是意义分析的出发点，也是意义分析的基础环节。

第一节 语词与对象

世界上存在着各种各样可感觉的个体对象，但不存在可感觉的对象类。比如，人们凭借自己的感觉器官，可以感觉到这个人、那个人，这棵树、那棵树，却不能感觉到"人""树"这些语词所指的对象类。无论"人"也好，"树"也好，它们都是人们给予一类对象的概括性称呼。

尽管作为类的对象看不见、摸不着、无法感觉到，但是如果人们要概括地称呼一类对象，那就必须给出该类对象的名称。

从语词与所指的关系来看，既然关于对象类的名称也是名称，那么这类名称语词当然也会有其所指。比如"人"就是我们给出的关于人这类对象的名称，这种名称涉及的所指对象包括其所指一类对象中的每一个人；"树"就是我们给出的树这一类对象的名称，这种名称涉及的所指对象也包括"树"所指一类对象中的每一棵树。

因称呼一类对象而产生的名称是通名；因称呼某一单独对象而产生的名称则是单名。比如"人"这样的名称就是通名，而"罗素"这样的名称就是单名。

对于单名，当今哲学以及逻辑学界一般使用的术语是"专名"。不同的称呼强调的重点不同。单名之"单"强调的是这种名称在所指对象方面的单一性，而专名之"专"强调的则是这种名称与其所指对象在联系方面的专门性。

与单名或专名相应，通名之"通"则在于这种名称可以适用于一类对象中的任意一个对象。

在同一属种系列中，对象类的范围有大有小。所指范围不同的类，其相应的名称也不同。比如"中国人"与"人"作为同一属种系列中的不同通名，尽管都指称的是对象类，但其所指范围却并不一样。"中国人"的所指范围要远远小于"人"的所指范围。

我们走进一片树林，发现这里有各种各样的树，我们只知道它们有一个共同的名称是"树"，但却不知道其中的每一棵树分别具体叫什么。这时，我们可以用"树"这个通名来指称这里的任何一棵树。当后来有人告诉我们其中一些树的名称，比如告诉我们这棵树叫"槐树"，那棵树叫"榆树"时，这种情况下，我们虽然能从树的不同种类来识别一些树了，但这时我们知道或使用的仍然还是用来称呼某一类树的通名。与"树"的称呼相比，"槐树""榆树"这样的名称只不过是将"树"的所指范围缩小了一些而已。如果想要知道某一棵特定的树叫什么，那么这棵树就必须得有一个特定名称；给出某棵树的特定名称也就是在给出它的单名或专名。

一般语境下使用的通名有时在特定语境下也可以代替专名或转化为专名。比如中国许多地方都把男孩子称为"小子"，因此，一般来说这种名称应该是一种通名，其所指对象应该是一类对象。不过，在有些情况下，"小子"也可能成为某个对象的一种专名。例如，一家姓张的人家生的头一个孩子是男孩，孩子的父母文化水平低，不知给孩子取什么名，可又不得不称呼这个孩子，于是暂且就叫这个孩子"小子"。这样的称呼实际上就是在借用通名来代替专名。后来这家人又生了一个男孩，要想再用"小子"来称呼第二个孩子就无法与第一个孩子区别开来。但是，孩子的父母还是不知叫大孩子什么，叫小孩子什么。于是这家人仍然称呼大的为"小子"，而小的则称为"二小"，其大概意思说的是"第二个小子"。由于名称一旦形成，它往往会成为一种习惯性称呼。因此，这样的称呼使用久了，它们就可能在某个范围内分别成为这两个孩子各自的专名。假如孩子的父母一直没有再给孩子重新起名，那么等孩子长大走向社会后，人们就会称呼他们一个为"张小子"、另一个为"张二小"。当有人问起谁是"张小子"，谁是"张二小"时，如果这两个人不在场，那么了解这两人情况的人就会告诉问话者他所问的"张小子"和"张二小"所指对象的一些具体特征，这些描述二人各自特征的词语就会成为"张小子"和"张二小"这两个专名各自所具有的一种涵义。如果后来发现还有人也叫"张小子"或"张二小"，那么这种情况下出现的同名现象则属于重名。重名与通名是名称的两种不同表现。重名是将同一名称专用于称呼不同的对象时出现的情况。尽管专名无法排除重名，但专名意义上的重名，其各自的所指对象仍然还是个体；而通名则是用来指称一类对象的名称。

无论是专名还是通名，它们都会表现为某种语词，都会具有某种涵义。表达专名涵义的语言表现的是专名所指个体具有的某些特征或特性，而表达通名涵义的语言表现的则是通名所指一类对象的共有特性。

世界上存在着各种各样的对象（或事物），人们之所以能够将不同的个体进行归类，从而也能够把不同类的对象区别开来，是因为人们认识到了不同的个体对象或不同的对象类所具有的一些不同特征或不同特性。某一单个对象的特征是仅仅为该对象所单独具有而其他对象并不具有的特征；某类对象的特性则是仅仅为该类对象所共同具有而他类对象并不具有的属性。当人们把某个对象的某种特征或某类对象的某种特性用某种语言表达出来并把这种语言和一个指称范围相对较大的语词结合起来时，这样的语言也就成了表达那个或那类对象的名称所具有的某种涵义。从语言所表达的思想的构成来看，这种涵义反映的是人们关于名称所指形成的某种概念。比如，当人们根据维特根斯坦所著《逻辑哲学论》一书的情况说出"维特根斯坦就是那个写了《逻辑哲学论》的人"这句解释性的话语时，"那个写了《逻辑哲学论》的人"这个词组所表达的意思也就是"维特根斯坦"这个专名所具有的一种涵义，而这种涵义同时也反映了人们在认识"维特根斯坦"的所指对象特性方面所形成的一种概念。

语词、涵义以及所指对象并非一一对应。不同的语词可以用来表达同一种涵义（或同一个概念）并指称同一个或同一类对象；同一个语词也可以用来表达不同的涵义（或不同的概念）并指称不同的对象。世界上不同国家使用不同语种的人们之所以可以通过翻译来相互交流思想，就在于人们用来交流思想的语言虽然不同，但不同语言所表达的思想、感情、意图却是相通的。从语词与概念及其所指之间的关系来解释这种情况，这就属于语词不同而概念及其所指相同。

任何一种语言系统中的语词都是相对有限的，而不同的个体对象以及不同的对象类则是无限的。尽管语词可以有多种多样的组合，但这种组合毕竟会受到种种语法、语言使用习惯以及使用它的人对它的接受程度等方面的限制。由于这样的原因，人们常常会在使用语词指称个体对象或对象类时借助不同对象在某些特点或性质方面的类似或相通，从而用已有语词来指称一些新的对象并由此表达一些新的概念。这样一来，语词就会通过这样的使用产生除了其本义外越来越多的引申义。除此之外，某些使用语词还会在具体语境中产生一些临时性的切合其所指对象的活用意义，这种活用意义虽然不属于这类语词在辞典中所列义项的任何一种，但却往往可以比较准确、恰当地体现说话者依赖特定语境想要表达的某种概念并指称想要指称的对象。

第二节　概念与所指

"内涵与外延是概念的基本特征"与"概念都有内涵与外延"是两个传播广泛且影响深远的传统逻辑命题。然而，这种似乎已成为逻辑常识的命题却隐含着一些被人们忽视了的基本错误。

一、内涵与外延

从表面上看，"内涵与外延是概念的基本特征"似乎从内（涵义）与外（所指）两个方面对概念进行了比较周全的说明，而实际情况却并非如此。

实际上，传统逻辑所说的概念就其在语词中的表现来说本来就是语词所具有的一种用以反映所指对象特有属性的涵义；而传统逻辑所说的概念的外延则是语词通过某一特定概念所指的对象。因此，就"概念有内涵与外延"这一说法来说，虽然其中的"概念有外延"可以被解释为"语词所表达的概念一般都会有其所指的对象"，但是说"概念有内涵"实际上相当于一种同语反复。

一般来说，人们在理论上都会承认概念是思想的组成部分，而语词是语句的组成部分，但就表达一个特定概念的特定语词来说，许多人往往会把这样的语词与它所表达的概念混为一谈。仔细分析上述两个用来说明概念特征的传统逻辑命题，我们会发现这样的命题之所以会产生，就是因为其提出者以及使用者在不知不觉中将语词与概念混为一谈了。关于这一点，我们从有关逻辑论著分别对"概念"与"内涵"这两个术语所作的定义以及说明可以看得非常清楚。

有的逻辑论著一方面说"概念是反映事物特有属性（固有属性或本质属性）的思维形态……关于人的概念，是反映人的特有属性的"[①]；另一方

---

① 金岳霖主编：《形式逻辑》，人民出版社1979年版，第18页。

面在解释"概念"的内涵时却说"概念的内涵就是概念所反映的事物的特有属性"，比如，"'人'这个概念的内涵就是能够制造和使用生产工具"。①这种解释从表面看是在等同意义上使用了"概念"和"概念的内涵"，而其背后真正的原因却是混淆了概念和表达概念的语词。实际上，当人们询问某个概念的内涵是什么时，这里提到的"概念"恰恰正是那个表达概念的语词。"人"这个语词所表达的"能够制造和使用生产工具的动物"这样的涵义也就是"人"这个语词在特定语境下表达的某种特定概念。对于这样一种概念来说，我们并不能同时再把它解释为"人"这个概念所具有的某种内涵。

把概念与概念所反映的事物的特有属性看作同一个东西也是错误的。概念所反映的事物的特有属性是事物本身具有的属性，而概念则属于思想，是思想的构成部分。

一些传统逻辑教材或著作一般都是从反映论角度来解释"概念"这个术语的。

从反映论角度来讲，概念是事物特有属性在人大脑中的反映。虽然反映论的这种哲学解释可以不提及语词而只针对思想，但是逻辑学所讲的概念却是和语词紧密联系在一起的，而这样的概念实际上正是语词在特定语境下所具有的某种特定涵义。在这种解释下，概念所反映的事物的特有属性实际上是以语词涵义的形态表现出来的。

事物本身所具有的某种特有属性是认识事物者能够形成某一概念的客观基础，因而也可以说是概念的来源，但事物的特有属性本身并不等同于概念。概念反映的是人们的一种认识结果，概念与事物的特有属性之间的关系并不是逻辑学要研究的东西，而应该是逻辑学之外的其他一些学科需要研究的内容。逻辑学只是从既成概念的角度来解释语词、概念与所指之间的关系。就表达一个特定概念的语词来说，概念就是语词的涵义，而语词则是概念的一种语言表现形式。

既然作为语词涵义的概念本身就是语词的内涵，那么说"概念有内涵"也就等于在说"内涵有内涵"。而这样的说法显然是一种同语反复。

弗雷格曾经将一个语句所表达的思想区分为"概念"与"对象"两个部分，并解释二者在思想构成中的作用："概念——如同我对这个词的理解——起谓词作用。相反，一个对象的名称，一个专名绝不能用作语法谓

----

① 金岳霖主编：《形式逻辑》，第22页。

词。"① 有些人据此认为，这样的"概念"说的才是逻辑学意义上的概念，并且还据此进一步认为将传统的那种与人的心理活动或认识活动相关的"概念"及其解释用于说明逻辑学中的"概念"是不准确或不恰当的。

其实，弗雷格针对原子命题的构成而进行的关于"概念"与"对象"的区分以及说明体现的只是他对原子命题的一种特殊的分析方式，这种分析方式中所说的作为原子命题组成部分的那种"概念"并不是传统哲学以及传统逻辑所讲的那种作为思想组成部分或作为语词涵义的"概念"，而传统哲学以及传统逻辑所讲的"概念"实际上恰恰相当于弗雷格在他的分析理论中所提到的"符号的涵义"。

概念作为思想的组成部分或作为语词的涵义，往往会有如下两种表现情况。

其一，在多数情况下，某个语词所表达的某种概念往往会以一个具有解释性特点的语词、词组或语句的形式出现。比如"小牛"这个语词就可以用来解释"犊"这个语词的涵义，因而也可以说它是"犊"这个语词所表达的一种概念；"用来交换的劳动产品"可以用来解释"商品"这个语词的涵义，因而也可以说它是"商品"这个语词所表达的一种概念。虽然"小牛"和"用来交换的劳动产品"一个构词相对比较简单，另一个构词相对比较复杂，但是在借助于某种语言形式来说明另一个语词的某种涵义方面，二者所具有的特点和性质却是共同的。这里需要特别说明的是，像"小牛"这样的语词，虽然构词简单，但它仍然是由"小"这样的属性语词与"牛"这样的中心语词结合而成的一个词组。当人们需要了解或说清一个语词在特定语境下具有的某种特定涵义时所说的概念往往就是这种概念。因此，这种概念往往会以一种定义的形式出现。以解释的方式给出一个语词所表达的特定概念实际上也就是在给出这个语词的一种定义。

其二，正如人们可以把"小牛"看作"犊"这个语词所表达的概念一样，在使用语言中，依赖特定语境，人们也常常会把表达某种概念的语词直接当作一种概念来理解或使用。这种情况下，如果不谨慎思考和仔细甄别，是很容易把概念与表达概念的语词混为一谈的。因此，语言使用者必须特别注意，即使在某些情况下人们是把表达某一概念的语词直接当作概念来使用的，这样的语词代表的仍然还是另一语词所具有的一种涵义。即使在语言使用中出现的这样两种语词表面看来似乎都是语词，但二者在语言使用中何为概念，何为语词却应该是泾渭分明的。

----

① 弗雷格：《弗雷格哲学论著选辑》，第 80 页。

当一个语词直接被人们当作一种概念来使用时，我们可以把这种概念看作一种被提到的概念；而当人们对某一语词表达的概念作出某种解释时，这种解释性语言所体现的语词涵义应该是那个被解释语词所表达的一种解释性概念。说出一个语词所表达的解释性概念显然要比借用一个语词提到一个概念难度大很多。比如一个小孩子虽然也会说"人"这个语词，并且他所说的这个"人"也能表达他思想中形成的某种关于人的概念，从而他也能根据这样的概念把人与其他动物区别开（比如，如果你让他画一个人，正常情况下他并不会把你所说的"人"画成别的动物），但如果你让他进一步明确给出关于"人"这个语词的定义时，他可能无法对这样的问题给出比较准确的回答。即使在一些满腹经纶的哲学家那里，对于什么是人的问题也不见得就能讲得十分清楚。

　　即使对于解释性概念而言，一个概念一旦被说出，所说出的东西自然也就表现成了语言。不仅如此，而且当一个人在头脑中通过概念来形成思想的时候，实际上他就已经在使用语言来思想了。语言和思想紧紧缠绕，我们也仅仅是在相对于被解释语词的意义上才说那种解释性语言表达的是被解释语词的涵义或概念。

　　存在于一个人思想中的概念要以一种解释的形式准确地表达出来需要经过一个对这种概念的反复思索以及对其表达用语的反复提炼过程，否则很可能会出现意不及物或词不达意的情形。所谓"意不及物"，是说思想中形成的概念尚不能准确反映本属于事物的特有属性；而所谓"词不达意"，则是说表达中所选择的语言尚不能准确表达出某种应该表达出的概念。

　　可以说，对于人这类对象我们形成了"人"的概念，也可以说，对于人这类对象我们形成的概念是"有理性能思维的动物""能够制造和使用生产工具的动物"等。无论怎么说，概念本身都属于思想或语词涵义。尽管属于思想的或属于语词涵义的东西也需要用某种语言来表达，但语词作为表达者和概念作为被表达者的位置以及意义却是相对确定的。

　　概念是一种只能靠思想来把握的东西。我们凭借我们的感觉器官可以感觉到各种不同的语言，却永远感觉不到语言背后的概念。因此，为了表达或解释概念，人们必须借助语言。

　　就一种解释性概念来说，其表达语言所代表的语词的涵义应该是一种被展开的涵义；就一种被提到的概念来说，其表达语言所代表的涵义则应该是一种未展开的涵义。

　　罗素曾经把专名看成一种缩写的摹状词。比如"苏格拉底"这个专名在罗素看来就是"柏拉图的老师""饮了毒酒的哲学家""逻辑学家断定为有死的那个人"这样一些摹状词的缩写。①

如果从语词构成角度看，罗素所说的这种"缩写"是不成立的。因为专名与摹状词的语言构成以及它们各自对于对象的指称方式并不一样。但是，如果从语词涵义或语词所表达的概念这样的角度看，专名与摹状词的关系就有些类似概念的未展开与展开的关系。而作为被表达者，无论它是未展开的还是展开的，它们在这样的关系之下所能代表的东西都只能是概念。

由此来看，一些逻辑著作所提到的"概念有内涵"这样的说法实际上是在混淆语词与概念关系的情况下，把一个语言表达式所表达的解释性概念说成一种被提到的以语词形式所代表的概念的内涵了。

传统逻辑所讲的"内涵"与"外延"虽然从表面来看是内外相互对应的，但实际上二者并不在同一个语言层次上。内涵是语词所表达的概念，而外延则应该是语词通过某种概念所指的对象。只要人们问到与语词、概念相关的外延，那么这样的问题一定问的是某个语词借助某个特定概念所指的某个或某类对象。

就一个使用语词来讲，离开了对其特定涵义的把握，我们根本无从知道该语词具体指称了什么对象。其原因正如弗雷格所言："谁也无法禁止人们将任意产生的某个事件或对象当作表示随便什么东西的符号。"② 因此，要想知道弗雷格所说的那个任意产生的事件或对象究竟表示或指称了什么东西，首先必须要知道使用者是在什么意义上使用这个事件或对象的。比如，一个外来者在某大学教学楼公告窗里看到这样一句话："做特许人立德为先"。对于这个外来者来说，他要想搞明白这句话中的"特许人"指什么对象，那就首先需要搞清楚这个语词在这里表达了什么涵义。不知道这个语词在这里表达什么涵义的人往往会望文生义，以为这里的"特许人"所指的对象可能是某个特定地方或从事某一特殊行业工作或具有某种特殊身份的人，而只有当知道了"特许人"这个语词在这里表达的解释性概念原来是"特许经营学院的人"时，知道者才能由此去确定这个语词所指的某类特定对象。

语词通过它所表达的特定概念指称对象的情况说明语词、涵义、被指称对象三者之间存在着一种表达以及指称方面的层次关系，这种层次关系说明"概念有内涵与外延"以及"内涵与外延是概念的基本特征"这样的

---

① 参见罗素《逻辑与知识》，第242页。
② 弗雷格：《弗雷格哲学论著选辑》，第96页。

命题实际上是一些含糊不清因而经不起逻辑推敲的命题。

二、"词项"与概念

鉴于过去一些逻辑教科书使用的"概念"这一术语所隐含的歧义以及与认识论存在的一些纠缠不清的关系，不少人主张用"词项"这个术语来代替传统逻辑教科书里所说的那个"概念"，而且还将这样的主张体现在他们所编写的一些通识逻辑教材之中。但是，这种代替却又带来了一些新的需要解释的问题。比如，人们应该如何理解这个"词项"，它是属于语言，还是属于思想？只要仔细思考一下，人们并不难发现，无论从思想的角度看，还是从语言的角度看，一些逻辑论著所使用的"表达词项的语词"这样一些说法都是过于随意而经不起仔细思考或推敲的。

一些逻辑教材虽然不讲"概念"而改讲"词项"了，但是在"词项的内涵和外延""词项的种类""词项外延间的关系""明确词项的逻辑方法"这些条目之下所讲的内容却还是过去传统逻辑在阐述"概念"时所讲的内容。[①] 这说明这些逻辑教材所讲的"词项"和传统逻辑所讲的那个并没有与语词严格区分开的"概念"实质上还是同一个东西。由此看来，仅仅通过简单地更换一个名称而把人们原先所说的那个"概念"叫作"词项"并不能解决传统逻辑概念论部分存在的任何问题。用"词项"代替"概念"不仅不能说清楚语词与概念之间的关系，而且这种代替还可能会进一步引起人们在表达与理解方面的无所适从，由此所引发的问题反倒会更多一些。

其实，从"词项"这个术语的构成来看，与其相关的一些术语古已有之，而且这样的术语直到今天仍然被人们广泛地使用着。这些术语说明，"词项"这一术语所含的"项"说的是命题组成部分的承担者，"词"说的则是这种承担者的语言表现形式。比如，传统逻辑讲的直言命题构成中的主项、谓项、量项、联项，三段论构成中的大项、中项、小项，定义构成中的定义项、被定义项和定义联项，命题形式构成的常项和变项，等等。从语言表达的角度看，这些"项"又统统都表现为语词，因此将它们概括为"词项"也完全可以说得通。

但是，把命题或思想构成部分意义上所使用的"概念"一律都称为"词项"却并不合适。就"词项"的适用范围来说，它应该只是逻辑学家们从语言角度分析或说明命题构成时所使用的一个专用术语。把这样一个专用术语作为人们耳熟能详的"语词""概念"这一类术语的替代语，而

---

① 参见何向东等《逻辑学教程》，高等教育出版社 2003 年版，第 87—99 页。

且还说不清它替代的到底是"语词"还是"概念",这样的替代显然既缺乏针对性,也缺乏可接受性。人们使用"概念"一词并不仅因为它是命题组成部分的承担者,还因为它有着更为广泛的意义以及用途。比如,人们常常为了解决某一问题会特别强调要搞清楚问题涉及的基本概念,人们也常常会质疑某种思想或表达所涉及的一些概念是不是明确。在处理这类情况时,假如把其中使用的"概念"替换为"词项",显然是很不合适的。

因此,在逻辑学的一系列术语中,我们最好还是不要用"词项"而应该直接用"语词"这样的术语来更正传统逻辑在说明概念特征时所讲到的那个"概念"。因为传统逻辑在这种情况下所解释的那个"概念"所具有的内涵与外延实际上正是表达概念的语词直接或间接地具有的特征。我们做这样的更正针对的只是过去一些逻辑教材或逻辑理论对语词与概念的混淆,而并不是针对"概念"这个术语本身。在正确理解和把握语词、概念与所指之间关系的前提下,"概念"这个术语我们还可以继续使用。而且事实上由于"概念"一词在应用方面所具有的广泛性与历史悠久性,因而任何人实际上都无法把这样一个本已有着自己独特意义的术语人为地从人们的语言使用中清除出去。

既然"语词""概念""词项"这些术语各有其涵义和适用范围,那么我们需要的最恰当的处理方法就是把它们用到各自该用的地方。

三、语词、概念与所指的关系

索绪尔在其《普通语言学教程》中曾用下面的图式来解释语词与概念之间关系:

以上图式中的"音响形象"说的是作为一种有声语言的语词,"概念"说的则是这种语词所具有的某种涵义;而语词通过概念所指的对象则在这一图式中并没有出现。索绪尔为此特意指出,语言符号连接的并不是事物与其名称,而是概念和音响形象。他说:"我们把概念和音响形象的结合叫作符号,但是在日常使用上,这个术语一般只指音响形象,例如指词。"他

"建议保留用符号这个词表示整体，用所指和能指分别代替概念和音响形象"。①

从索绪尔将所指与能指统一于语言符号的情况来看，传统逻辑之所以会混淆语词和概念这样两种不同的东西是有着某些语言使用方面的原因的。既然符号是概念与音响形象的结合，并且人们在使用语言中常常会把符号和音响形象（能指）看成一回事，于是在这种情况下，符号所表达的概念（即"所指"）是很容易被音响形象（即"能指"）所隐藏或掩盖的：似乎有了音响形象也就有了符号，而这样的符号同时也就是概念。

正确的意义分析必须清楚地区别符号与概念，这个区别实际上也就是索绪尔在以上图式中所标出的能指和所指的区别。

索绪尔的图式在表现语词、涵义与所指的关系方面存在的问题主要表现如下：

第一，能指和所指本来并不在同一语言层次上，也即所指实际上是被能指所表达的东西，语词是通过直接具有能指这样的功能才有其所指的；而索绪尔的图式却把能指和所指解释或表示成了平行于同一个语言层次上的两个方面。

第二，索绪尔的意义图式只显示了符号的能指（音响形象）与所指（概念或涵义），而并没有把语词通过概念所指称的对象表示出来。正因为如此，所以缺少了符号所指的索绪尔理论也就只能是一个供语言学家们用来认识和说明语词与涵义之关系及其表现情况的两项关系理论。而就意义分析来说，语词通过概念所指称的对象显然应该是一个不可缺少的重要因素。

第三，由于索绪尔的两项关系理论并未涉及符号所指的对象，因此这种理论当然也无法反映出使用语言与其所指对象之间有时也可能具有的那种不依赖于涵义的直接联系。

尽管符号在通常情况下都是通过音响形象的形式表达某种概念进而指称某种对象，但有时它也会不通过概念这个环节而直接去命名或指称对象。不过，人们也应该充分认识到这种情况的特殊性与暂时性。因为一旦某一符号与某一对象建立了联系，人们必定会进一步去认识和总结该符号相对于其所指的某种涵义。

第四，将符号所表达的概念解释或命名为"所指"很容易引起人们的误解，以为这里使用的"所指"一词说的就是符号所指称的对象。一般来

---

① 索绪尔：《普通语言学教程》，第102页。

说，符号与概念的关系应该被解释为一种表达与被表达的关系，而符号（或符号所表达的概念）与其所指对象之间所具有的那种关系才可以被解释为一种指称与被指称的关系。

奥格登和理查兹 1923 年在他们合著的《意义之意义》一书中提出了如下这样一个具有三项关系特点的意义图式：

这个三角形的顶端是"思想（或指示活动）"，底端左边是"符号"，右边是"被指示者"；"符号"与"思想"（相当于"表达"背后的某种指示活动）直接相关，因此用实线来连接；"思想（或指示活动）"与"被指示者"也直接相关，因此也用实线连接；而三角形底端两头的"符号"与"被指示者"一般并不直接相关，因此用不同于前两条连线的虚线来连接。此图式表明，符号与被指示者之间的连接一般都是通过思想来实现的。沙夫解释这一图式说："符号和被指示的东西之间的关系是一种间接的关系，只有在一些特别的情形下（即当我们注意的是符号和被指示的东西之间的相似性的时候，如果用我们的术语说，就是当我们注意的是一个图像指号的时候），符号和所涉及的东西的直接关系（三角形底边所表示的关系）才会出现。"①

根据奥格登和理查兹提出的三角意义图式以及沙夫的有关解释，再进一步结合索绪尔对"能指"与"所指"的区分，从对既有语词的理解或解释方面来看，我们完全可以用两条直线把语词、概念与被指称对象这样三个属于不同领域的东西连接起来，从而形成如下关于语词方面的意义图式：

语词—概念（涵义）—对象

以上图式中的"语词"属于语言领域，"概念"属于思想领域，"对象"则属于世界。就三者的关系以及次序来说，往往是语词通过概念来指称对象。用来表达某个概念的语词可以是这个，也可以用那个，用什么语词，要看人们使用语言时的语境要求；而语词指称某个或某类对象可以通

---

① 沙夫：《语义学引论》，罗兰、周易译，商务印书馆 1979 年版，第 221 页。

过这个概念，也可以通过那个概念，而使用什么概念则需要看人们认识或表达对象时选择或采取了什么样的角度与方式。

当人们注意的是符号和被指示的东西之间具有的某些相似性的时候，或者在某些需要用符号直接命名对象或直接代表对象的场合，符号与被指称对象之间才会发生某种直接的联结；不过，由于与对象相似的符号很少是语词，并且也由于直接用来命名的语词一旦与对象建立了联系，它们必定也会从不同方面产生一些反映所指对象不同特性的不同涵义，因此以上意义表现图式完全可以相对准确地表现出语词、涵义和所指之间的关系，而且这样的表达既简洁，又具有一定的普遍性与代表性。

如果实际语言分析中确实需要直接揭示或表达奥格登和理查兹意义表现图式所讲到的三角形底边虚线所代表的那种关系，那么这无非就是先暂时不去考虑这个直线图式的中间要素而已。

我们还可以把上述直线意义表现图式进一步推广应用于语句，从而形成一个适用范围更广的意义关系及其表现图式：

$$意义要素及关系 \begin{cases} 语词——概念——个体或类 \\ 语句——命题——事态或事情 \end{cases}$$

就以上意义关系图式来说，"概念""命题"应该属于语言表达式所表达的涵义（或思想）；而"个体""类"以及"事态"或"事情"则应该属于语言通过思想或思想的部分所指称的"对象"。

以上关于意义要素及关系的图式不仅可以表达语言、涵义与所指之间的关系，而且也能够清楚地表明语词、语句、概念、命题、个体（类）和事情（事态）各自在这种关系中所处的地位以及所承担的角色。

弗雷格将语句中作为被陈述部分的专名直接称为"对象"，将语句中作为陈述部分的谓词则称为"概念"，并且还认为语句的指称就是其真值。他的这样一些明显带有主观成分或人为规定色彩的观点尽管也有其符合自身理论特点与需要的理由与目的，但它们实际上很难清楚地反映或表现出自然语言使用中涉及的符号、概念（以及命题）与所指各自实际所处的位置以及它们之间实际所具有的关系。

四、定义

在明确了语词、概念与所指之间的关系之后，过去一些逻辑教材中所讲的"概念的种类""概念外延间的关系""明确概念外延的逻辑方法"等提法显然还可以继续保留，因为人们在这些提法之下所讨论的问题本来就是关于"概念"的问题。但对于定义，我们却不能再按照现有一些逻辑教科书的解释说"定义是明确概念内涵的逻辑方法"。因为内涵本来说的应该是语词的内涵，而定义则是在解释或说明一个语词相对于某种特定语境而具有的某种特定涵义或表达的某种特定概念。一般情况下，人们使用定义的目的就是要用一种更为清楚、更易于为人们所理解或接受的语言来解释或说明被定义语词所具有的某种特定涵义；从思想的构成看，一个语词所具有的某种特定涵义也就是这个语词所表达的某种特定概念。因此，在与被定义语词所指对象相同的情况下，定义部分用来解释或说明被定义部分语词涵义的语言应该比被定义部分语词在表达方面更为清楚或明白。比如，对于"犊就是小牛"这句话来说，相对于特定的语境，"小牛"这个语词就可以是"犊"这个语词的一种定义，因为后者对于知道"小牛"指什么而不知道"犊"指什么的人来说，要比被定义部分语词直接表达的概念"犊"更为清楚或明白；"用来交换的劳动产品"作为"商品"这个语词的一种定义显然也是在解释"商品"所表达的概念，这样的解释性概念显然也比被定义部分语词"商品"直接表达的概念"商品"更为清楚或明白。

由此我们也会发现，从定义所要达到的目的以及所要取得的效果来看，对于一个恰当的定义来说，其定义部分之语词所表达的概念一般都会比被定义部分之语词所表达的概念更易于为人们所理解或把握。

维特根斯坦说："定义是从一种语言翻译为另一种语言的规则。"① 维氏这里所讲的这种"翻译"的意思实际上就是一种解释，而其中所说的不同种类的语言指的则是定义部分与被定义部分所使用的所指相同而用语不同的表达语言。

维特根斯坦把定义项和被定义项看作两种表现不同的语言，这无疑等于进一步肯定和突出了定义在语言表达方面所具有的特点。他之所以要用定义项部分的语言解释或定义被定义项部分的语言，其目的也是通过定义项部分的语言来说清楚被定义项部分语言所表达的某种涵义或概念。

根据以上认识以及解释来看，过去一些逻辑教科书曾经提出的那种关于"语词定义"与"真实定义"的区分以及说法实际上是很难成立的。

仔细思考一下所谓的"语词定义"与"真实定义"，人们并不难发现，这两个用语本来就无法排列在一起从而构成一对相互对应的定义类型。因为"真实"是和"虚假"相对应的，"语词"或者是与"语句"相对应，

---

① 维特根斯坦：《逻辑哲学论》，第40页。

或者是与语词的涵义或所指相对应的；而"定义"则只不过是运用某种语言对另一种语言所具有的涵义进行的一种解释或确定。

有些逻辑教科书在采用"语词定义"与"真实定义"这种定义分类的情况下所说的"语词定义"实际上指的是利用某个同义词来解释被定义语词涵义的情况，而所说的"真实定义"指的则是用一个词组或语句通过揭示对象特有属性的方法来解释被定义项涵义的情况。而如果从揭示对象特有属性这方面看，被称作"语词定义"的那种定义不见得就不能揭示对象的特有属性。比如，就区分"语词定义"与"真实定义"者所列举的"犊就是小牛"这类所谓的语词定义的例子来说，这里的定义项虽然用的只是一个语词"小牛"，然而这样的定义显然同样也是在指出犊不同于其他牛的那种"小"的特有属性；而且，这里所说的这个"小"不仅指牛的体型大小，而且也包含了其生理方面的大小。

不仅所谓"语词定义"与"真实定义"的区分算不上是一种定义分类，而且即使按照某些语言表现特征而列举或区分出来的一些不同的定义情况，人们也很难将它们概括为逻辑学意义上的关于"定义"的分类。比如，定义有简单的，也有复杂的；有专业领域的，也有生活领域的；有具体的，也有抽象的；有本义，也有转义；有相对固定的，也有临时使用的；等等。这些不同的定义情况能够说明的只能是定义在表达或使用方面所具有的一些不同特点，将它们概括为逻辑学意义上的定义分类同样也是不合适的。

五、"概念的灵活性"问题

一个语词所表达的某种概念一经确定，那么它通过该概念所指的对象也就相应地被确定了。同一个语词可以在不同语境下表达不同概念，从而指称不同对象，但绝对不可能存在同一个概念具有不同所指的情况（这当然也包括那种在特定语境下提到的概念）。

一个确定的概念之所以不能指称不同的对象，是因为一个确定的概念本身反映的就是人们从某一方面对某个或某类对象所具有的某种认识。如果认识的角度或方式变了，或者概念所指称的对象变了，关于对象的概念必定也会随之而发生变化，但这种情况下表达概念的语词却不一定会跟着变化。由于这样的原因，同一个语词表达不同概念的情况就会随着这种认识角度或所指对象变而语词不变的情况而产生。

尽管关于对象的概念可以随对象的发展变化而发展变化，但是表达不同概念的语词却不一定会随之变化。从表达关系上说，这种情况能够说明的并不是概念本身有什么灵活性，而是语词在表达概念方面有灵活性。同一个语词可以表达某一个概念，也可以表达一个已经变化了的新概念；说同一个概念可以灵活地指称不同的对象实际上等于为那些利用概念而进行的种种诡辩打开了方便之门。

有人曾以毛泽东的下述话语为理由来说明概念的灵活性问题："'人民'这个概念在不同的国家和各个国家的不同的历史时期，有着不同的内容。拿我国的情况来说，在抗日战争时期，一切抗日的阶级、阶层和社会集团都属于人民的范围。"① 论者认为，毛泽东这里所讲的"人民"就是一个相对灵活的概念，它可以随其使用地域、时期的变化而具有不同的内涵。

我们且不说这里关于"概念灵活性"的论证本身存在"以权威为据"的问题，单说毛泽东这段话的本意，它实际上也并不一定是引用者所理解或解释的那种意思。

从这段话的整体意思来看，毛泽东这里所讲的"人民"的不同内容实际上涉及的是"人民"这个语词或术语在各个不同国家和各个国家不同历史时期所表达的不同概念；其中所提到的关于"人民"概念的"不同的内容"对应的恰好是那些不同的"人民"概念所指的不同对象或具有的不同外延。一个语词或术语表达什么意思，应该根据这个术语的使用语境进行具体的分析，如果我们把这段话中"'人民'这个概念"明确替换为"'人民'这个术语"，或者如果我们能够在"术语"的意义上来理解毛泽东所说的"'人民'这个概念"中的"概念"，那么这段话也就很难再有理由成为"概念有灵活性"这种观点的论据了。

一个概念本来就是一个语词所具有的某种特定内涵，因此，"同一个概念可以有不同的内涵"这样的命题本身就是自相矛盾的，是有人在混淆语词与概念关系的情况下提出的一个伪命题。

虽然同一个概念不能有不同的内涵，但不同的概念却可以反映或指称同一个对象。这说明，任何语词的任何一种涵义相对于它所指的对象来说都只能或者从某一个方面、某一个角度，或者以某种方式来反映或说明其所指对象。人们对于对象的认识既可以来自多个不同的角度或不同的方面，也可以采取多种不同的认识方式，由此，概念对对象的反映也可以因此而具有不同的内容；而这种情况下，具有不同内容的概念当然也就不可能再是同一个概念了。弗雷格曾经在说明名称的涵义时，把这种由于对同一对象认识角度、方式的不同而导致符号产生不同涵义的情况归结为涵义的一些不同的给定方式。他说："与一个符号（名称，词组，文字符号）相关联，除要考虑被表达物，即可称之为符号的指称的东西以外，还要考虑我要称之为符号的涵义的、其间包含着给定方式的东西。"[①]

如果将我们上面对概念确定性问题的分析与论述引申开来，我们还会发现，过去一些逻辑教科书对逻辑基本规律的说明也是存在问题的。比如，就对同一律的说明来说，我们绝对不能把这条规律简单地解释为在说某个事物是什么就是什么，而应该解释为在说某个语词表达了什么概念就应该在同一思想或表达过程中始终保持表达这个概念，某个语句表达了什么思想就应该在同一思想或表达过程中始终保持表达这个思想。语词所表达的概念或语句所表达的思想确定了，相应地它们所指的对象也就确定了。逻辑学之所以要提出语词对于概念、语句对于思想的这种表达要求，其目的无非就是保证思想或表达的确定性。而直接说同一律是在讲一个事物是什么就是什么，这等于什么也没有说。事物是什么是本来如此的，是逻辑基本规律所赖以产生或成立的客观基础，但这种客观基础却不能被概括或解释为逻辑规律自身。逻辑规律的客观基础根本无需逻辑去干涉，而且逻辑也没有任何理由去干涉本来就客观存在的事物及其规律，逻辑规律要规范或约束的只能是人们的思想及其表达。

第三节　名称的意义

作为语词的一种使用方式，名称是关于对象的一种特定称呼。

现代分析哲学以及现代逻辑的主流观点所说的名称一般都是专名。为此，我们在讨论名称问题时首先需要回答的一个问题就是：名称是不是只有专名而没有通名？在此基础上，我们还需要进一步讨论：专名作为一种语词是不是可以只有所指而没有涵义？从语言使用角度看，是不是有些名称可以无指对象？

一、关于"名称"的一些传统认识

后期维特根斯坦在其《哲学研究》中曾以古罗马哲学家奥古斯丁（A. Augustinus，354—430 年）在其《忏悔录》中的一段话为引子，对名称及其使用情况进行了分析与说明。

---

① 弗雷格：《弗雷格哲学论著选辑》，第 96 页。

奥古斯丁说：

> 当他们（我的长辈）称呼某个对象时，他们同时转向它。我注意到这点并且领会到这个对象就是用他们想要指向它时所发出的声音来称呼的。①

针对这段话，维特根斯坦给出了如下引申性的解释：

> 在语言的这一图画中，我们找到了下面这种观念的根源：每个词都有一个意义。这一意义与该词相关联。词所代表的乃是对象。②

维特根斯坦认为，奥古斯丁的看法代表了一种相当古老的名称观，在这种名称观看来，人们使用一个语词也就是在使用一种名称；名称与对象直接相关，名称的意义即是其所指。维特根斯坦指出，奥古斯丁所说的这种语词应该主要是名词，或者最多涉及某种动作或性质的名称而并没有考虑词的不同种类以及多种多样的用法。

其实，当人们用语词来称呼某种动作或性质时，这样的语词实际上就属于后来人们所议论的那种可以或不可以算作名称的通名。因此，从维特根斯坦的评论来看，奥古斯丁所谈及的名称显然既有专名也有通名。如果把奥古斯丁的这种朴素名称观与后来产生的那种认为名称只有专名的观点相比较，奥古斯丁的观点似乎显得更为相对全面以及实际一些。

密尔（J. S. Mill，1806—1873 年）在其《逻辑体系》一书中明确指出，名称只有所指而并无涵义。现代哲学与现代逻辑的主流观点所说的那种指称单一对象的"专名"与密尔所说的这种名称在这方面基本上是一致的。

针对名称有没有涵义的问题，密尔曾经以"达特茅斯"这样的名称为例指出，"达特茅斯"作为一个名称原本指的是英格兰一个位于达特河河口的地方，据此来看，"位于达特河河口的地方"似乎就应该是"达特茅斯"这个名称的涵义；然而，后来当达特河改变了流向从而使得达特河河口也随之改变了地方时，人们却还在继续沿用"达特茅斯"这样的名称来称呼原来的那个地方；由此可见，"位于达特河河口的地方"并不能成为"达特茅斯"这个名称的涵义。密尔由此得出结论：名称只有所指而并无涵义。

其实，密尔这里所列举的"达特茅斯"的例子并不能证明名称不能有涵义。因为对于这类名称的解释来说，密尔并没有考虑到事物发展变化对名称涵义所产生的影响。

---

① 参见奥古斯丁《忏悔录》，周士良译，商务印书馆 1963 年版，第 11 页。本书这里用的是维特根斯坦《哲学研究》一书的引述用语。

② 维特根斯坦：《哲学研究》，第 3 页。

世界上的任何事物都是处于发展变化中的，而指称对象的名称作为一种符号只不过是人们在特定时空条件下给予对象的一个特定称呼或语言标志。由于语言使用习惯以及意义的约定性使然，即使名称所指对象会随时间的推移而发生这样那样的变化，但指称变化了的对象的名称却往往还是原来的名称；不过，这种情况下，虽然名称还是那个名称，但是原名称的涵义却会随对象的变化而有所改变。比如，当人们原先用"达特茅斯"这个名称来称呼那个位于达特河河口的地方时，"位于达特河河口的地方"无疑可以是那个时期"达特茅斯"这个名称的一种涵义；而后来因达特河流向改变从而使得原先被称为"达特茅斯"的那个地方不再位于达特河河口时，这样的情况能够表明的只能是原名称的所指对象发生了某些变化；对象虽然变了，但是人们还继续沿用"达特茅斯"这个名称来称呼实际上已经不再是达特河河口的那个地方；这种情况下，"达特茅斯"这个名称并不会因为它不再具有"位于达特河河口的地方"这样的涵义而不能再有其他新的涵义。这就如同一个城市的各种古老地名一样，其所指的地方在历史变迁与城市发展中往往会产生各种各样的变化，但只要这些地方原来的名称还在，那么变化的就只是名称所指的对象以及由此相伴而来的名称的涵义，而名称本身却可以一直保持使用原来那个名称。例如，北京城里的"缸瓦市""菜市口""公主坟"等名称现在所指的地方早已变得不是原来的样子，但人们却还在沿用原来的名称来称呼那些已经发生了巨大变化的地方。这种情况下，保留下来的"缸瓦市""菜市口""公主坟"这类名称，其涵义也早已不再是那种与当初的所指对象相应的涵义，而是与后来变化的对象相应的新涵义。

就一些重要的名称来说，一般情况下，在名称的所指对象发生变化后，适用于其原先所指对象特点的那种涵义往往会被作为一种历史追忆保留在这类名称的历史意义中。

二、现代名称理论中的涵义和指称问题

现代名称理论是随着现代语言哲学以及现代逻辑的产生而产生的。

提到现代名称理论，我们首先需要分析与说明的是现代语言哲学以及现代逻辑的奠基者弗雷格的名称观。

与名称无涵义的观点相反，弗雷格明确指出名称是通过其涵义指称对象的。他说："符号、符号的涵义和符号的指称之间的有规律的联系是这样的：相应于这种涵义，又有某一指称；而对于一个指称（一个对象），不仅

有一个符号。"①

　　尽管弗雷格对名称涵义与指称的分析与说明相对来说是比较深刻的，但是其观点以及论证仍然存在一些不尽如人意的地方。比如，他虽然指出一个名称可以有若干不同的涵义而且这些不同的涵义与名称指称对象时的不同给定方式相关，但他却始终没有明确指出名称的涵义是什么，应该怎么表达这种涵义；对名称涵义及其所指的发展变化问题，弗雷格也没有给出过任何明确的论述或说明。因此，对于弗雷格所认为的名称的涵义，后人也只能从他所说的名称的给定方式角度去理解或解释。

　　继弗雷格之后，现代语言哲学以及现代逻辑的集大成者罗素在严格区分专名与摹状词的基础上，提出了真正有某种涵义的名称应该是摹状词而不是专名的观点。他认为，一个专名只是一个单纯的符号，它直接代表一个"个体"，这样的专名如果用在命题中则只能充当原子命题的主词。

　　然而，罗素所说的摹状词所具有的那种涵义实际上只是摹状词各构成部分结合在一起而形成的一种语词性合成涵义。罗素认为以摹状词为语法主语的简单句所表达的命题与以专名为语法主语的简单句所表达的命题并不属于同一类命题——前者应该被分析或解释为一种复合命题，而后者则只能被分析或解释为原子命题。

　　罗素所说的摹状词所具有的那种由语词各组成部分表面意义组合而成的语词性涵义与人们通常所讲的用来说明名称所指对象特性的那种涵义实际上是两种性质完全不同的涵义。人们凭借名称在所指对象特性意义上的涵义可以认识对象，并且据此把不同的或相同的名称所指的不同对象区别开来；然而由摹状词各组成部分简单相加而形成的那种语词性组合涵义却没有这样的功能。例如，对于"《阿 Q 正传》的作者"这样一个摹状词来说，按照罗素的分析，其语词性组合涵义应该为：

　　　　存在个体 x，x 写了《阿 Q 正传》，并且对于所有 y 来说，假如 y 也写了《阿 Q 正传》，则 y 等于 x。

　　然而，这样的涵义实际上只是"《阿 Q 正传》的作者"这一词组语词组合性涵义的一种展开性表达，这种展开实际上只能反映或表现这类词组的一种语言构成，由这种构成形成的语词组合性涵义并不能对相应词组所指对象所具有的特性作出任何揭示；而与这个摹状词同指一个对象的专名"鲁迅"在其所指对象特性意义上的涵义却可以揭示鲁迅这个对象所具有的某种特有属性，而且这种揭示一般又都会通过使用一个或一些摹状词的方

---

① 弗雷格：《弗雷格哲学论著选辑》，第 97 页。

法来完成。例如："鲁迅就是那个写了《阿Q正传》的人"这句话就可以通过摹状词"那个写了《阿Q正传》的人"从某个特定角度或特定方面揭示出专名"鲁迅"所指对象所具有的某种特性。

罗素所分析的摹状词所具有的那种语词组合性涵义能够给人们提供的仅仅是一种不具有任何实际认识价值的分析命题，而人们通常所讲的名称所具有的那种反映所指对象特性的涵义提供给人们的却是一个具有实际认识价值的综合命题。前一种命题先验为真，而后一种命题的真假却体现了人们的一种认识，因而需要实践检验或事实验证。

就一个摹状词本身来说，它实际上并不会只具有罗素所讲的那种语词组合性涵义，而是同时还会具有能够反映其所指对象特性的涵义。比如"《阿Q正传》的作者"这个摹状词就不仅会有其语词组合性涵义，而且也会有反映其所指对象某些特征、特性的涵义。由后一种涵义形成的命题属于综合命题，而由前一种涵义形成的命题则属于分析命题。

罗素曾经指出，人们也可以把普通专名解释为一种缩写的摹状词。比如人们既可以把"苏格拉底"解释为"柏拉图的老师"这一摹状词的缩写，也可以解释为"饮了毒酒的哲学家"这一摹状词的缩写等。他所提出的这种缩写式的处理方法显然不仅等于取消了专名与摹状词各自不同的语言特征，而且也等于混淆了专名与摹状词各自具有的不同性质以及不同功用。从专名与摹状词各自具有的语言特征来看，专名对其所指对象并没有"如此这般"的描述；从专名与摹状词作为同一个句子的不同部分各自所具有的性质以及功用来看，多数情况下，专名属于被解释者，而摹状词则往往是用来解释专名涵义的一种语言形式。

日常语言学派的代表人物塞尔（J. R. Searle，1932—）曾经结合语言的实际使用情况指出，人们"以指称方式来使用一个专名，便是预设某些唯一性指称陈述的真实性，但通常并没有断定乃至表示恰恰预设其中哪些陈述"[1]。

塞尔所说的那种"唯一性指称陈述"实际上就是专名的涵义。不过，人们在使用语言中提到某个名称时却不一定就会同时预设这样的唯一性指称陈述。比如我听到了一个人称呼另一个人为"章凡"，于是我知道了"章凡"就是那个被称呼者的名称，于是我记住了这个名称。后来，当我需要称呼那个人时，我当然也会用到"章凡"这个名称。然而我对"章凡"这个名称的这种称呼式的使用并不预设我知道"章凡"所指的对象具有什么

---

① 马蒂尼奇：《语言哲学》，牟博等译，商务印书馆1998年版，第525页。

特性，从而也并不预设我知道关于"章凡"的某些唯一性指称陈述。

克里普克（S. A. Kripke, 1940—）曾经明确表示，他不赞成那种把摹状词看成专名涵义的观点，认为摹状词所描述的对象特性原本就属于对象而并不属于名称。基于这样的认识，他指出，摹状词涉及的恰恰是名称的所指而并非名称的涵义。于是，他在用词方面特别强调："我将使用'摹状词的指称对象'来指那个唯一满足限定摹状词中所包含的条件的对象。"[①]

克里普克还认为，一个专名只能对应指称一个唯一的被指称对象。对于指称不同对象的所谓同一名称，他建议用一种类似于区别同音异义词那样的方法来区别这种所谓的同一名称涉及的不同专名。

其实，克里普克所认为的摹状词所描述的对象特性属于对象并不会影响描述对象特性的摹状词被用来表达或说明专名所具有的某种涵义。尽管摹状词的确是用来描述对象特性的，但摹状词本身却是一种语言形式，而我们通常所讲的名称的涵义说的也正是由某种语言形式所表达出来的对象的某种特性。比如在"司各脱就是《威弗利》的作者"这样一个语句中，"《威弗利》的作者"作为一个摹状词尽管表现了司各脱这一对象具有的某种特性，但是从语言与涵义之间的关系看，"《威弗利》的作者"表达的也正是"司各脱"这一名称所具有的某种涵义。

有人在解释克里普克关于"一个专名只能有一个唯一指称对象"的观点时，曾针对语言使用中出现的不同对象使用同一名称的情况，建议对这种名称进行编号，这样一来就可以使得每一个被编了号的专名只对应指称一个特定的对象。例如，对于若干个都叫"张三"的人来说，人们可以分别用"张三$_1$""张三$_2$""张三$_3$"……这种带有下标的名称来将指称不同对象的同一个"张三"区分开来。

问题是，假如把这种编号的专名也当作一种名称来看待的话，这显然等于改变了对象原有的名称，这样一来也就等于给对象又进行了一次新的命名。由此看来，以编号名称来代替不同对象所使用的同一名称并不合理。从名称的实际使用情况来看，解决此类问题的唯一可行的办法还是需要承认同一名称作为同一语词可以在具有不同涵义的情况下指称不同的对象。而"张三$_1$""张三$_2$""张三$_3$"……这种带有下标的名称涉及的正是同一个名称"张三"所具有的不同涵义。其中，"张三$_1$"作为"张三"之涵义的"那个被编为 1 号的张三"的缩略语表达，"张三$_2$"作为"张三"之涵义的"那个被编为 2 号的张三"的缩略语……这种语言形式的缩略应该是摹

---

①　马蒂尼奇：《语言哲学》，第 531 页。

状词自身在表达用语方面的缩略，它与罗素所说的专名是摹状词的缩写并不是一个意思。

虽然一个摹状词无论再怎么被缩写，它也不可能变成一个专名，但是语言使用中用摹状词名称代替专名的情况却相当普遍。

三、同名异指与异名同指

无论是说若干不同对象使用了同一个名称，还是说若干不同对象使用了同音异义词，这里涉及一个专名是否可以为一个对象所专有这样一个问题。

事实上，所谓的"专名"根本就无法做到可以仅仅为某一个对象所专有。为了区别语言使用中用来指称不同对象的同一个名称，人们需要了解和认识的恰恰是同一个名称所具有的不同涵义以及由此而决定的不同所指。

同名与通名不同。同名的所指是不同的个体对象，而通名的所指则是同一类对象。

为了区别同名与通名，借用我们前面提到的"重名"这样一个术语来说明同名要比给同一个名称加下标的方法更符合实际。以这样的认识为基础，人们只能把所谓的"专名"看作一种相对专用于某一对象的名称。

由于语言自身所具有的社会性特点使然，重名实际上是无法避免的一种语言使用现象。当然，对于某些非常特别的对象以及它们所拥有的名称来说也可能会出现某些例外情况，而这种例外情况涉及的原因往往是相当复杂的。比如作为专名的"毛泽东""华盛顿（Washington）"就不是随便什么人都可以用作自己的名称的。

就通常情况来说，尽管不同的个体对象可以拥有相同的名称，但是在语言使用中人们却完全有办法将相同名称所指的不同个体对象区别开来。比如在生活中，人们根据对两个都叫"李刚"的人各自所具有的一些特性或特点的了解或认识，是完全可以将该名称所指的两个不同对象区别开来的。即使遇到两人同时在场的情况，人们仍然可以根据具体语境提供的具体情况，采用一些大家都可以明白的方法来区别适用于不同对象的同一名称。比如上面提到的给名称加下标的方法可以说是一种属于书面语的区别方法；而实际生活中，比较常用的方法则是通过给原名称附加某些特征性语词来区别对象。比如为了区别两个都叫"李刚"的人，人们可以称呼他们一个为"大李刚"，另一个为"小李刚"。但是，人们使用这种称呼的目的并不是要改变对象的原有名称，而只是为了区别对象而赋予同一名称一些特殊的标记，这种带有特殊标记或具有临时变通意义的用语恰恰是以摹状词的形式表达了同一名称相对于不同对象而具有的一些不同涵义。

从名称使用的普遍性与多样性情况来看，尽管专名与对象有着某种相对比较固定的联系，但这种联系并不能证明某个专名一定就是某个对象的唯一名称。在名称的实际使用中，不仅不同对象拥有同一个名称的情况相当普遍，而且同一对象拥有不同名称的情况也相当普遍。比如"老舍""舒舍予""舒庆春"① 这些不同的名称所指称的对象就都是同一个对象。按照专名与某个单独对象的联系特点来看，"老舍""舒舍予""舒庆春"显然都是专名，而并不是如有些人所说的那样，其中只有一个可以被确定为专名，而其他名称则都需要被当作摹状词来处理。

从弗雷格谈论名称问题的字里行间我们也可以看出，他所说的专名实际上也并非对象的唯一名称。比如就他在《论涵义和指称》这篇论文的开篇所提出"a＝b"这样的表示同一关系的公式来说，其中的"a"与"b"分别代表的就是指称同一对象的两个不同专名。

一个对象具有的若干不同名称与带有不同标记的同一名称并不一样。同一名称所带的不同标记是人们根据名称所指对象的特点附加在原名称之上的，比如将两个都叫"李刚"的人分别称为"大李刚"和"小李刚"，这种称呼涉及的是同一名称在不同所指意义上的涵义的多样性；而相同所指意义上的不同名称说的则是针对同一对象的名称的多样性。

四、名称的零指称问题

在弗雷格那里，公式"a＝b"表示的意思是"a"与"b"之间符号不同而所指相同，但他关于无指称名称的论述却使得一些具有"a＝b"关系的语句变得相当难以解释。比如对于"孙悟空是齐天大圣"（这里的"是"相当于"a＝b"中的"＝"）这样的语句来说，其中的"孙悟空"和"齐天大圣"这样的名称在现实世界并无所指。于是，在这样的情况下，人们还能说这样的同一关系说的是符号不同而所指对象相同吗？

弗雷格一方面认为名称都意指或表示对象，并举例说："当我们说'月亮'时，我们的目的不是谈论我们对月亮的表象，我们也不满足于涵义，而是我们假定了一个对象。"② 另一方面，他又认为，相应于某种涵义并不一定会有一个指称，并举例说"离地球最远的天体"这个词组虽然有一种

① 舒庆春（1899—1966年），字舍予，笔名老舍，生于北京，满族正红旗人，中国著名作家，著有长篇小说《小坡的生日》《猫城记》《牛天赐传》《骆驼祥子》等。
② 弗雷格：《弗雷格哲学论著选辑》，第100－101页。

涵义，但却很难说它也有一个所指，虽然"最小的收敛级数"有一种涵义，但是人们已经证明它并没有所指。

也正是相对于弗雷格的后一种说法，有人认为弗雷格所说的"a = b"这个等式在有些情况下也可以代表"a"与"b"在涵义方面所具有的相等关系。①

但是，这种建立在引申基础上的补充性解释是很难成立的。

当弗雷格说有些名称无指称对象时，他所说的这种名称一般都是在现实世界无指称对象的名称；而当他说假定名称有指称对象时，却并没有明确指出这些被假定的对象是否一定要存在于现实世界。当他指出人们在句子中对名称指称的假定有时可能会出现错误时，这种可能出现的错误显然也是相对于人们关于现实世界的认识而言的。上面所说的以"月亮"为谈论对象的命题就是以假定"月亮"这个名称相对于现实世界有所指为前提的。

弗雷格以"奥德赛在沉睡中被放到伊萨卡的岸上"这样的句子为例指出，关于这种句子真假的判定首先是以"奥德赛"这个名称有无指称为前提的。显然，对于这种句子中所使用的"奥德赛"来说，即使它在现实世界并没有所指，弗雷格还是将其作为专名来使用和说明。与此不同的是，罗素却把那种在现实世界没有所指对象的名称语词一律都当作摹状词来处理了。

一般来说，句子中只要用到名称，那么这种名称就会被句子的使用预设在指称一个对象，而有时这样的名称在现实世界又的确找不到其所指对象。弗雷格解释这种情况说，这是由于语言的不完善性造成的。因此，为了避免在句子中引入在现实世界无所指对象的名称，他主张给那些在语言使用中出现的无对象可指的名称规定一个所指。他说："逻辑上完善的语言（概念文字）应该满足下面的条件：由已经引入的符号作为专名而合乎语法地构造起来的每个表达式，实际上也表示一个对象，并且一个符号的所指若不确定，这个符号便不能作为一个专名被引入。"②

弗雷格对自然语言不完善性提出的这种批评明显带有某种主观性与片面性，虽然他的理想化的设想是希望每一个通过某种被构造出来的合乎语法的语言表达式而被引入的专名都能有一个对象所指，但是他提出的那种给那些表面看来并无所指的名称规定一个所指的解释或设想并不符合语言

---

① 参见江怡《当代英美语言哲学中的指称问题》，《江苏行政学院学报》2005 年第 4 期。
② 弗雷格：《弗雷格哲学论著选辑》，第 110 页。

表达的实际情况。

无论是简单专名，还是复合专名，人们在语言中使用它们都是为了称呼对象，而这些被称呼的对象则并不一定都是现实世界存在或曾经存在过的对象。从名称与其所在语句的关系来看，有的名称可能直接出现在一个语句中，有的名称则可能出现在一个语句所带的引语中；虽然一个名称在那种把该名称所在语句作为一种引语的整体语句所在的语言层次上没有所指对象，但它在它所在的引语层次上却会有其相应的所指对象。

弗雷格所使用的"a＝b"本来说的就是涵义不同的符号在所指方面的同一，而并不是在说"a"与"b"可以在有些情况下符号不同而涵义相同。因此，正如相对于现实世界"昏星"和"晨星"涵义不同而所指相同一样，当人们在引语意义上谈论"孙悟空是齐天大圣"这样的语句时，或者当人们在相对于《西游记》故事所描述的那个世界来谈论这样的语句时，这种语句中出现的"孙悟空"和"齐天大圣"之间的关系同样还是涵义不同而所指对象相同的关系。很难设想，当一个人说出"孙悟空是齐天大圣"这样语句时，他所说的"孙悟空"和"齐天大圣"各自的所指只是这种名称所具有的某种涵义。

语句所使用的名称只要被假定是指称某个对象的，那么这个被假定的对象就是那个名称的所指。对于语言使用来说，名称的所指并不一定非得是现实世界存在的对象。虽然相对于现实世界来说很难说是不是一定存在"离地球最远的天体"所指的对象，但是认为宇宙有边际的人给出这个名称时凭的是他们对"离地球最远的天体"所指对象的某种猜想或想象。尽管这种猜想或想象可能是空洞的或难以成立的，但是猜想中的对象显然同样也需要一个相应的名称。

由此来看，与给某些名称规定一个所指的处理方法相比较，依据一个名称所在语句所处的语言层次或一个名称所相对的不同世界来说明或确定一个名称的所指，应该是一种更符合语言使用实际的方法。

对于弗雷格所说的那些相对于现实世界并无所指对象的名称，罗素则是把它们统统都当作摹状词来分析和处理的。

罗素认为，摹状词的直接所指只能是一种涵义，而这种涵义又另有其所指。例如，对于莎士比亚戏剧中出现的"哈姆莱特"这样的名称来说，罗素就是将它当作摹状词来分析和说明的。但是，将"哈姆莱特"这样的名称解释为摹状词实际上并不符合罗素自己给出的关于"摹状词"的一般定义以及说明。任何了解莎士比亚戏剧的人都知道，"哈姆莱特"本来就是莎士比亚戏剧作品中的一个人物名称，它所指的对象虽然没有存在于现实世界，但是却存在于莎士比亚所虚构、描写的那个戏剧世界之中。

维特根斯坦在其后期理论中曾经特意对名称的所指与名称的承担者进行了区分。他指出，一个被人们称呼为"N.N.先生"的人死了，我们可以说"N.N.先生"的承担者死了，但并不能由此就说这个名称的意义也死了。[①] 他在这里所说的"名称的意义"指的就是名称的所指。基于这样的思考与认识，他总结说："我们面临的哲学困惑的最大根源之一就是我们总是企图为一个名词找到一个实体。"[②]

其实，就语言使用的实际情况来看，名称的承担者与名称的所指应该是一致的。名称的承担者即使不属于现实世界存在的实体，但它们仍然还是名称所指的对象；原先属于现实世界的那种名称的承担者虽然可以在现实中毁灭，但是它们却并不会在名称与对象之间具有的那种所指关系中毁灭。比如我们现在仍然会提到的大量历史人物名称就不会因为其所指对象已经在现实世界不存在而失去它们在语言使用中的承担者。

由此看来，无论什么样的名称，它们都会有其所指；如果名称没有所指，那也就不能称其为名称；对于一个真正的名称来说，被指称者与指称者一定是相辅相成的。即使人们在现实世界找不到"火神"所指的对象，但这并不排除人们对"火神"所指对象展开的某种想象或虚构。人们既然能够理解"火神"的涵义，当然也就能够理解、想象或议论与这种涵义所对应的所指。虽然"N.N.先生"这个人相对于现实世界来说已经不存在了，但"N.N.先生"这个名称与曾经在现实世界存在过的"N.N.先生"这样的个体之间的指称关系却并不会因此而消亡。这种指称关系可以始终存在于人们的思想中，存在于人们的各种各样的语言使用中。一个作家可以在一部小说中通过各种手段把一些具有不同名称的不同人物描写得栩栩如生。这些人物虽然是虚构的，但是其中分属于涵义和所指的东西却是泾渭分明的。比如，虽然《西游记》中的"孙悟空""猪八戒"相对于现实世界并无所指对象，但是知道《西游记》故事的人却并不会把其中"孙悟空"的所指对象与"猪八戒"的所指对象混为一谈。

基于以上认识，人们在看一个名称有无指称时首先就应该看它是相对于什么语境而言的。只要是一个具有某种涵义的名称，那么这种涵义就一定会在相应语境中有其相应的所指对象；名称所在的语言层次或所相对的

---

① 参见维特根斯坦《哲学研究》，第30页。

② Wittgenstein, L. The Blue and Brown Books: Preliminary Studies for the "Philosophical Investigations". Basil Blackwell, 1972, p. 1.

世界都可以成为名称指称对象所依赖的语境。如果人们是相对于名称的某种使用语境而谈论其所指对象，那么这样的所指关系在这样的语境中就是存在的；而如果脱离开这种使用语境，那么这样的所指关系当然也就无法成立了。

从另外一个角度来看，判定一个名称是否有所指对象还可以去追溯这种名称当初的产生是否来自命名。无论是相对于现实世界来说，还是相对于虚拟世界来说，抑或是对于一个本来相对于某个世界而言有其所指对象而后来这个对象又在那个世界消失了的名称来说，如果名称的产生原本就来自关于对象的命名，而且被命名对象与名称之间的联系在语言使用中一直以这样那样的方式被保留着，那么这样的对象就仍然还是这种名称所指的对象。

从广义上说，语言使用中被命名的对象并非只有个体，而且还可以有由同类个体形成的对象类或对象属性，这些对象类或对象属性也就是亚里士多德在其《范畴篇》中所讲的第二实体。与此相应，语言使用中当然不仅需要有指称个体的名称，而且也需要有指称对象类或对象属性的名称。人们使用专名的目的是区别不同的个体，而使用通名的目的则是区别不同的对象类或对象的不同属性。相对于语言使用而言，真正无对象所指的应该是一些在任何世界或任何语境中都不属于名称的纯粹的符号。

第四节　名称的种类

依据不同的标准可以将名称划分为若干不同的种类。

一、专名与通名

根据名称是专用于称呼一个单独对象还是用来称呼一类对象，名称可区分为专名与通名。专名是专用于称呼某一个体对象的名称，如"亚里士多德""弗雷格""北京"，其所指对象就分别都是某一个特定的个体；通名则是用来称呼一类对象的名称，如"逻辑学家""人""城市"，其所指对象就分别都是由若干具有某些相同特点或性质的个体或对象所形成的对象类。

亚里士多德逻辑就是一种以研究通名的逻辑特点以及通名与通名之间逻辑关系为主的逻辑。亚氏对一些推理形式以及逻辑方法的研究与总结也主要是以对不同通名的逻辑特点以及不同通名之间的逻辑关系的分析与认识为基础的。比如对作为逻辑方法的定义与划分的研究，对作为推理的三段论的研究，实际上就是以对通名之逻辑特点以及相关逻辑关系的认识与研究为基础的。

现代逻辑的奠基者弗雷格在分析以通名为语法主语的语句所表达的思想时，把这种句子中出现的通名所表达的那种属于思想的部分称之为"概念"，而把语句中出现的专名在思想中所代表的东西则称之为"对象"。尽管他的这种分析把语句中出现的通名统统解释成了语句所表达的命题的谓词，但是就语词作为代表某个或某类对象的一种符号这样的特点来说，所谓的命题谓词仍然还是有其所指的。例如，即使我们可以按照弗雷格的分析方法将"所有哺乳动物都有红血"这个句子分析为"如果某物是哺乳动物，那么它有红血"，然而其中的谓词"哺乳动物"以及与"有红血"的意义接近的名称"有红血的动物"同样也还是有它们各自所指的不同的对象类的。

通名有时也可以依赖特定的语境被临时活用作一种专名来指称一个特定个体；同样，一个本来的专名有时也可以依赖特定的语境被临时活用作一种通名来指称一类对象。比如，"总统"这个名称本来是一个通名，任何国家任何时期担任总统的任何人，都只属于这个通名所指对象类中的一个分子。然而，在特定的语境下，人们也可以针对具体担任某国总统或曾经担任过某国总统的人说"总统如何如何"。这种情况下所说的"总统"这个通名就是被作为一种专名来使用的。而"诸葛亮"本来是个专名，但它也可以依赖特定语境而被活用作"有智慧的人"这种通名的代名词。

二、普通名称与摹状词名称

普通名称与摹状词名称的区分根据是名称的语言表现形式。人们通过使用普通名词方式给出的对象名称是普通名称，而通过使用摹状词方式给出的对象名称是摹状词名称。例如，在"鲁迅是《阿Q正传》的作者"这个句子中，"鲁迅"就是一个普通名称，而"《阿Q正传》的作者"则是一个摹状词名称。

从语言表现形式看，摹状词是由一些描述对象性质、特点的摹状性语词与一个指称对象类的中心语词结合而成的偏正词组。

摹状词并非只能用于对单一对象作出某种描述，而是也可以用于描述一类对象。例如，"华南师范大学"是一个对某个单一对象进行了某种性状描述的摹状词，而"师范大学"则是一个对一类对象"大学"进行了"师范"这样的性状描述的摹状词。

就所指为一个单独对象的摹状词名称来说，组成摹状词的若干语词组合涵义形成的是这种名称的一种语词性涵义。摹状词的语词性涵义与人们通过对这种名称所指对象特性的认识而形成的概念性涵义是两种性质不同的涵义。例如，"华南师范大学"这个名称通过"华南""师范""大学"这样一些语词组合而成的语词性涵义就与人们通过对"华南师范大学"所指对象特性的认识（例如被指对象的所在地、办学特点、规模及其历史沿革等）而形成的概念性涵义具有完全不同的性质。前一种涵义主要表现为一种语词表面涵义的组合，而后一种涵义则主要是在揭示摹状词名称所指对象具有的某些特有属性。

　　从用来命名的语词的使用情况来看，普通名称与摹状词名称的区分界限有时并不是特别分明。这种不分明表现在：有些情况下被用来命名的摹状词实际上就相当于被命名对象的一种专名。例如，关于"华南师范大学"这样的命名虽然最初使用的是一个摹状词名称，但是从其最初的命名目的以及后来的使用情况来看，人们又一般都是从专名角度去理解或使用这种名称的。只是在追溯这种名称的由来以及构词时，人们才会特别注意到这种名称的摹状词特征及其结构。

三、固定名称与临时名称

　　固定名称是用来命名的名称词与被命名对象的联系相对比较固定且比较常用的名称，而临时名称则是使用者在某种特定场合或特定条件下基于某种特定的目的而用来临时称呼某个或某类对象的名称。

　　虽然有些摹状词名称在使用中也可以逐渐演变为对象的一种专名，但是语言使用中的多数摹状词名称往往只是一种临时名称而很少会成为对象的固定名称。例如，当舞台上某个演员需要从台下观众中找一位临时合作者时，他可能会指着台下人群中某个带白色帽子的年轻人说："请那个带白色帽子的年轻人上台来！"这里说话者所使用的语词"那个带白色帽子的年轻人"在当时的场合下就是用来称呼某一特定个体的一种摹状词名称，而且这种摹状词名称明显只是说话者为了当下方便识别与称呼对象而使用的一种临时名称。

　　语言使用中出现的索引词在指称对象方面往往也具有临时名称的特点。比如"这""那""这里""那里"这类索引词就会在不同语境下以临时名称的方式指称不同的对象。如果说话者指着一个盘子说"这里有两粒花生"，那么"这里"所指的对象就是那个盘子；而如果说话者在说话的同时伸出了一只手，而且手心里放着两粒花生，那么"这里"所指的对象就是说话者那只手的手心。

索引词的使用范围相当广泛，可以说这类语词能够借助某种特定语境临时代替任何一个固定名称来指称本来应该由那个固定名称所指的对象。

除了摹状词、索引词之外，其他语词也可以依赖某种语境而成为对象的临时名称。例如，"无名高地"这类语词尽管已经有"无名"这样的标志性语词说明这样的高地原来并没有名称，但是它本身却借助某种特殊情况形成了人们对某个特定高地的一种临时性命名。在某种小环境中，当有人第一次使用这样的语词来称呼某个高地并且其他人也知道他称呼的对象是什么时，这种称呼与被称呼对象之间的联系就会被临时建立起来；与此相应，这种临时名称的涵义也会随着人们对其所指对象特性的认识而被总结出来。

四、实名与虚名

名称可以有实名，也可以有虚名。实名是在现实世界有或曾经有过其所指对象的名称。虚名则是针对某个虚拟世界而言的虚构对象的名称。比如相对于现实世界而言，《西游记》故事中的"孙悟空"就既是虚名也是专名，其所指对象虽然是单一的，但却是在现实世界并不存在的；而"妖"则既是虚名也是通名，其所指的对象类也是相对于某个虚拟世界而言的。人们可以用"妖"来称呼《西游记》故事所描写的所有大大小小形形色色的妖，也可以用这个名称来称呼其他神话、传说中描写的各种各样的妖。虽然这些被指称的对象在现实世界并不存在，但是我们并不能把这类名称的所指说成它们所具有的某种涵义。正因为人们在语言使用中认可虚名相对于某个世界也有其所指对象，所以虚名以及包含了虚名的一些语句也才可以被用来隐喻现实世界的某些对象或事情。比如我们可以说某某人的长相很妖，某某人的行为很妖，某某事情背后有妖情等。

在实际语言交际中，有些称呼并不仅仅具有单纯的指称功能，而是往往隐含说话者各种各样不同的言语意图，包含着除称呼之外的其他一些复杂、细微的思想与感情。比如《死水微澜》中的陆九爷自己介绍自己说："我以前叫'陆九爷'，现在叫'陆掌柜'，将来可能叫'陆经理'。"这里的"陆九爷""陆掌柜""陆经理"就是在"九爷""掌柜""经理"这些通名之前冠以对象之姓而形成的。这些关于同一个对象的不同名称产生于被指称对象不断变化且节节上升的不同身份，"陆"之后的不同通名所代表的就是这些不同的身份。这些节节上升的不同身份作为一种自我命名的名称则透露出说话者的一种自夸自赞的言语意图。再比如在中国，晚辈直呼长辈之名属于大逆不道，而下级直呼上级之名也有悖常理，人与人之间关系的变化往往也会影响到称呼的改变等，这些情况都充分表现或反映了不同的称呼所隐含的一些不同的思想意图及感情色彩。

第五节　命名与解释

命名和解释是两种相互对应的语言使用方式。

一、命名

通俗地讲，命名就是给对象起名，是将某个标志性语词以称呼为目的而与所指对象联系起来的一种语言使用活动。

无论任何事物，人们只要在语言使用中提到它们就必定需要一个名称。一个对象的名称也就是该对象的一种语言标志。

一般来说，名称的产生都来自命名。只不过有的命名是郑重其事的，而且其过程也相对比较复杂，因此将这种给出对象名称的情况称作"命名"似乎名副其实；而有的命名则比较简单或随意，有时甚至简单随意到人们几乎察觉不到其命名过程。尽管如此，这种过程仍然还是存在的。只要是第一次使用一个语词称呼一个对象，而且这种称呼后来得到了言语交际参与者一定程度的认可，那么当初的这种称呼活动也就同时可以被看作一种包含有某些命名因素的活动。

不仅单个对象需要命名，而且对象类也需要命名。对单个对象的命名产生的名称是单名或专名，而对对象类的命名所产生的名称则是通名。

就一般情况而言，某个单名或专名的涵义是某一对象被命名后随着人们对该名称所指对象特点及特性认识的不断深化而被总结出来的。能够将一个对象与其他对象区别开来的特点或特性是多种多样的，因此单名或专名的涵义也是多种多样的。

通名的产生则一般都与人们对被命名的对象类之共性的认识有关，有些通名甚至本身就是那用来表达对象类特性的词句的压缩。比如"铁铲"就是"用铁做成的用来铲东西的工具"这种词组的压缩。

有时，人们也会依赖某种特定语境借用某个通名来命名某一特定个体。比如"牧马人"本来在一般情况下应该是一个通名，其本意指的是从事牧马劳作的一类人。但是，在特定的语境下，"牧马人"也可以是人们对某个特定个体的专称。比如中国电影《牧马人》中所讲的"牧马人"指的就是该剧中的那个主人公；而电影名称"《牧马人》"则指的又是作为一个特定对象的一部电影。

"名称的传授"与"给对象命名"是两种既相互区别又有所联系的言语行为。"名称的传授"虽然属于说话者把对象已有的名称传授给听话者，但是对于原先并不知道对象名称的接受者来说，这实际上也类似于他听到了一个关于对象的命名。

命名可以区分为正式命名与非正式命名。

维特根斯坦认为，所谓"命名"，就"如同给一样东西贴上标签"。①他所说的这种贴标签式命名是他对命名给出的一种一般性说明。这种关于命名的说明既适用于关于对象的正式命名，也适用于关于对象的非正式命名。

就一般情况来说，正式命名是一种比较郑重其事的命名，而非正式命名在其开始阶段则只是人们为了区别不同对象而给予对象的一种相对比较随便的临时性称呼。

即使是由非正式命名而产生的名称，它们一经被使用，同样也会有属于自己的涵义。比如医院给住院患者的临时编号作为一种贴标签式命名就是如此。当一个原本有自己姓名的人因病入院后，医生、护士用来称呼这个人的名称往往是一种临时编号。从命名角度看这种临时编号，显然是一种临时性的非正式命名，而且一旦离开了特定的环境，这样的临时编号也就失去了它的意义。

即使是某种临时编号，它一经以名称的形式出现，就会相对于某种特定场合产生其特定的涵义。比如医生、护士会根据病房号、病床位置、患者的具体病情等来区别被称呼为不同编号的患者。这种区别在医生、护士那里也就相当于每一个编号具有的一种临时涵义。

有的非正式名称只是一种短暂的称呼，而有的非正式名称则可能会与被称呼对象形成相对比较长久的联系。比如一个人的外号就会涉及这样几种情况：有的外号是临时的，有的外号可能会在特定范围内被人们长期使用，有的外号带有褒贬色彩，而有的外号则只是人们为了交流信息方便而给出的关于对象的一个特别称呼。

有些关于对象的非正式名称也可能会在使用中由于某些因素的作用而转化为对象的正式名称。比如我们在前面讲过的那家姓张的人家称呼他家那个男孩为"小子"，这原本是一个非正式名称，但假如那个孩子后来一直没有再被另外起名，那么这个非正式名称就可能会在某些因素的作用下转

---

① 维特根斯坦：《哲学研究》，第 19 页。

化为那个孩子的一种正式名称。比如，那个孩子后来需要上户口，户口本上需要一个正式名称；再后来那个孩子上了学，学校也需要一个正式名称来登记；等等。于是，在这样一些外界因素的作用下，"张小子"这个最初的非正式名称就会转化为那个孩子的一种正式名称。

能够被特定社会成员认可的名称或多或少都会具有某种社会约定性。不同地方、不同范围的社会成员可能会基于对某个或某类对象的不同认识并依赖于不同的语言使用习惯而赋予同一个或同一类对象以不同的名称。比如，有的地方会把猫脚底长着四个尖爪的那块硬皮叫作"肉垫"，但这样的称呼在开始时可能只是被某个地方的部分社会成员所认可或使用，而别的地方或同一地方的其他人可能不一定知道或认可这种名称，他们也可能会根据人的手掌来推及猫脚底的那块硬皮，从而将那块硬皮叫"猫掌"。这两种名称在开始使用时相对于更为广泛的社会人群来说，应该都属于非正式名称。最后，哪种名称能够得到更大范围社会成员的认可以及使用，哪种名称才可能转化为对象的正式名称。不过也有可能到后来"肉垫"发展为关于猫的一种口语用名，而"猫掌"则发展为关于猫的一种书面语用名。

维特根斯坦曾经讲过的孩子们在某种游戏中唱的"转呀转圈摘玫瑰……"这样的词句实际上也可以被看作孩子们给这种游戏活动中的某些步骤施行的一种命名。当某个孩子开始唱这种儿歌时，这样的歌唱可能还只是一种随意的起节奏性作用的伴唱，但参与游戏的孩子们往往会在游戏活动中逐渐确定儿歌中的哪句话、哪个词在游戏活动的哪个环节表达什么意思，一旦这种确定得到了游戏参与者的共同认可，儿歌中使用的一些词句也就会由此转化成这种游戏活动某些步骤的名称。如果孩子们普遍认可了这种名称，那么使用这种名称的规则也就会由此被建立起来。

为了在较为广泛的人群中相对长时期地使用一个名称而根据对象特点或情况特意给对象施行的命名属于正式命名。

即使是对于正式命名来说，其命名的郑重程度仍然会因被命名对象特征、地位，命名原因或目的，命名环境等方面的不同而产生这样那样的差别。比如给一个大城市命名与给一个小山村命名，其郑重程度就不可能一样；不同的家庭给自家孩子起名的具体原因以及郑重程度也不可能相同。

名称在产生之后还会由于各种各样的原因而发生某些变化。比如"北京"这个城市大致算来就有过"燕都""幽州""大都""北平""北京"等二十多个名称。

柏拉图在《克拉底鲁篇》中谈到命名问题时说，苏格拉底认为命名应该由具有一定身份的人来实施。他引用苏格拉底的话说："并非每个人都能提供名称，只有名称的制造者才能提供，他就是立法家。"① 苏格拉底这里提到的"立法家"指的主要是哲学家。不过，对命名者作出这样的限制不仅不合适，而且在实际语言使用中也行不通。

虽然正式命名与非正式命名在郑重程度方面有所区别，但是即使是对于正式命名来说，这样的命名也不一定都会如苏格拉底所言那样要由一些具有某种身份的人来施行。命名归根结底不过就是一种使用语言的活动，而语言对于使用它的人来说就像空气、阳光一样。即使是一个普通人，他基于某种认识而给予某对象的某种命名如果能够在一定范围内得到一定社会成员的认可和使用，那么这种命名同样也是有效的，因这样的命名而产生的名称同样也可以成为对象的正式名称。

无论何种情况下的命名，它们都只不过是一种将名称与所指对象直接联系起来的语言使用活动。任何人都可以给对象命名，而其命名最终能否成立则主要应该看名称产生后的使用情况以及社会的接受程度。

一些涉及公众认可情况以及人们的某些认识价值取向的命名会有一个名称的恰当性问题。柏拉图在《克拉底鲁篇》中提到名称的恰当性时，认为恰当的名称指的就是那种能够得到公众认可的名称。从语言使用的实际情况来看，能够得到公众认可、比较符合公众认识价值取向的名称实际上也就是那种能够与被命名对象性质、特点、功能以及人们的种种评价、期许等情况基本匹配的名称。比如有些大学本来属于规模很小的省属师范学院，但为了扩大影响而将其命名为范围可涉及许多省份的"华北大学""华南大学"等就不恰当。

对于一些特殊对象来说，有时即使它们已经有了自己的名称，但考虑到其用语意义与人们对该名称所指对象抱有的某种寄托、寓意、希望等存在的某些不太协调的关系，所以，在条件允许的情况下，人们往往还会去修改对象原有的名称。这种修改行为本身所体现的就是人们对名称恰当性的一种追求。

就一般情况来说，一个已经被特定社会成员认可并普遍使用的名称往往带有某种约定俗成的特点。因此，人们一般不会随心所欲地给一个已经在某一社会群体内有了名称的对象随便再赋予一个什么新的名称。比如小孩子在开始学说话时往往会根据自己的想法给他所看到的汽车、摩托之类的对象提出一些自己的称呼，大人们发现这种情况后就会反复纠正其用语说"这个是汽车"，"那个是摩托"，等等。对于教育者来说，使用语言的

---

① 参见《柏拉图全集》第2卷，第65页。

约定性特点要求他必须采用对象原有的已经被社会普遍认可的名称来教育别人。如果有人偏要与这样的语言使用习惯反着来，那么这样教育出来的人必定会在融入社会后陷入无法与人沟通的困境。

即使是一些属于小范围内被认可的名称，它们同样也会在其使用范围内具有或表现出某种属于自身范围的约定性特点。

二、解释

尽管命名者有时会把被用来命名的语词原有的某些涵义与被命名对象联系起来，从而借此将对被命名对象的某种寄托、希望之类的主观情感或愿望付诸名称，然而用作名称的那种语词的原有涵义一般都不会成为这种名称所具有的反映对象特性的涵义。例如，给孩子起名时，尽管按语词本义来看"锁柱""成龙""建设""和平"这样的语词代表了人们的某种主观愿望或追求，但是它们作为普通语词所具有的涵义却不是它们作为对象的名称所具有的涵义。甚至那些被专门用来描述被命名对象某些特征的语词，其本来的涵义或其语词组合涵义与它们作为对象名称后的涵义也并不一样。比如"北京""南京"这样的地名最初也带有对被命名对象某些特征的简单描述，但是这种描述性语言却并不能完整表达"北京""南京"这种地名的涵义。比如，人们并不能把"北京"简单地解释为位于中国北方的京都，而把"南京"解释为位于中国南方的京都。

名称的涵义是与人们对名称所指对象特性的认识紧密相关的。在对象被命名之后，人们把对名称所指对象特性的认识重新赋予名称，名称才会产生其真正的涵义。比如某人给孩子起名叫"有财"，这个词本来的意思是"拥有财富"。但是，这种意义能够反映的只是命名者对被命名者寄予的一种希望或祝福。如果这个孩子并没有因为这个名称而在后来大富大贵，而是沦为了一个沿街乞讨的贫困者，那么"那个沿街乞讨的贫困者"就会成为那个人的名称"有财"的一种涵义。

就由摹状词转化而来的专名来说，尽管转化为专名的摹状词仍然会有它原先就具有的那种语词组合涵义，但是这种语词组合涵义并不能成为这种语词作为一种专名在其所指意义上所具有的涵义。如果把"华南师范大学"这样的名称看作一种由摹状词转化而来的专名，那么人们在解释这一专名在所指意义上的涵义时显然并不能采用它以摹状词形式表现出来的那种语词组合涵义。

虽然人们对名称的解释或定义一般都会使用某种用来揭示名称所指对象特性的语言，不过有时人们也会用对象的一个名称来定义另一个名称。

比如为了解释"舒舍予",人们有时会说"舒舍予就是老舍",或者为了解释"老舍"而说"老舍就是舒舍予"。在这种情况下,我们并不能像有些人所说的那样把这种用作解释的名称说成是一种摹状词,而只能说这是名称的一种特殊解释方式。在这样的解释中,用作解释的名称代表的是被解释名称的一种涵义。

如果有人对名称(也包括摹状词名称)所指对象特性的认识及其表述出现了错误,那么这涉及的并不是名称有无涵义的问题,而是表达者对名称所指对象特性的认识或表述是不是正确的问题。而这种情况的出现则说明,一个或一组用来表达名称涵义的命题应该是与事实相关的有真假可言的命题。

无论命名所依赖的认识次序是"对象—命名—涵义",还是"对象—认识—命名",名称的涵义都只能在命名后的名称使用中逐渐确立起来。

无论属于何种情况的命名,一个对象一旦被命名,而且这种命名在使用中得到了某种程度的社会认可,那么别人在理解、解释这个名称时就会努力去追寻、总结该名称在其所指对象特性意义上所具有的那种涵义。

对于一个既成名称来说,不知道其所指时,人们听到的仅仅是一串单纯的音响,看到的仅仅是一些字母或笔画的排列。

当我们将一个名称"C"置于一个命题之中从而充当该命题主词的一瞬间,这个"C"在这个命题中似乎代表的是一个被陈述的对象。例如,对于"亚里士多德是哲学家"这样的命题来说,似乎这个命题中的谓词陈述的就是亚里士多德这样一个对象。可是,当我们进一步去追问这个命题中"亚里士多德"的涵义和所指时就会发现,原来这里的"亚里士多德"并不是那种语言之外的对象,而只是语句的一个构成部分;在这样的语句所表达的命题中,"亚里士多德"只是这样的语句所表达的思想的一个组成部分,而不可能成为思想之外的对象。

从名称的解释方面看,符号与符号的涵义(概念)之间的关系构成了名称所包含的第一层关系。索绪尔所说的"能指"和"所指"之间的关系表现的就是我们通常所说的符号与其涵义之间的关系;而符号的涵义与其所指对象之间的关系则构成了名称所包含的第二层关系,这层关系虽然不在索绪尔语言学理论的研究范围之内,但它却是哲学或逻辑学需要研究与阐述清楚的问题。

名称所指的对象并不是一成不变的,因此名称的涵义也会随所指对象的变化而变化。比如处于不同时期的人所解释或使用的"北京""南京"这样一些地名的涵义就不完全相同。人们把握一个名称,往往既需要把握其特定涵义，也需要把握与这种特定涵义相应的特定所指，而且还需要根据对名称所指对象发展变化的认识不断去修正或发展名称在所指对象意义上的那种涵义。

第七章　语句的意义

　　维特根斯坦在其《逻辑哲学论》中说："如果我能够思想在事态中结合的对象，我就不能离开这种结合的可能性来思想对象。"[①] 将这种观点引申来说明语言，我们也可以说语言使用中的名称或语词都不是孤立出现的，指称特定对象的名称或语词必定处于特定的语句之中；如果我们能够理解或解释在语句中结合的语词，那么也就不能离开这种结合的可能性来理解或解释语词。

第一节　语句的结构

　　思想是由语句来承载或表达的。语句所承载或表达的思想在现代哲学与逻辑学中又被称为"命题"。因此，命题或思想的结构往往会表现为一种语句的结构。逻辑学在命题或思想结构意义上所言说的语句结构与语言学在语法结构意义上所言说的语句结构并不一样。

一、从名称到语句

　　维特根斯坦把构成世界的事态当作一种对象的配置来解释。根据名称与对象之间的指称关系，顺理成章，人们也可以得出这样的结论：语句就是名称的结合。

　　在"名称的结合"意义上所说的语句是一种基本语句。我们也可以把这种基本语句称为"简单句"或"原子句"。

　　正如事态与事态的结合构成的事情是复合事情一样，语句与语句的结合构成的语句是复合语句。

---

　　① 　维特根斯坦：《逻辑哲学论》，第26页。

既然事态由对象配置而成，那么这种配置也就必然会涉及对象与对象之间的种种关系以及配置的种种情况。同样道理，图示或指称事态的简单句作为名称语词的结合也必然会涉及各种各样的关系词以及附加词。例如，"柏拉图爱苏格拉底"是个体名称词"柏拉图"和个体名称词"苏格拉底"通过关系词"爱"结合而成的一个关系句；"柏拉图是哲学家"则是个体名称词"柏拉图"与类名称词"哲学家"通过判断词"是"结合而成的一个判断句。如果我们在前一个语句"柏拉图爱苏格拉底"的"爱"这个关系词之前再附加一个表示程度的形容词"很"，就会产生一个带有程度表示的新语句"柏拉图很爱苏格拉底"。

　　相对于作为语句组成部分的名称语词来说，语句是用来表达思想从而通过思想来指称事物情况的语言形式。名称语词作为语句的组成部分尽管可以指称某个或某类对象并且其中也会隐含关于对象的某种认识，但这种认识并不是一种被表达出来的思想。相对于语句所表达的思想来说，名称或语词所被表达的概念属于句子所表达的思想的部分。

　　这里，我们需要区分一个名称本身所表达的东西与人们对一个名称所做的解释这样两种不同的情况。后一种情况实际上是在用一个或一些语句来解释一个名称的意义，而这样的解释性语句当然是表达思想的。

　　任何一个表达思想的语句都会包含语句、思想、所指这三个要素。

　　实际语言使用中的语句在表达某种思想的同时，往往还会通过它所带有的一些附属词语或依赖某种特定的语境传达说话者的一些言语意图或情感倾向等。后者属于附着于思想的意义成分。

　　一个名称语词在使用中有时也可以依赖某一特定语境代表一个语句表达一个思想或传达某种言语意图。例如，"水"这个名称词加上某些不同的语气（或在书面语中加上某种标点符号）就可以在不同的使用情况下代表一些不同的语句表达一些不同的思想或言语意图。比如它可以表达为：

　　　　我需要水。（其言语意图可表示请求、提醒……）

　　　　这里有水。（其言语意图可表示陈述、惊呼……）

　　　　有没有水？（其言语意图可表示怀疑、询问……）

　　　　小心水坑！（其言语意图可表示警告、关心……）

　　　　那是水。（其言语意图可表示判断、强调……）

　　　　…………

　　以上所列不同情况下使用的名称语词"水"实际上都是作为某种省略式语句用来依赖特定语境表达说话者的某种思想以及言语意图的。因此，当人们联系语境去分析这样的语词所表达的意思时，一般都需要将这种语词还原或解释为一个与其使用语境相匹配的语句，而并不是仅仅将其简单地理解或解释为一个语词。

实际使用语言时，人们在理解或解释一个语句（包括省略式语句）所表达或传达的思想、言语意图等意义时，一般都需要将这种语句与其具体使用语境联系起来从而对其具体意义作出具体分析。

二、简单句的结构

简单句是名称词与名称词通过某种关系词或附加词结合而成的表达某种思想或传达某种言语意图的语言符号序列。不同的关系词或附加词所决定的符号序列以及由此所表现出的思想形式或命题形式是不同的。例如：

"舒舍予是老舍"这个句子是由专名"舒舍予"与专名"老舍"通过"是"这样的表示"相等"关系的语词结合而成的符号序列。这里的"是"表示的是"舒舍予"与"老舍"在所指方面具有的同一关系。这个句子的思想形式或命题形式可以用符号表示为："a＝b"（读作："a 等于 b"）。"亚里士多德是古希腊人"这个句子中的专名"亚里士多德"与通名"古希腊人"是通过"是"这样的关系语词结合而成的。不过，这里的这个"是"表示的是"亚里士多德"与"古希腊人"在所指方面所具有的一种属于关系。这个句子的思想形式或命题形式可以用符号表示为："a∈b"（读作："a 属于 b"）。

"3 大于 2"这个句子是专名"3"与专名"2"通过"大于"关系结合而成的。

"老张不是教师"这个句子是由"老张是教师"这个简单句在其关系语词"是"之前附加否定词"不"而构成的一个否定句。

人们一般认为上述最后一个例子中的"是"是一个判断词。实际上即使"老张是教师"这样的语句的确是在表达一个判断，但是，就其中使用的"是"来说，它还是在陈述"老张"与"教师"之间具有的一种"属于"关系。

在语句中，既具有判断词意义又具有关系词意义的语词除了"是"与"不是"之外，我们在上面用到的"等于""属于""大于"等语词也都具有类似的双重意义。

就"老张不是教师"来说，将"不"或"并非"这类否定词加在"是教师"之前与加在"老张是教师"之前所形成的语句结构并不相同，因而其思想形式或命题形式也不一样。前者所含"不"作为"是"的一种附加词表示了一种与"是"这种关系相矛盾的关系。后者如"并非老张是教师"所表达的思想却是一种对"老张是教师"这个语句所表达的思想给予的否定。因此，由这种联结形成的语句所表达的命题属于复合命题。

就一个表达简单命题的语句来说，能够起结合或联结作用的只能是关系词与附加词，而名称词自身是不可能完成这种任务的。关系词、附加词多种多样，因而表达简单命题的语句表现形式也多种多样。

关系词与附加词历来是逻辑学要研究的主要目标。组成简单句的语词与语词之间的关系词以及附加词决定着关于简单句的推理，而组成复合句的分句与分句之间的关系词以及附加词则决定着关于复合句的推理。例如，亚里士多德的三段论推理就是建立在对简单句所包含的属种关系词以及附加量词、否定词的分析与研究基础之上的。

根据上面的解释，我们可以将简单句的基本逻辑结构表示如下：

$$() \ x \ () \ R \ () \ y$$

其中，"()"表示附加词空位，"x""y"表示名称词部分，"R"则表示关系词。附加词可能出现在关系词之前，也可能出现在名称词之前。

对于一个使用语句来说，组成它的每一个名称词之前并不一定都需要附加词的配合。

分析具体语句所表达的具体命题首先需要分析处于"x"与"y"位置的语词的意义，因为它们才是语句构成中指称个体对象或对象类（或"类对象"）的基本成分。

现代逻辑与现代哲学的主流思想一般只承认专名而不承认通名，认为简单句是由专名与谓词结合而成的。比如弗雷格就把语句看作一个被满足了的函项，而在未满足前，语句函项都包含一个需要代入专名的变项。以"x是古希腊人"这个语句函项来说，其中的"x"为变项，属于句子结构中的主词部分；而"是古希腊人"则属于句子结构的谓词部分。当用"亚里士多德"代入其中的"x"后就会形成"亚里士多德是古希腊人"这样一个语句。

实际上作为一种语句结构形式，语句谓词部分名称语词所在的位置同样也应该是一个需要用符号来代替或表达的空位。比如作为一种结构形式，上句中的"古希腊人"所在的位置显然也应该是空位，在形成某种具体命题时我们可以在这个空位填入"哲学家""人""聪明的"等不同的具体语词。

从语法角度来看，能够作为名称的语词不仅仅是语法学中所说的名词。从广义上讲，所有描述对象属性、状态等特点的语词也都属于名称语词。比如，就"这把刀是锋利的"这样一句话来说，其中的"锋利的"就是用来表达某种属性的名称词；而就"这把刀锋利"这句话来说，其中的"锋利"则是表达某种状态、情况、特点的名称语词。

实际语言使用中还会用到大量不同形式的省略式语句。有些省略式语句的被省略部分可能是处于某种关系中的名称语词。比如，像"太阳出来了"这样的语句，如果将其中的"出来"解释为一种关系，那么这个句子背后就隐藏着另一个被省略了的名称词，这个名称也就是太阳出来的那个地方的名称。这种情况下"太阳出来了"这句话就是一个处于特定语境下的省略式语句。在将这样的省略句恢复为一个完整句时，需要根据语句所指的实际情况来选择应该在被省略位置填入的名称语词。比如，被恢复后的完整句可能是"太阳从东山上出来了"，也可能是"太阳从云层中出来了"等。

假如将其中的"出来了"解释为一种状态，那么"出来了"本身就应该是一个表示某种状态的名称词。这种情况下"太阳出来了"表示的就是"太阳"这个个体对象与"出来了"这样一种状态之间具有的一种主谓关系。

正因为如此，所以我们完全有理由把所有的简单句都看成表达名称与名称之间具有某种关系的语句。

如果去掉附加词空位，那么简单句的最基本的结构形式就可以表示为：

$$x\mathrm{R}y$$

上列语句结构与维特根斯坦所说的"事态是对象的结合"[1] 的基本思想是一致的。只不过上列结构中的"x"与"y"分别代表的是用来指称对象的名称，而并非直接就是对象本身。从语句的角度看，我们也可以将这样的结构解释为：语句是名称与名称的结合。

三、复合句的结构

1. 一般复合句

简单句的结构表现的是名称与名称之间具有的关系，而复合句的结构表现的则是语句与语句之间具有的关系。

一般复合句表现的是同一语言层次上不同语句的复合。包括单层复合句与多重复合句。

单层复合句是由两个或两个以上简单句通过特定的联结词平行联结而成的语句。这里所谓的"平行联结"，是指被联结的语句处于同一个结构层

---

① 维特根斯坦：《逻辑哲学论》，第25页。

次上。例如：

　　　张三既是教师，又是作家。

　　这个复合语句所包含的"张三是教师"与"张三是作家"这样两个简单句就是在同一个结构层次上被平行联结的；而这两个被包含的简单句与由它们所组成的"张三既是教师，又是作家"这个复合句却并不在同一个结构层次上：两个简单句的组合形成了"张三既是教师，又是作家"这样一个复合句。

　　复合句通过联结词再次联结而形成的复合句是多重复合句。例如：

　　　善有善报，恶有恶报。

　　以上复合句首先是由如下两个复合句构成的：

　　　善有善报。

　　　恶有恶报。

　　在这两个复合句中，"善"与"善报"、"恶"与"恶报"的假言式联结在原多重复合句结构中属于第二结构层次。而"善有善报"与"恶有恶报"的联言式联结在原多重复合句结构中则属于第一结构层次。第二结构层次的两个复合句并列在一起形成了整个复合句的第一结构层次。

　　复合句所使用的联结词既关系到复合句所表达的复合命题的意义，也关系到复合命题推理的意义。从复合句与复合句所表达的命题之间的关系来看，复合句所使用的联结词是它们所表达的相应复合命题联结词的来源或基础，不同的复合命题联结词是从自然语言使用中出现的各种不同的复合句联结词概括抽象而来的，逻辑学不仅要研究和解释清楚这样的联结词在相应复合命题中的基本意思，而且还要总结出由这种意思所决定的相应复合命题推理的一些推理规则或要求。

　　目前为止，逻辑学所发现或总结的复合命题联结词总共有五个，它们分别为：

　　　如果，那么（现代逻辑用符号"→"来表示并将此符号进一步解释为"蕴涵"）；

　　　并且（现代逻辑用符号"∧"来表示并将此符号进一步解释为"合取"）；

　　　或者（现代逻辑用符号"∨"来表示并将此符号进一步解释为"析取"）；

　　　当且仅当（现代逻辑用符号"↔"来表示并将此符号进一步解释为"等值"）；

　　　并非（现代逻辑用符号"¬"来表示并将此符号解释为"否定"）。

既然复合命题联结词是从自然语言复合句联结词概括抽象而来的，那么它们在概括抽象的同时也就必定会保留自然语言联结词的某些基本涵义而舍弃另外一些涵义。如何保证这种概括与抽象不改变这些联结词在自然语言使用中的基本涵义，这应该是逻辑研究中存在的一个不容忽视的问题。

逻辑学家们早已经认识到，简单语句中使用的"是"作为一个关系语词在语言使用中会表现出多种不同的涵义，比如在"晨星是行星"中，它表示的是"晨星"与"行星"之间的属于关系，而在"晨星是金星"中，它表示的则是"晨星"与"金星"之间的同一关系，而在"行星是星"中，它表示的又是"行星"与"星"之间的包含于关系。简单句所使用的"是"是这样一种情况，复合句所使用的表示复合关系的联结语词同样也存在类似情况。

假如一个处于自然语言使用中的复合句联结语词所表达的意思接近于但不完全是现有逻辑学所总结的某个联结词所具有的那种标准意思，那么仅仅根据现有逻辑学所总结的那种联结词的涵义去理解或解释这样的复合句就必定会出现某些偏差，如果再根据这种理解或解释去进一步形成或解释推理，那么被形成或被解释的推理同样也会出现这样或那样的问题。例如：

　　　　江冬秀比胡适大一岁，而且属虎。

这个复合句所使用的"而且"这样一个联结语词所表达的意思就不完全是现有逻辑学所总结的"并且"这一联结词所表达的意思：这里的"而且"除了有"并且"的涵义外，还有"进一步"的意思。句子的意思是说大一岁本来就与夫妻间一般应该男大于女的习俗相悖，而女人属虎则更是有迷信思想的人所忌讳的。假如解释者只考虑到语句中的"而且"表达了"并且"这样一种逻辑关系，认为这个语句所表达的思想仅仅是两个简单命题"江冬秀比胡适大一岁"与"江冬秀属虎"同时为真，那么这种理解或解释就是相当肤浅的。

在自然语言使用中，表达某种复合命题的复合句所使用的联结语词除了会具有现有逻辑学所总结的某种真值涵义外，一般都还会依赖某种具体语境具有另外一些附加涵义。因此，就具体自然语言使用中出现的一些复合句来说，人们在理解或解释其中使用的复合联结词的意义时并不能完全生搬硬套现有逻辑给出的某些规定涵义，而是需要结合具体语境对具体复合语句中出现的联结词的具体意义作出具体的分析。

2. **特殊复合句**

这里所说的"特殊复合句"是相对于上面讲的"一般复合句"而

言的。

如果从广义上来解释复合语句中"复合"一词的涵义，那么语句之间的复合则不仅可以表现为处于同一语言层次上的若干语句的联结，而且也可以表现为处于不同语言层次上的若干语句的联结。如果一般复合句所说的复合是同一语言层次上不同语句的复合，那么我们这里使用的"特殊复合句"所说的复合则是不同语言层次上不同语句的复合。带有直接引语或间接引语的语句所表现出的语句复合就属于不同语言层次上不同语句的复合。例如：

> 那个人说："我不是小偷！"
>
> 哥白尼认为，地球是宇宙的中心。
>
> 连长命令三排阻击敌人的援军。
>
> 多数人相信金融危机可能很快就会到来。

以上语句就都是带有某种引语的特殊复合句，我们可以把这样的复合句解释为一种广义复合句。其中，第一个语句所带引语为直接引语，其余三个语句所带引语均为间接引语。

所谓"直接引语"指的就是说话者直接所说的话，这样的话在书面语表达中一般都会被置于某种引号之内；所谓"间接引语"则是由某种间接引语引导词所引导的语句。例如，以上后三个语句中的"认为""命令""相信""可能"就都属于间接引语引导词。

这里，我们需要对以上最后一个例句作一点特别的说明。因为这个语句中的"相信"所带间接引语"金融危机可能很快就会到来"本身又包含有"可能"这样一个模态词。由于模态词所规定的语句实际上也属于一种引语，于是，就这个语句整体来说，它表现的是一种引语中又有引语的情况。我们也可以把这种情况解释为广义复合句中的多重复合句。

无论是直接引语还是间接引语，它们都与包含它们的整句话并不在同一个语言层次上。

"结构层次"与"语言层次"是两个完全不同的概念。"结构层次"说的是同一语言层次内语句的结构问题，而"语言层次"涉及的则是不同的语言类型。例如，在"哥白尼认为地球是宇宙的中心"这个句子中，"地球是宇宙的中心"与"哥白尼认为地球是宇宙的中心"涉及的就是两种不同的语言类型。"地球是宇宙的中心"这句话本身的真假与其所指的事情是不是符合事实相关，与哥白尼是否有这样的认识无关；而"哥白尼认为地球是宇宙的中心"则与哥白尼是否有这样的认识相关，与"地球是宇宙的中心"本身的真假无关。所以即使事实上"地球是宇宙的中心"是假的，但是只要它的确是哥白尼所认为的，那么"哥白尼认为地球是宇宙的中心"这个句子就是真的。正因为两个句子处于不同的语言层次，所以下面的句子并没有自相矛盾：

> 尽管哥白尼认为地球是宇宙的中心，但是地球并不是宇宙的中心。

第二节　语句的所指

弗雷格把语句的所指解释为语句的真值。然而这一观点从它开始提出直到今天实际上一直是一种未被得到最终证明的假设。而现代哲学与现代逻辑理论所说的语句的所指，其理论来源也正是弗雷格当初所提出的那种建立在假设基础上的真值指称思想。

一、句子的所指与真值

弗雷格是从下面这样一段话开始他对语句所指的筛选与论证的：

> 一个句子包含着一个思想，应该把这个思想看作它的涵义，还是看作它的指称？让我们先假定句子有一个指称！①

弗雷格说，对于一个句子来说，当我们将它所包含的某一个语词用另外一个与该语词涵义不同而所指却相同的语词代替时，句子的涵义尽管会发生变化，但这并不会影响到这个句子的所指。比如当人们用"昏星"来替换"晨星是一个被太阳照着的物体"中的"晨星"时，会产生一个新句子："昏星是一个被太阳照着的物体"。由于两个句子中的名称词"昏星"和"晨星"的涵义不同而所指却相同，因此，这两个句子也是涵义不同而所指相同。由这种替换所引发的句子涵义变而所指不变的情况说明"思想不能是句子的指称"②。

然而，这样的解释以及论证本身就隐含一种预设性的逻辑错误。既然寻找句子的所指是以某种假定为前提展开的，那么在还未证明句子有没有所指或还不知道其所指是什么的情况下，按道理是无法作出"句子涵义变而所指不变"这样的断定的；而既然作出了这种断定，那就说明断定者不仅已经知道替换前后两个句子所具有的这种不变的所指是什么，而且断定

---

① 弗雷格：《弗雷格哲学论著选辑》，第 101 页。弗雷格在这里加了一个脚注："我用'思想'不是指思维的主观活动，而是指思维的客观内容。它能够成为许多人共有的东西。"

② 同上，第 102 页。

者还认为这段话的理解者也知道这种不变的所指是什么。将一个需要证明的思想当作一种预设性前提隐含性地使用在被用来证明的论据或证明的过程中，这种论证错误按照传统逻辑提出的论证规则来看就叫"窃取论题"；而从以论据为因、论题为果的角度看，将这种情况称为"因果倒置"或"以果为因"也未尝不可。而且后面的用语应该比"窃取论题"的说法更明确、更有针对性。

弗雷格接下来首先分析的是包含无所指语词的句子所表现出的一些指称情况。以"奥德赛在沉睡中被放到伊萨卡的岸上"这样一个句子为例，弗雷格指出，由于人们无法确定这句话中的"奥德赛"有没有一个所指对象，因此也就无法确定整句话有没有一个所指。但是，凡认为这句话是真的或是假的人，实际上都等于首先承认了其中的"奥德赛"不仅有涵义，而且也有所指；而凡认为其中的"奥德赛"有涵义而无所指的人则都不会对这个句子作出或真或假的回答。由此来看，对于该句所作的真假断定必定是以其中包含的"奥德赛"这个名称有所指为前提的。

从以上情况来看，弗雷格对这个例子采取的这样一种分析并没有什么问题。但是，他接下来进行的引申性论证却很难成立。他认为，我们在使用语句时实际上是关心语句所包含的名称有没有所指对象的，因此我们一般也承认并且要求句子也有一个所指，即或者它真，或者它假。他说："对于一个句子而言，当涉及其组成部分的指称时，才需要寻找指称，而且当且仅当我们寻问真值时，才是这种情况。""因此，就语句来说，正是对真的追求驱使我们从涵义进到指称。"[1] 据此，弗雷格得出的结论是：一个句子的真值就是这个句子的所指。

从这种论述的表面来看，它的每一环节似乎丝丝入扣，然而其逻辑上的过渡却显得并不那么自然或合理。如果进一步去推敲或追问这种论证，人们并不难发现其中存在的诸多逻辑漏洞。

第一，我们可以把弗雷格所讲的语句中包含的名称的所指与语句真假之间的关系概括为这样一句话："当且仅当一个语句中的名称有所指，这个语句才有真假。"从这句话我们看到的是语句所包含的名称所指与语句真假之间的关系，而并不是这种名称所指与该语句所指之间的关系。即使一个包含有无所指对象之名称的语句不会有真假，但这与该语句有无所指以及其所指是什么仍然是两个完全不同的问题。既然人们可以根据一个语句所包含的名称有无所指这样的情况来说明一个语句有无真假，那为什么就不

---

① 弗雷格：《弗雷格哲学论著选辑》，第 103 页。

能根据一个语句本身有无所指的情况来判定一个语句有无真假呢？这里所说的语句的真假能够等同于语句的所指吗？如果能，那么当人们说一个语句是真的或是假的时，这样说的根据又是什么呢？这种根据与语句的所指又是一种什么关系呢？

一般来说，一个语句总会直接或间接地陈述或告诉人们一件事情，而人们通常也都是根据这件事情是否与事实相符来判定语句的真假的。这里，语句的所指是一回事，而语句的真假显然又是另一回事。仅仅从"语句所包含的名称有所指"与"语句有真假"之间存在一种充要条件关系并不能得出语句的所指就是其真值这样的结论。因此，从弗雷格的这种论证过程来看，"语句的真值就是其所指"这样的说法充其量也只能是他对语句所指提出的一种带有假设性的处理建议，由此并不能说明或证明语句的所指就是其真值。

第二，名称所指的对象在某个世界可以存在，也可以不存在，而语句所指的事情相对于某个世界来说则可以是事实，也可以不是事实。说名称所指的对象在某个世界存在或不存在说的是人们在思想方面对名称指称情况的一种认识或判定，而这种认识或判定的前提是必须要知道一个名称指称了什么；同理，说语句是真的还是假的也应该是人们在思想范围内对语句所指情况的一种认识或判定，这种认识或判定的前提同样也必须要知道语句指称了什么。如果可以把语句的真或假径直解释为语句的所指，那么依据同样道理，人们当然也可以把名称所指对象在某个世界存在或不存在的情况解释为名称的所指。然而，包括弗雷格自己在内的绝大多数哲学家和逻辑学家显然并不是而且也不可能这样来理解或解释名称的所指。

将真值作为语句的所指这样一种主张明显是将语句所指所在的语言层次理解或解释成一种不仅高于语句的指称对象，而且也高于语句本身的语言层次。而语句的真假实际上是一种判断者对语句指称情况的判定结果，用来陈述这种判定结果的那种类似于"真"或"假"的语言相对于被判定语句来说必定高一个语言层次；而一个语句的所指情况相对于指称它的语句来说又必定低一个语言层次。对于这里涉及的三个语言层次来说，如果把语句的真假做为语句的所指，那也就等于把一种本来属于判定结果意义上的语言理解或解释成被判定语言在所指意义上的语言了。

第三，弗雷格论证中所隐含的"当且仅当一个语句所包含的名称有所指，一个语句才有真假"这一思想本身也是难以成立的。"语句所包含的名称有所指"与"语句有真假"之间并不一定能构成可以由"当且仅当"来联结的充要条件关系。比如，罗素虽然没有明确反对弗雷格提出的关于语句指称真值的主张，但是他在分析语句所包含的名称所指与语句真假之间的关系时所提出的一些看法却与弗雷格截然不同。罗素并不认可那种在"法国国王"无所指情况下而把"法国国王是秃头"这样的语句归结为是一种无意义（即无所指）语句的处理方式，而是明确指出"因为它明显是假的，所以它并非一句毫无意义的话"[①]。

虽然罗素的这种分析主要针对的是那种含有摹状词的语句，并且罗素对摹状词的分析也不同于弗雷格对专名的分析，但是这种分析结果至少可以说明弗雷格关于语词有所指与语句有真假之间存在充要条件关系的观点并非无懈可击。比如，对于弗雷格所列举的"奥德赛在沉睡中被放到伊萨卡的岸上"这个句子来说，假如按照罗素的摹状词分析方法，就应该把该语句分析为一个表达复合命题的语句，这样一来，只要人们能够确定该复合命题中"恰好存在 x，x 是奥德赛"这个子命题是假的，也就可以由此确定包含它的整个复合命题也是假的。因此，即使该句中的"奥德赛"有涵义而无所指，但因为包含它的语句是假的，所以整个语句还是有真假可言的。

尽管罗素也是一个真值指称论者，罗素的摹状词分析同样也存在一些值得质疑的问题，但他用摹状词分析方法对含有无所指名称语句所作的这种分析却说明，语句中包含的名称语词有无所指并不能必然决定这样的语句有没有真假。由此，我们完全有理由认为，句子指称真值的思想在罗素那里实际上只不过是一种对弗雷格真值指称思想的选择性传承，这种选择性传承并不包括或者并不适用于他自己对一些语句所指作出的分析与解释。

实际上，即使不采用罗素的摹状词分析方法，我们同样也可以说明那种包含了无所指名称的语句的意义。比如对于"奥德赛在沉睡中被放到伊萨卡的岸上"这句话来说，假如其中的"奥德赛"相对于现实世界并没有被指称的对象，那么人们很容易就可以断定这个语句所指的事情在现实世界是不可能存在的。当一个语句的主词所指在现实世界不存在时，相对于现实世界来说，这样的句子当然应该是一个罗素意义上的假语句或弗雷格意义上的无指称语句；但是，假如这句话中的主词所指不是相对于现实世界而是相对于某个"可能世界"或者相对于某个虚构故事来说的，那么相对于那个可能世界或那个虚构故事，这句话就应该是有真假可言的。

即使相对于某个虚拟世界而言，表达或指称这种虚拟世界事情的语句，仍然存在一个主词所指在所描述的那种虚拟世界中是否存在的问题。

---

① 罗素：《逻辑与知识》，第 56 页。

由此来看，语句所包含的语词相对于现实世界有无所指根本就不可能成为判定语句真假的根据，而语句所表达的思想涉及的语词所指与语词所指之间的关系才是判定语句真假需要考察的主要对象，而这种关系涉及的正是语句所指的事情。因此，看一个语句是真的还是假的，主要应该看相对于某个世界而言这个语句所指的那种事情是不是属于那个世界的事实：如果是，那么这个语句相对于那个世界来说就是真的；如果不是，那么这个语句相对于那个世界来说就是假的。

第四，语句指称真值的观点在弗雷格那里本来只是一种假设。即使在对这个假设进行了一番看似严密的分析与论证之后，弗雷格仍然还是非常保守地说："如果我们的假设是正确的，即一个句子的指称就是它的真值，那么当句子的一部分被指称相同而涵义不同的一个表达式代替时，句子的真值必然保持不变，事实正是如此。"[1] 这里，假设显然还是那个假设。不过，存在的事实却是：即使由这种假设导出的那种结论是真的，推论者仍然并不能由此就证明该假设可以转化为一种科学论断。而且，就这段基于假设的推导式话语来说，我们只要回头看看弗雷格提出这一假设的依据就会发现这样一个情况：弗雷格这里由该假设导出的那种用来验证这种假设的结果恰好也正是他一开始提出这一假设的理由。这样的论证就是被传统逻辑作为一种逻辑错误而指出过的"A 因为 B，B 又因为 A"式的"循环论证"。

第五，弗雷格自己也认为，把句子的所指解释为其真值后可能会导致一些令人难以接受的结果。其中最为明显的一种结果正如他自己所归结的那样会表现为："一方面所有真句子就有相同的指称，另一方面所有假句子也有相同的指称。"[2] 这样一来，对于所有的句子来说，其指称对象也就只剩下了两种可能，一种是真的，另一种是假的。

如果把弗雷格所说的这种情况与作为语句构成部分的名称语词在所指方面具有的多样性相比较，二者显然具有天壤之别。弗雷格也认为这样理解句子的所指的确有些过于简单。为此，他提出的解决办法是："我们绝不能只考虑句子的指称，但是纯思想也不能提供认识，而只有思想与其指称，即与其真值一起才能提供认识。判断可以理解为从思想到其真值的推进。"[3] 在弗雷格看来，语句的涵义是多样的，而这样的涵义本身就包括了语句的

---

① 弗雷格：《弗雷格哲学论著选辑》，第 104 页。

② 同上。

③ 同上。

真值条件。

弗雷格以为，这样一来其指称理论所存在的句子指称简单性的问题也就可以得到某种解释了。但是，这样的解释却显然等于在用句子涵义的多样性来代替句子所指本来应有的多样性。如果这种解释以及论证可以成立，那么人们是不是也可以用名称涵义的多样性来代替名称所指的多样性呢？就拿弗雷格自己对名称的分析以及解释来说，名称的所指说的是对象世界中的各种各样的对象，而名称的涵义涉及的则是名称的一种给定方式，不仅不同名称因给定方式不同而涵义不同，而且同一名称也可以因给定方式不同而有诸多不同的涵义。显然，名称涵义的多样性并不能代替名称所指的多样性。既然在谈到名称所指时并没有谁会用名称涵义的多样性来代替名称所指的多样性，那为什么在讨论句子的所指时就可以用句子涵义的多样性来代替句子所指的多样性呢？即使句子的涵义包括句子的某些真值条件，但句子涵义的多样性并不能为真值指称论所导致的句子指称简单性的荒唐提供任何可开脱的理由，因为它们所涉及的问题根本就不在同一个语言层次上。正确的做法应该是属于涵义的归涵义，属于所指的归所指。既然名称的指称是多种多样的，那么与名称的所指情况相类似，语句的所指当然也应该是多种多样的。

第六，在《论涵义和指称》一文中，弗雷格对涵义与指称问题的分析首先是从分析"a＝b"具有不同于"a＝a"的认识价值开始的。这里列出的"a"与"b"实际上分别代表或表示的是两个涵义不同而所指相同的语言表达式。比如，就名称涉及的同一关系来说，弗雷格所列举的"晨星是昏星"这样一句话中的"晨星"与"昏星"这两个名称就属于涵义不同而所指相同。弗雷格甚至明确指出，也正因为这样，这种涵义不同而所指相同的名称才"常常十分有意义地扩展了我们的认识"[①]。

如果将"a＝b"这样的等式引申来说明语句的认识价值，那么它当然也可以被推广应用于所指相同而涵义不同从而其认识价值也因此而不同的语句之上。但是，恰恰在这一点上，弗雷格的解释却是相当含混的。

弗雷格在《论涵义和指称》的结尾部分说："如果我们发现，'a＝a'与'a＝b'一般有不同的认识价值，那么对于认识价值来说，句子的涵义，即句子中表达的思想，与它的所指，即它的真值得到同样的考虑。如果现在a＝b，那么尽管'b'的所指与'a'的所指相同，因而'a＝b'与'a＝a'的真值也相同，但是'b'与'a'涵义不相同，因而'a＝a'表

---

① 弗雷格：《弗雷格哲学论著选辑》，第95页。

达的思想与'a＝b'表达的思想也不相同。这样，这两个句子的认识价值也不同。"①

从弗雷格这里对"a＝b"与"a＝a"所作的引申性说明，人们可以辨别出在这样的等式中"a"与"b"各自作为名称或作为语句所代表的不同意思。

第一种意思是由涵义不同而所指相同的名称形成的句子。例如，像"晨星是昏星"这个句子就属于"a＝b"式语句，而"晨星是晨星"这样的句子则属于"a＝a"式语句。这里能够扩展人们认识的语句应该是"晨星是昏星"。因为这种情况下，"a＝a"说的仅仅是一个名称自身的同一，而"a＝b"说的则是两个具有不同涵义的名称在所指方面的同一。由此看来，这种情况下的"a＝a"与"a＝b"所具有的不同认识价值是由所指相同的不同名称所具有的不同涵义所决定的。

第二种意思是将"a＝a"与"a＝b"中的"a"与"b"推广到语句，从而说明两个所指相同而涵义不同的语句也可以有意义地扩展人们的认识。例如，"'1＋1＝2'＝'1＋1＝2'"说的是语句方面的"a＝a"，这时，这个等式说的仅仅是一个语句的自身同一；而"'1＋1＝2'＝'雪是白的'"这样的"a＝b"说的则是等号前后两个语句的涵义不同而真值相同。

以上第一种意思，弗雷格在其论文开始已经有过分析和解释，因此，当其论文尾部再次从"句子中表达的思想，与它的所指，即它的真值得到同样的考虑"这样的角度提到具有不同认识作用的"a＝a"与"a＝b"时，这种情况下"a"与"b"显然是两个不同的语句，而并不是不同的名称。但是，当人们把"a＝b"中的"a"与"b"解释为两个思想不同而真值相同的语句时，假如"a"表示的某个语句是真的，那么另外所有的真语句就都与这个语句的所指相同；假如"a"表示的某个语句是假的，那么另外所有的假语句也都与这个语句的所指相同。当与"a"同真或同假的语句无限多时，说"a＝b"中的"b"所表示的那些与"a"同真或同假的语句能有意义地扩展人们的认识还会有什么实际意义吗？比如，将"'1＋1＝2'＝'1＋1＝2'"这样具有"a＝a"特点的两个语句与"'1＋1＝2'＝'雪是白的'""'1＋1＝2'＝'2是偶数'"这样具有所谓"a＝b"特点的语句相比，后面列出的两个等式各自的前后两个语句的确涵义不同而真值相同；但是，就后面的这种情况来说，等号后边的语句相较于前边的语句究竟能十分有意义地扩展人们的什么认识呢？

---

① 弗雷格：《弗雷格哲学论著选辑》，第119页。

如果要用"a＝b"推广说明两个涵义不同而所指相同的语句也能十分有意义地扩展人们的认识，那么语句的所指就不应该是真值，而应该是语句所指的事情。只有指称同一事情而涵义不同的语句，由于它们是以不同的方式从而归根结底是通过不同的思想来指称同一件事情，因此它们才可能十分有意义地扩展人们的认识。比如"情有可原，理无可恕"所指的事情与"理无可恕，情有可原"所指的事情虽然相同，但是两句话表达的思想以及认识价值并不一样。"一句话百样说，说与说不一样"中的"百样说"说的也正是指称相同的事情可以采用不同的语句或不同的说法；由于不同的语句或不同的说法各自表达的思想有别，因而其认识价值和话后效果也并不一样。

这里需要特别指出的一个原则是，任何假设，在它未被完全证明之前是不可以被作为一种科学论断来使用的。弗雷格作为第一个提出真值指称假设的人找错或说错了语句的所指，其背后的原因是比较复杂的，因而也是可以理解的。他提出这样一种基础性的思想，其目的应该说主要是给他自己所构筑的真值逻辑体系找到一个理论支撑点。为了这样一个支撑点，他甚至可以把语句所具有的各种各样的指称情况最终归结为只有真假两种情况，但他用来论证以及解释这种归结的理由却是不充分的，其论证过程的诸多关键环节也是不合逻辑的。倘若后人不加分析地将这种并未得到最后证明的"语句指称真值"的假设奉为金科玉律，甚至在有人明显有理有据地指出这种假设所存在的某些错误时仍然毫无理由地坚持这种极端的解释而拒斥其他合理解释，那么这样一种迷信权威的习惯性思维以及主观武断地对待客观事实的态度就应该是与逻辑自身的宗旨完全背道而驰了。

二、复合句的所指

在假定语句的指称对象是真值的前提下，复合句的所指与简单句的所指在构成及其性质方面会大不相同。

简单句的构成部分是语词，这种构成部分的所指属于对象世界并且在对象世界中具有多样性的特征。而对于复合句来说，由于这种语句的构成部分本身就是语句，因此，如果认为语句的所指就是其真值，那么不仅复合句本身的所指会只剩下真假这样两种情况，而且作为复合句构成部分的语句的所指也只有真假这样两种情况。人们在自然语言中使用的丰富多彩的复合语句，它们的所指会这么简单吗？就语言表达的目的以及意义而言，这样的所谓"所指"对于复合语句来说究竟有什么意义呢？

从语言使用的实际情况来看，简单句和复合句只不过是人们表达思想所采用的一些不同的语句形式而已。简单句组成部分的指称对象是多种多样的，复合句组成部分的指称对象同样也应该是多种多样的。语句的指称对象不应该而且也不可能到了复合句这里就完全变成了一些纯粹的真值组合。例如：

弗雷格是哲学家并且是数学家。

这个用联结词"并且"来联结的复合句所指称的就是两个并存的事态。

就以上复合句来看，判定其真假必须既考虑其复合关系是否成立，又考虑其组成部分的所指是否都是真的；而判定其组成部分是否都是真的，则需要以它们各自所指的事情是否都符合事实为根据；判定其组成部分是否可以并存，同样也需要以事实为根据；只要其中有一个分句所指的事情不符合事实或者二者并无并存的理由，那么这样的复合句就不可能是真的。

对复合句组成部分进行的真值同一替换不会改变原复合句真假的论断只不过是真值指称论者的一厢情愿。就拿条件句来说，很多情况下，人们实际上根本无法用真值相同的简单句对其组成部分进行同一替换。因为条件句主要陈述的是语句与语句之间具有的某种条件与结果关系，其中，条件子句的所指往往只是一种假设，而结果子句的所指则依赖于条件子句才能成立；所以，一般来说这两个子句本身在整个条件句中都无独立真值可言。弗雷格在分析条件句所表达的思想时也是以其中包含的条件关系为根据来说明其真假的。[①]

弗雷格在陈述了复合句的真值是由其组成部分的真值决定的观点之后，又特意对复合句从句所指中存在的一些特殊情况进行了分析。他认为，对于处于以下特殊情况下的复合句从句来说，它们的所指并不是真值或不限于真值。

就处于不同语言层次的语句的复合情况来说，一个句子所带直接引语或间接引语的所指相对于它所在的整句话来说并不是真值。例如，就"哥白尼认为，行星的轨道是圆圈"这个复合语句所表达的复合思想来说，它包含如下两个思想：

（1）哥白尼认为，行星的轨道是圆圈。

（2）行星的轨道是圆圈。

这里的（1）是一个带有引语"行星的轨道是圆圈"的语句，（2）则是（1）所带的引语。（2）在（1）中只具有一种间接指称，这种间接指称就是（2）本身所具有的涵义。

---

① 参见弗雷格《弗雷格哲学论著选辑》，第112页。

当从句只表达一个思想的一部分时，其所指并不是真值。例如，在"那个发现行星轨道是椭圆状的人死于贫困之中"这句话中，"那个发现行星轨道是椭圆状的人"作为一个从句就不指真值，而是指个体对象开普勒。因而这个从句只能体现包含它的语句所表达的思想的部分，而这个部分本身并不是一个独立的思想。

在从句表达某个思想的同时还包括另一个思想的一部分时，尽管从句也会指称真值，但不限于真值。例如，"由于冰比水轻得多，所以它漂在水上"这个句子就包含如下三个思想：

（1）冰比水轻得多。

（2）如果某物比水轻得多，则它漂在水上。

（3）冰漂在水上。

就以上三个思想来说，由于思想（1）与思想（2）的结合已经包含了思想（3），因此，思想（3）不需要明确说出。但是，无论是思想（1）与思想（2）的结合，还是思想（2）与思想（3）的结合，它们各自都不能体现"由于冰比水轻得多，所以它漂在水上"所包含的完整思想。原因是："'由于冰比水轻得多'这个句子不仅包含了思想（1），而且也包含了思想（2）的一部分；同样，从'它漂在水上'这句话来看，它也不仅包含了思想（3），而且也包含了思想（2）的一部分。因此我们也不能把这个从句简单地代之以另一个具有相同真值的从句。"① 弗雷格这里使用的这个"也不能"说明，无论对于"冰比水轻得多"这个分句来说，还是对于"它漂在水上"这个分句来说，都不能把这样的从句简单地代之以另一个具有相同真值的从句。比如，虽然"铁比水重得多"与"冰比水轻得多"具有相同真值，但是人们并不能通过真值替换得出"由于铁比水重得多，所以它漂在水上"。因为"铁比水重得多"与"它漂在水上"并不能构成像上述思想（2）那样的"如果，则"式命题。

之所以出现这类需要特别处理的情况其实并不是因为这些复合句属于例外，而完全是由于真值外延论对复合语句指称的分析过于主观与简单。然而，弗雷格在对复合句的上述特殊情况进行了一些真值之外的分析之后却仍然坚持认为，以上这些例外反倒让他"基本发现了为什么把一个从句代之以另一个具有相同真值的句子并不总是损害整个主从复合句的真值的原因"②。于是，这种例外反倒成了他证明普遍的理由。

---

① 弗雷格：《弗雷格哲学论著选辑》，第118页。

② 同上，第119页。

实际上，除了弗雷格所列举出的一些特殊复合句外，我们甚至可以说，自然语言使用中的所有复合句都包含某些真值之外的附加涵义。因此，就这样的复合句的完整意义来说，任何具体使用中的复合句的真值都不可能完全由组成它们的分句的真值所决定。

如果一个复合句是真的，那么组成它的简单句之间首先必须具有该复合句应该具有的某种特定关系，这个特定关系也就是该复合句所表达的事态与事态之间的关系，不同事态关系决定着不同联结词的使用，从而也决定着不同复合句的真假。不考虑事态关系而仅仅根据表现复合命题真假组合情况的真值表而构造的所谓复合句对于自然语言使用来说并没有任何实际意义。比如对于"2+2等于4并且雪是白的"这样一个用"并且"这种联结词联结的复合句来说，假如其中的"2+2等于4"与"雪是白的"所指的两种事态根本就不具有可以用"并且"来联结的那种事态关系，那么就算这两个语句各自都是真的，但从自然语言使用情况来看，说"2+2等于4并且雪是白的"也是没有任何实际意义的。假如承认了这样的复合句是真的，那就等于承认了世界上任意两种表达互不相干事态的真语句都可以用"并且"这样的联结词来联结。然而，实际语言使用中的"并且"所表达的意思却并不是这种意思。

复合句的涵义和所指与简单句的涵义和所指具有同样的性质。复合句所表达的思想是一种复合性思想，这种思想所指称的对象既包括其组成部分所指的事情，也包括其组成部分所指事情之间具有的某种特定的复合关系，而并非只是这些部分的真值以及这些部分之间所具有的真值关系。

三、事情、事实与真

维特根斯坦在其《逻辑哲学论》一书中曾承认，自己的一些思想是受弗雷格与罗素思想的启发而产生的。不过他所说的这种启发并不意味着他的有关思想与弗雷格以及罗素的有关思想是完全一致的。比如他从批评弗雷格的真值指称思想出发所阐述的语句指称思想就充分证明了这一点。

与弗雷格的真值指称思想不同，维特根斯坦在论述语句的所指时不仅明确区分了"事情"和"事实"，而且还用一个非常贴切的比喻对什么是"真"、什么是"假"进行了形象的说明。他说：

可用一个比喻来说明真这个概念：设想白纸上有一个黑斑块……

为了能够说出一个点是黑的或者白的，我必须首先知道一个点在什么情况下称为黑的和在什么情况下称为白的。①

这里，维特根斯坦用白纸上的"点"来比喻"命题"，用人们指出白纸上呈现的"黑"或"白"时所根据的情况来比喻一个命题的所指，用对"黑"或"白"的断定结果来比喻性地代表一个命题的"真"或"假"，从而形象地说明了"命题""情况"与"真值"各自所处的地位以及它们之间所具有的不同关系。

针对命题、事态（即基本命题所指的事情）与真值之间的关系，维特根斯坦明确指出：

> 若一个基本命题为真，事态就存在；若一个基本命题为假，事态就不存在。

维特根斯坦还据此明确批评弗雷格的真值指称观说，如果"真"或"假"确如弗雷格所言是句子所指的对象，而且是"非 p"之类命题的主目，那么"非 p"的所指就根本不可能被确定。② 维特根斯坦的这种批评虽然简短，却直击真值指称论的要害。

在维特根斯坦看来，语句或命题的所指只能是事情，假如离开了对语句所指事情是否为事实的考察，那么关于命题真假的判定将无从谈起。根据维特根斯坦的这些思想来看，人们显然完全可以像分析语词的所指那样去分析各种各样不同的语句所具有的多种多样的所指。

但是，作为 20 世纪最有影响力的一位哲学家，维特根斯坦对真值指称论提出的这种批评以及他针对语句指称问题所提出的一些看法却并未引起从事现代哲学以及现代逻辑研究的一些主流哲学家或逻辑学家们的足够重视。即使有人注意到维氏对语句所指的看法而且也并不反对维氏对真值指称论提出的批评，但他们仍然还会由于种种原因而选择不去采纳维氏所提出的指称主张。因而直到今天，现代哲学以及现代逻辑的主流观点以及理论所谈论的语句的所指仍然还是弗雷格最初所提出的那个被假设的真值。

就一般情况而言，语句的所指是事态或事情，而如果再进一步深究下去，那么事态或事情往往又会表现为对象与对象之间具有的各种各样的关系。一个简单命题指称的是个体与个体或个体与类（包括性质）之间具有的某种关系，而一个复合命题指称的则是事态与事态（或事情与事情）之间具有的某种关系。判定一个简单命题的真假应该看其所陈述的名称与名称之间的关系是否符合相应世界中对象与对象之间的关系；而判定一个复

---

① 维特根斯坦：《逻辑哲学论》，第 47 页。

② 参见维特根斯坦《逻辑哲学论》，第 57－58 页。

合命题的真假则要看其所陈述的命题与命题之间的关系是否符合相应世界中事态与事态（或事情与事情）之间的关系。例如，"亚里士多德是柏拉图的学生"这个简单命题陈述的就是"亚里士多德"这个个体与"柏拉图的学生"这个对象类之间具有的一种属于关系；"这朵花是红的"这个简单命题陈述的则是"这朵花"与"红的"（从语词与所指的关系看，"红的"所指的"性质"也是一种对象）之间具有的一种呈现关系；"亚里士多德既是逻辑学家，也是语言学家"陈述的则是两个事态之间具有的一种并存关系等。因此，语句的所指和它所包含的语词的所指一样也属于与语言相对的世界，而并不是属于人们对语句所表达的思想作出的那种表现为认识或判定结果的"真"或"假"之类的断定。

判定某个语句的真假也就是在判断该语句所指的事情在相应的对象世界是否存在，而真值只不过是人们对语句所指事情是否存在的一种判定结果。例如，当某人说出"张三昨天偷了邻居家的一只猫"这样一句话时，这句话指的就是张三昨天偷了邻居家的一只猫这样一件事情，至于这句话是不是真的，那就要看某人所说的这句话所指的事情在相应的对象世界是否存在。如果存在，那么某人所说的这句话就是真的；如果不存在，那么某人所说的这句话就是假的。比如如果存在的事情是张三前天偷了邻居家的一只猫，或者张三偷的是邻居家的狗，或者张三偷的对象不是邻居，或者张三本来就是一个正人君子，根本就没有偷过别人的任何东西，等等，在这些情况下，"张三昨天偷了邻居家的一只猫"这句话就都是有问题的或假的。不知道"张三昨天偷了邻居家的一只猫"这句话所指事情涉及的方方面面情况是否存在，就不可能准确说出这句话是真的还是假的；而完全撇开这句话对事情的指称，直接把这句话的真假当作其所指，那就是在寻找语句的所指时找错了对象。

上面在说明语句的所指时之所以特别给出"就一般情况而言"这样的限制语，是因为的确还有一些语句，它们有时的确并不是用来指称事情，而是用来指称某种语句、某种思想、某种请求、某种命令、某种疑问等。比如直接引语在整句话中所指的对象就仅仅是那个作为引语的句子，而间接引语在整句话中所指的对象则是作为引语的那个句子所表达的思想。

另外，上面所指出的判定一个语句之假涉及的多种可能情况在具体语言使用中往往会因特定语境的影响而归结到只针对其中一种情况而言。

从某种意义上说，也正是为了区别语句的所指和真语句的所指，我们才需要区别"事情"和"事实"。

在某些哲学家或逻辑学家那里，"事实"是一个比较含混的术语，它有时指的是存在的事情，有时却又被用来笼统地指一种事情，而这种事情则可以是存在的，也可以是不存在的。比如，有些人在谈到语句的所指时所使用的"事实"一词就比较含混；而一旦问到语句的真假，那就必须严格区分"事情"和"事实"。只有发生或存在的事情才可以被称为"事实"，或者也可以说只有与实在相一致的事情才是事实，而所指事情与事实相符的语句才可以说是真语句。

无论是指事语句，还是非指事语句，它们的所指是什么并不能根据人们的某种追求（如对"真"的追求）来判定。虽然，像弗雷格所说的那样，人们追求"真"就是努力在将涵义推进到指称，但这种对"真"的追求实际上正是在询问语句所指的事情是不是与事实相符合，而"真"本身却既不是事情也不是事实，因而它也不可能成为句子的所指。

四、推理语句的指称

从语言表现方面看，任何推理都是由语句表达的，因此推理语句也会涉及指称问题。

几个涵义相互关联的语句组合在一起指称的是几个相互关联的事情以及这些事情之间具有的某种关联关系。当语句与语句之间的关联表现为推出与被推出关系时，这些相互关联的语句也就构成了表达推理的语句。例如：

> 如果某对象是人，那么某对象有死；
> 张三是人；
> 所以，张三有死。

就以上推理的语言构成及其所指来说，不仅作为其组成部分的三个语句分别指称了"如果某对象是人，那么某对象有死""张三是人"与"张三有死"这样三种相互有关联的事情，而且前两个语句和最后一个语句结合在一起还指称了语句与语句之间所具有的一种推出关系。

对于推理语句的指称来说，维特根斯坦同样也有过一些能够给我们带来重要启示的论述。比如，针对推理中语句的真以及真值基础，他说："如果命题'q'的所有真值基础也包含命题'p'的真值基础，那么命题'p'的真就是从'q'的真得来的。"[1] 他甚至根据"p"是从"q"得出来的这样的情况认为："单从这两个命题即可了解推论的特性。只有这两个命题本身才能证明此推论的正确。如弗雷格和罗素著作中用以证明推论为正确的

---

① 维特根斯坦：《逻辑哲学论》，第63页。

'推演律'是缺少意义的，因而是多余的。"① 维特根斯坦这里所说的这个"真值基础"指的就是与语句所指相关的事情，而真语句的真值基础也就是这种语句赖以为真的事实。

维特根斯坦的这段话既特别强调了从"q"得出"p"的真值基础，同时也指出了现代逻辑所说的重言式在语句推出方面存在的某些局限。在维特根斯坦看来，尽管现代逻辑可以根据某些"推演律"形成若干重言式意义上的推演，但是即使没有这些"推演律"，语句与语句之间本来具有的那种推出关系赖以存在的真值基础仍然存在于推出命题与被推出命题之中。一个简单的道理就是："如果一个命题是从另一个命题得出来的，那么后者所说较前者为多，前者所说较后者为少。"②

现代逻辑所说的类似于"$((p{\rightarrow}q)\land p){\rightarrow}q$"这样的蕴涵推理实际上都涉及了两种不同的蕴涵关系：一种是体现在蕴涵推理前提中的蕴涵，这种蕴涵一般都属于事实蕴涵。这里的"p"之所以蕴涵"q"，是因为"p"所说较"q"要多。另一种则是表现前提与结论之间关系的蕴涵，这种蕴涵是一种"推演律"意义上的具有重言式特征的蕴涵，表达这种蕴涵的语句属于先天为真的分析性语句。而且，就蕴涵推理来说，假如没有前提中那种事实意义上的蕴涵关系的成立，前提与结论之间的蕴涵是不可能产生的。因此，尽管维特根斯坦评价重言式蕴涵的言辞有些激烈，但是我们的确不得不承认，自然语言使用中，一个有实际意义的蕴涵推理在推出某种结论时所依赖的基础或根据必须是前提语句所指称的那种事实关系意义上的蕴涵。

作为推理基础或根据的前提语句既可以是简单句，也可以是复合句。简单语句以名称与名称之间的联结（也包括名称词与属性词之间的联结）来指称对象与对象（也包括对象与属性）之间的关系。而这种关系可能是事实，也可能不是事实。如果名称与名称之间的联结陈述的是事实，那么由这种联结形成的语句就是真语句；反之，则是假语句。例如，"张三是人"就是由专名"张三"与通名"人"之间的联结而形成的语句来指称"张三"与"人"之间所具有的一种属于关系，而"所有人都有死"则是以通名"人"与属性词"有死"之间的联结来指称"有死"与"所有人"之间存在的一种可陈述关系。当推理者将"有死"这样的属性词换作"有死的"这样的通名来表达时，前提语句"所有的人都是有死的"中的

①　维特根斯坦：《逻辑哲学论》，第65页。
②　同上。

"人"与"有死的"之间的关系也就转换成两个通名之间的包含于关系了。这样一来，根据两个综合性语句涉及的名称与名称之间的包含于关系以及属于关系就可以形成如下推理：

> 所有人都是有死的；
>
> 张三是人；
>
> 所以，张三是有死的。

这种推理是传统逻辑所讲的一种比较有代表性的三段论推理。推理的两个前提语句都是综合命题。由于把它们组合在一起形成的两个前提语句本身就包含"张三"与"有死的"在外延方面所具有的属于关系，因此结论中所陈述的名称与名称之间的属于关系只不过是对两个前提结合在一起所蕴涵的名称与名称之间关系的一种揭示。而这也正是维特根斯坦所说的前提比结论所说为多的意思。

第三节　言语行为

语言使用中的语句除了可以表达思想、指称事情之外，往往还会传达语言使用者的某种言语意图，完成某种言语行为。研究言语行为意义的理论被人们称为"言语行为理论"。

一、言语行为理论的主要思想

早在 20 世纪 30 年代，英国哲学家奥斯汀（J. L. Austin，1911—1960年）就将人们的说话方式区分成"行为式说话方式"与"记述式说话方式"两大类。所谓"行为式说话方式"，指的是说话者在言语交际过程中通过使用语言施行某种意向性行为的说话方式。奥斯汀认为，这种说话方式的特点是：说话者说话本身就是在施行某种言语行为，因而也就是在做一件事情，而并不一定非得去做话语所指的事情才能算是一种行为。所谓"记述式说话方式"，指的则是用来陈述情况或报道事实的一些言语表达。例如：

> 我承诺参加你的婚礼。

说出以上语句的人并不一定非得参加对方的婚礼才算是施行一种行为，而是他所说的这句话本身就体现了一种承诺的言语行为。

与上面的例句类似，奥斯汀所说的那些采用了"行为式说话方式"的语句所具有的行为意义一般都是由句子中包含的一些行为动词来体现的。

为此，他研究和总结了言语行为涉及的一系列行为动词，其中有："承诺""感谢""抱歉""警告""保证""发誓""邀请""命令""命名"等。

奥斯汀前期的言语行为理论的一个重要特点就是分析与研究行为动词的意义。然而，采取了某种行为式说话方式的语句在言语表达中并不一定都会带有某种行为动词。例如：

我参加你的婚礼。

以上这句话虽然在特定语境下也是在作出某种承诺，但是这种话语在表达方面却并没有使用任何与"承诺"相关的行为动词。对于这种未包含行为动词的言语行为语句来说，真正传达出其意向性行为意义的实际上是这种语句在特定的语境之下所表达出来的思想本身。由此看来，一个语句表面包含行为动词并不一定就是这个语句具有言语行为意义的必要条件。判定言语行为的关键还是要看语句所表达的思想本身是否具有这方面的语旨。

奥斯汀的前期理论认为，由于采取了某种行为式说话方式的语句主要是在完成某种言语行为，因此它们并没有真假之分，而只有"得体"与"不得体"之别；而与此不同的是，采取了记述式说话方式的语句则因其具有描述或报道某种事况的特点而有真假可言。

在后来的研究中，奥斯汀也发现一些不带行为动词的记述式语句实际上同样也可以执行或完成某种陈述、报道、描述或判断之类的言语行为，而且这样的语句同样也存在一个得体与否的问题。基于这样的发现，奥斯汀指出，传统的观点总是从语言的表达功能（"陈述"和"描述"功能）方面阐述语言的本质，而并没有看到语言的本质就是在做事。

在发现记述式语句也可以实施某种言语行为的同时，奥斯汀还发现不仅采用了记述式说话方式的话语有真假问题，而且采用了行为式说话方式的语句同样也有真诚或虚假的问题。比如，虽然某人说了"我答应参加你的婚礼"这样一个许诺式的言语行为语句，但是各种相关情况却表明他说这样的话只不过是一种临时的言语应付，实际上他并不会真正履行他的承诺，这时听话者就可以认为他的这种许诺并不是真诚的。

基于这样的原因，从20世纪50年代开始，奥斯汀便不再坚持他前期对使用语言所作的"记述式"与"行为式"的区分，而是根据言语交际过程中的言语所具有的一些不同功用重新对言语行为功能进行了如下区分：

X、以言指事（locutionary act）；

Y、以言行事（illocutionary act）；

Z、以言取效（perlocutionary act）。

具体来说，当处于言语交际中的说话者 S 对听话者 H 说出一个话语 T 时，T 一般都会包含如下三种功能：第一，S 说出话语 T 意指某种事情，这种情况属于"以言指事"。第二，S 在说出话语 T 的同时，或是在陈述，或是在询问，或是在断定，或是在请求，或是在承诺，等等，这些可被归结为是在传达某种语旨的情况属于"以言行事"。第三，S 说出话语 T 的目的是使 T 在听话者 H 那里产生某种言后效果，这样的情况属于"以言取效"。

从奥斯汀后期的言语行为思想可以看出，使用语言能够传达某种意向性言语行为与这种语言同时也可以通过某种思想指称某种事情并不矛盾。为此，人们在理解或解释"言语行为"语句时必须特别注意认识和处理好如下两种关系：其一，使用语言传达的言语行为与这种语言所指称的某种事情之间的关系。奥斯汀后期的言语行为理论所说的"以言指事"与其他语言学或逻辑学理论所说的语句的指称并没有什么本质的不同；而这种理论所说的"以言行事"讲的才是说话者通过其所说而对某种言语意图的传达。其二，使用语言所传达的某种意向性行为与实际行动意义上的物理性行为之间的关系。比如，无论说话者是说"我承诺参加你的婚礼"，还是说"我参加你的婚礼"，作为一种许诺，它们所传达的意向性言语行为与说话者参加听话人婚礼的实际行动是有着本质区别的。

继奥斯汀之后，言语行为理论在美国哲学家塞尔（J. R. Searle）那里又有了新的发展。

塞尔将言语行为区分成话语行为、命题行为、语旨行为和语效行为这样四种情况。他解释这些情况说，说话者说出某种话语本身体现的就是一种话语行为；而这种被说出的话语表达了某种思想则属于一种命题行为；这种命题本身所具有的发问、命令、警告等意向性功能则属于一种语旨行为；这种语旨对于听话者在思想、信念、行动等方面所产生的影响或由此所引发的反应则属于一种语效行为。

从塞尔关于言语行为的一系列论述来看，上述四种言语行为中的语旨行为才是塞尔言语行为理论研究和阐述的重点。塞尔还明确把一个使用语句所具有的意义区分成了语旨力与命题内容两个部分，并将这种意义用符号表示为"$F(p)$"，其中的"F"表示语旨力，而"p"则表示命题内容。

二、关于言语行为理论的评价问题

尽管一些研究者对言语行为理论有过一些评价，不过其中还是存在若干需要重新认识的问题。

1. 关于奥斯汀理论的评价

施太格缪勒曾经在其《当代哲学主流》一书中对奥斯汀言语行为理论所具有的意义有过这样的评价：

> 对于过去 2500 年间所有那些以任何一种方式研究语言的人来说这也是一件令他们感到羞耻的荒唐事，即他们竟然没有远在 J. L. 奥斯汀之前就做出这样一种其本质可以用一句很简短的话来表示的发现：我们借助于语言表达可以完成各种各样的行为。[①]

施太格缪勒对奥斯汀理论所发表的这种言论显然有些过于夸张或浮躁。其一，认为奥斯汀之前研究语言的人都没有发现语言表达可以完成某种言语行为并不符合事实。其二，认为奥斯汀对言语行为的发现会让过去 2500 年间所有研究语言的人感到羞耻明显过于偏激。

使用语言可以传达某种言语行为这样的观点实际上并不是奥斯汀第一个提出来的。比如，维特根斯坦就曾经从"用语言做事"的角度明确阐述过言语所具有的多种行为功能。他说："事实上我们用语句做大量的各种各样的事情，请想一想，光是惊呼就有完全不同的功能。"[②] 他在说明这一点的同时还列举了一些表示惊呼的言语，以此来说明同样一个惊呼相对于不同语境所具有的不同的言语行为意义。比如像"水！"这样的惊呼就可以根据不同语境传达"提醒""命令""警示"等不同的言语行为。

如果把维特根斯坦的这些思想和奥斯汀所讲的"用语词做事"对比一下，我们很容易会看出二者在用语以及所指方面具有的相似以及相同之处。这种相似以及相同甚至使我们不得不作出这样的推断：奥斯汀的言语行为理论实际上正是后期维特根斯坦言语行为思想的进一步展开，或者至少也可以说是受到了后期维特根斯坦言语行为思想的某些启发。

因此，即使可以说奥斯汀是言语行为理论的创立者，但却绝对不能说他是言语行为问题的发现者。

由于语言意义的多面性以及多功能性，人们对语言的认识必定会表现为一种渐进的、发展的过程。在科学研究的道路上，任何时代的任何人都不可能穷尽对某一研究对象所有方面的认识。因此，就算是在奥斯汀之前的一些语言研究者没有发现使用语言所具有的一些行为功能，那也谈不上这就是"令他们感到羞耻的荒唐事"。

---

① 施太格缪勒：《当代哲学主流》（下卷），王炳文等译，商务印书馆 1992 年版，第 66 页。
② 维特根斯坦：《哲学研究》，第 20 页。

2. 关于意向性行为与物理性行为的认识与区分

人们通常所说的"行为"一般都体现为某种物理性的行动。比如，人们在解释"言行一致""身教重于言教"等语词或语句的意义时所说的"行"或"身"所代表的行为就是与"言"相对的某些物理性行为。而言语行为理论所说的言语行为却并不属于这类物理性行为，而是使用语言所表现出来的某种语旨或意向。因此，人们在研究言语行为理论时首先必须对言语行为理论所言之"行"的性质与意义有一个明确的认识和界定。比如当有些研究者说某人说了一句道歉的话就是完成了某种道歉的行为时，我们首先需要认识到，这里所说的这种"行"能够体现的只是表达者的某种话语意图，这种话语意图充其量只属于某种意向性行为，这样的"行为"并没有超出"言"的范围而构成一种物理性行动。如果认识不到意向性行为意义上的"行"和物理性行为意义上的"行"各自具有的不同性质以及不同特点，那么"言"和"行"也就失去了本来应有的区分。

既然是属于"言"内之"行"，那么言语行为施行者就必须要注意避免不同表现形式的语言之间可能会产生的一些自相矛盾的情况。比如，就一个人对另一个人所说的道歉的话来说，这种话本身能够表达的实际上只是说话者的一种道歉的意向。如果道歉者一方面说着道歉的话，另一方面却在表情语气以及行为举止方面表现出了一些相反的意向或意思，那么这样两种不同的表现（言谈话语表现与行为语言表现）就是自相矛盾的。例如，两个女顾客在超市买东西时吵了起来。原因是甲女把乙女撞了一下，然后轻描淡写地说了句"对不起"。乙女很生气，于是毫不客气地指责起甲女的鲁莽行为。甲女随之也进行了反击："你还要怎么样？我不是说了'对不起'吗？"

这里之所以产生争执，原因就在于，在乙女看来，甲女在撞了自己后显然是在完成某种言语交际的惯常程序，她所说的"对不起"在自己看来并非发自内心，因而并没有任何实际意义。

就语言表达来说，表达本身涉及的一些物理性行为与表达所使用的言语本身所具有的一些意向性行为也是有区别的。

语言的某些使用方式所体现的一些行为一般都属于表达本身涉及的物理性行为。比如"沟通""表达""交流""陈述"等语言使用方式所体现的言语行为就都属于物理性行为；语句谓词部分所使用的动词所表达或所指的行为一般来说也都属于物理性行为。包含这类物理性行为动词的语句所指的事情都是人们实际在做的事情。而道歉的言语、命令的言语、劝告的言语等体现出的所谓"行为"则都属于意向性行为。

当奥斯汀在其后期研究中发现一些记述、报道、描述或判断性的语句同样也是在执行某种行为从而对他的前期理论作出修正时，这种修正本身就已经说明，"语旨性行为"与"物理性行为"以及"言"与"行"这些概念之间的界限在其后期理论中已经变得模糊起来。因为"记述""报道""描述"或"判断"之类的动词多数情况下应该属于物理性行为，这种物理性行为与他前期理论所讲的使用语言所具有的那种语旨性、意向性行为并不属于同一类行为，因而也并不具有同样的性质与功用。

在实际使用语言时，我们并不能排除有些使用语言可能会既包含某种意向性行为动词，也包含某种物理性行为动词。比如"场内禁止吸烟"这句话中的"禁止"表示的就是一种意向性行为，而"吸烟"所指的行为则是一种物理性行为。因此，这里的"禁止"作为一种言语行为动词要规范的是一种可能会发生的物理性行为。

3. 关于语旨与思想之间关系的认识与处理

在言语交际中，说话者所说通常都会包含某种言语意图，这种言语意图被言语行为理论称为"语旨"。虽然说话者所说所表达的某种思想与其语旨有关系，但这种关系只能是一种思想对语旨的具有关系，而并不是一种并列关系。关于这一点，我们从塞尔用来刻画言语行为语句意义所使用的符号形式"$F(p)$"也可以看出其中的思想"p"与其语旨"F"之间的那种具有关系。

语句所表达的思想有表层语旨，也有深层语旨。语句的表层语旨是由句型、语旨标志词或言语行为语句的表层思想等因素所决定的；而语句的深层语旨则是与特定语境下句子所表达的深层思想相关的。对于隐含了某种深层思想的语句来说，真正的语效是由句子所隐含的深层思想及其深层语旨来决定的。比如当一个人用鄙夷的口气评价另一个人说"他是一条看家狗"时，这种语句的表层语旨表现出的可能是一种认识、一种评价、一种告知，而与这种表层语旨相联系的厌恶、讽刺、责骂、提醒等言语意图才可能是说话者话语实际要传达的深层语旨。

在实际使用语言中，无论是属于个人的一般性许诺，还是属于国家、政党、团体的郑重宣言，其中都会包含一些不同的言语行为语句。"失信于人""失信于民"在更大程度上说的应该是说话者所说的或所发表的那些带有言语行为特点的言论后来并没有在现实中得到兑现，从而使得当初所谓的"答应""保证"等都落了空。

4. 使用语言的三种不同功能

"指事""行事"与"取效"指的是使用语言所具有的三种不同功能。

而言语行为理论的核心在于强调使用语言所具有的某种行事功能。

语句的指事功能并不是言语行为理论发现的。虽然奥斯汀的后期理论将"以言指事"与"以言取效"都列入其言语行为分类，但是这个分类实际上说的是使用语言所具有的三种功能。这里被划分或解释的母项实际上是言语功能，而并不是言语的行为功能。如果把这样的区分看作对言语行为功能的区分，那就势必会导致出现把言语的指事功能、语效功能也都归结为言语行为功能的结果，从而最终导致混淆语言不同功能所具有的不同性质以及不同作用。

语句的指事功能是语句的基本功能，而具有指事功能的语句往往会同时具有某些行为功能。维特根斯坦后期虽然批判过那种认为语句"只谈论事物"的观点，但他的这种批判并不是要否认语句对于事物的谈论功能；他所说的"我们用语句做大量的各种各样的事情"强调的只是语句在谈论事物（或指称事物）之外还会具有其他一些功能。

就言语行为语句来说，语效本身实际上并不能算是一种言语行为，而是由某种言说所产生的结果。言语行为语句有语效问题，指事语句同样也有语效问题。从说话者的言说动机来看，取得某种语效是其言说的目的，而从其言说在听话人那里产生的反应来看，产生了某种语效又是说话者言说的结果。

从表面上看，将使用语言的所有功能都解释或归结为行为功能似乎是在强调言语行为功能的重要性，而实际上却等于用使用语言的行为功能取代了使用语言的其他功能。这样一来，也就等于从认为语句只具有指事功能这样的一个极端走向了认为语句只具有行为功能这样的另一个极端。

三、言语行为性质的判定

语句所传达的言语行为既涉及话语的恰当性，也涉及话语的真诚性与真实性，而恰当性、真诚性与真实性的言语表现以及判定依据并不一样。

1. 恰当性条件与"惯例性步骤"

奥斯汀在其初期理论中谈到行为式说话方式需要具备的恰当性条件时曾经指出，言语行为语句的表达要符合某些"惯例性步骤"要求，"这种惯例性步骤是一种语词步骤"[①]。他举例说："假设，在一次与孩子们的游戏中，我挑选我的帮手，我说：'我要乔治'，但乔治却一板面孔说：'我不

---

① 马蒂尼奇：《语言哲学》，第 213 页。

玩'。在这种情况下，出于某种原因我显然没有能挑选乔治。"[1] 奥斯汀认为，这里挑选者使用的挑选式说话方式就是不恰当的。因为没有人可以挑选不准备参加的人。这里的挑选要想成功，被挑选者首先必须具备准备参加这样的条件。

奥斯汀认为，违反"惯例性步骤"要求的原因以及表现情况是多种多样的。他举例说，如果法官宣布某人有罪，那么这种宣布式言语行为就应该在某种法定的场合依据一定的法律程序来完成，否则，宣布就是无效的。或者，如果你是法官，那么你在法庭上说某人有罪就是在实施一种宣布的行为；但是，如果你不是法官，如果你没有这种宣布权，那么你所说的某人有罪就是无效的。如果有人说"我任命你为执政官"，而事实上你已经被任命过了，或者说话者所说的"你"指的是一匹马，那么这种言辞同样也属于违背了"惯例性步骤"的要求。

奥斯汀所列举的这些情况说明，他所说的"惯例性步骤"实际上就是人们说话时通常都需要遵守的一些最基本的具有常识性、习惯性特点的规则。

奥斯汀提出的这种"惯例性步骤"无疑可以从恰当性角度限制一些无效言语行为。不过，他所列举的某些例子以及他对这种例子的分析却明显存在一些问题。比如就那个在游戏中挑选帮手的例子来说，尽管那个被挑选的小孩回绝了挑选者的要求，但这种回绝并不能说明挑选者提出的那个要求是恰当的还是不恰当的。虽然不准备参加这个游戏的人会拒绝挑选者的请求，但是在挑选者具有挑选权且不知道被挑选者不准备参加的情况下，挑选者所提出的挑选对方的要求性话语并不存在恰当或不恰当的问题。因为客观上人们并不能排除这样的情况：即使说话者表达某种言语意图的话语是恰当的，听话者也不一定就会"有求必应"。这种情况下，说话者充其量也只能算是说了一句未达预期语效的话语。

2. 恰当性条件与语境

奥斯汀解释"惯例性步骤"所列举的大部分言语行为语句涉及的恰当性条件实际上都与使用语言所依赖的某些具体语境密切相关。比如不依据一定的法律程序或不在法定场合宣布的"某人有罪"这样的言语行为语句就不符合"惯例性步骤"；从使用语言与其所处语境的关系来看，这种不符合也说明说话者所使用的言语行为语句失去了必要的语境支持。由此来看，言语行为语句的恰当性条件所涉及的问题归根结底也是一个使用语言如何

---

① 马蒂尼奇：《语言哲学》，第 214 页。

与特定语境相匹配的问题。

从说话者方面看，如果想要顺利实现某种言语行为语旨的传达，那就必须充分注意是否具备语境条件。例如，甲对乙说："现在已经深夜 12 点了。"这句话可能是用来指事的，也可能是用来传达某种言语行为语旨的。假如甲乙二人此前正在谈话，而且甲已然失去了继续谈下去的兴趣。此时甲说这句话的意思就不仅可能是在向乙提示时间，而且还可能是在暗示乙应该告辞。对于说话者来说，他的这种暗示式的言语行为能否达到目的或取得他所希望的语效，必须要看这样的表达是否有必要的语境条件支持。假如条件不具备，听话者很可能会听不出说话者的暗示。如果这个对话中的乙根本就没有这样的认识能力或生活习惯，那么这种情况下甲用这句话来表达"乙应该告辞"的意图就可能会落空。

从听话者方面看，识别说话者在言语交际中所使用的语句是指事的还是传达言语行为的，同样也需要根据使用语句所处的具体语境来判定。例如，如果一个人问另一个人"今天是周几?"，这时回答者所说的"今天是周六"这样的陈述句就是在指事；而如果一个孩子跟他的父亲以请求的语气说出了"今天是周六"这样的语句，而此前父亲曾承诺周六会带他去郊游，那么在这种语境下，这句话就是在通过一个表面看来是在指事的语句传达说话者的某种请求或提示。

3. 真诚性与真实性

为了进一步贯彻"惯例性步骤"要求，保证这样的步骤不被滥用，奥斯汀在解释惯例性步骤时还特意补充了一条被他称为"真诚"的言语规则。

真诚规则要求说话者在完成某种言语行为时所说的话必须是诚心诚意的。例如，某人说"我答应……"，但是，如果他作出这种承诺时根本就不是诚心的，或者他本来就知道自己根本没有能力完成他所答应的事情，那么这种承诺就不是真诚的。如果一个人对另一个人说"欢迎你"，但说话者却又在一些具体行为中明显表现出了对听话者的不欢迎，于是，在这样的情况下，说话者所讲的"欢迎"的话也不是真诚的。

从奥斯汀提出的真诚规则来看，语句的真诚性与真实性是有区别的。真诚性要考察的是说话者所表达的言语意图是发自内心，还是言不由衷，而真实性要考察的则是一个语句所指的事情是不是符合事实。

即使是那种发自内心的具有真诚性的言语行为语句，在将其付诸事实验证之前，人们并没有办法对这种语言的真实性作出判定。比如一个赌徒向你信誓旦旦地保证，你只要借钱给他押注，他保证三天后将所借之钱连本带利都还给你。一般来说，这种保证性承诺可能是真诚的，但并不一定能够成为真实的。因为一旦他赌输了，他的这种承诺就是根本无法兑现的。某些有一腔热血的政治竞选人竞选时作出的承诺尽管可能是真诚的，但这种承诺却不一定就能够在日后的现实中得到真正的兑现。

当一个言语行为语句不仅具有意向性行为特征，而且也涉及真假判定时，那么这样的言语行为语句也就同时具备了指事语句的特征。比如当听话者根据一些具体情况推断说话者所说的"欢迎你"是虚假的时，听话者实际上同时也在从指事方面来看待或理解这个语句。这种情况下，在听话者看来，说话者所说的"欢迎你"这样的语句就不仅仅是在传达一种言语行为，而且同时还表达了"我（或我们）是欢迎你的"这样一种指事性命题。

4. 考察语句性质的两种不同标准

真假标准与恰当性标准是判定或衡量语句性质的两种不同标准。

在实际使用语言中，有些看来似乎需要用真假标准来判定的语句有时恰恰需要用恰当性标准来衡量，而有些看来似乎需要用恰当性标准来衡量的语句有时却恰恰需要用真假标准来判定。而且对于实际语言使用来说，真实的不一定都是恰当的，而恰当的也不一定都是真实的。

鲁迅在其杂文《立论》中曾讲过这样一个故事：

　　一家人生了一个男孩，合家高兴之极。满月时，抱出来给人看，大概是想得点好兆头。这时，有个人过来说："这孩子将来要发财。"主人听了很高兴。另一个人过来说："这孩子将来要做官。"主人听了很感谢。第三个人过来说："这孩子将来是要死的。"结果他遭到了大家的一顿合力痛打。[1]

鲁迅讲这个故事的目的本来是想隐喻性地讽刺和批判某种真话难讲而假话盛行的社会环境或人们的某些言语偏好状况。在这种环境或状况下，有些真话尽管符合事实，但听话者却并不爱听；而有些虚妄之言尽管离事实很远，但听话者听起来却很是受用。如果说话者既不想说假话，又不能说真话，那就只能像故事中的老师教给学生的方法那样，看着这个孩子含糊其辞地说："啊呀！这孩子呵！你瞧！多么……。啊唷！哈哈！呵呵呵！呵呵呵！"

如果结合鲁迅所处的时局来看鲁迅讲这个故事的意图，那么他对当时社会、政局以及某些人性采取的那种讽刺与批判的态度与行为无疑是应该被肯定的。但是，假如撇开这种言语意图，仅就他为了说明自己的观点或

---

　　[1]　鲁迅：《立论》，《鲁迅散文集》，黑龙江人民出版社 2004 年版。

主张而选用的这个例子来说，并不能算是十分恰当的。正确分析或评价这个故事中的人物语言，首先需要正确区分故事中人物语言所具有的言语行为特征与指事特征。

从语言表达方面看，这个故事在更大的程度上反映的应该是一个怎么根据语境进行恰当语言表达的问题。然而，无论是鲁迅自己，还是一些忽略语境的激进读者，他们都只考虑到了其中人物语言的真实性问题，而忽略了这种话语所依赖的故事情节以及这种话语在这样的情景下所表达出的一些言语行为意义。他们一般都会在错解故事中人物话语语旨的情况下对前两个因说假话而得好报的人嗤之以鼻，而对后一个因说真话而遭毒打的人却同情有加。如果结合具体语境从真实性与恰当性相结合的角度来评价故事中的人物语言，那么正确的分析与评价并不一定就是鲁迅出于批判现实的目的而隐喻的那种认识。

尽管故事里的第三个人讲的是一句真话，但是如果结合说话者说话时的具体语境来看，他所说的那句话却是极不恰当的。人家孩子过满月本来就是要听一些吉利话，因此从话语语境所要求的的言语行为特征来看，说话者应该尽量使用一些能够传达"恭喜""祝贺""祝福""祝愿"之类语旨的语句。然而，第三个人却偏偏讲的是一句与特定语境极不匹配的大实话。尽管任何人最终难免一死，然而，从人们使用语言的习惯来说，"死"应该是一个忌讳性极强的用语。对一个正在过满月的孩子说他终将会死，显然非常不妥。如果听话者把他说的那句话当作一种传达言语行为的语句并将其语旨解释为咒那个孩子早死，这样的解释显然也合乎人们通常的理解习惯。

由此来看，这个故事所表现出的问题并不完全如鲁迅解释的那样是说真话挨打说假话却得好报，而是应该解释为第三个人所说的那句话与语境极不匹配，因而很不恰当。而与此相反，故事里的前两个人尽管讲的都是一些当下无法验证的话，因而这样的话语在被说出的时候就已经包含了某些可能为假的因素，但这些话在当时语境下作为一种传达"祝福"性语旨的喜庆话却是比较恰当的。这些喜庆话在那种语境下表达的只是说话者对孩子的一种祝福或祝愿，而并不是在陈述某种事实或预测将来一定会发生在那个孩子身上的某种事情。至于他们的这种祝福或祝愿是否真诚，是否恰当，则需要结合说话者说出这种话语时的具体语境去作另外的分析。如果语境表明他们说这些话时并不真诚，那就可以说明他们的祝愿是虚伪的；而如果语境表明他们说这些话时是真诚的，那就可以说明他们的祝愿是恰当的。但是，无论这种祝愿是真诚的还是虚伪的，由这类说话方式所决定的话语意图都并不是在指事。

至于说到故事中的那位老师，他教给学生的办法却是尽量讲一些模棱两可、含含糊糊的话语。就一般情况而言，假如有人在那种场合采用那样的方式说话，那么即使这种话语在听话者那里不会产生如第三个人所说那样激烈的负面效应，但同样也不会产生出什么好的效果。因为从这种话语的含糊以及由此流露出的说话者的态度，听话人很可能会解读出说话者的世故、圆滑、阴险以及对当下需表态之事的漠不关心。比较细心的听话者甚至可能还会从这种装模作样、模棱两可的话语听出其他令人怀疑的意思。

撇开鲁迅讲这个故事的原初目的，单从言语行为理论角度来思考和评价故事中的人物语言，我们可以领悟出这样一个道理：判定某种言语行为是否恰当的标准与判定指事语句真假的标准并不一样；判定言语行为语句的恰当性主要看这种语句对某种言语行为语旨的表达或传达是不是与语境相匹配，而判定指事语句真假的标准则需要看语句所指的事情是否与事实相符合。

言语行为理论对言语行为的分析与研究给关于意义的分析与研究带来了许多新的启示，它让人们进一步认识到使用语言作为一种被研究对象具有多维度、多层次的立体性特点。也正因为如此，人们对使用语言的分析也可以有诸多不同的路径、目标，并且由此产生出诸多不同的研究结果。

言语行为理论认为，人们说话就是在做事；反过来我们也会发现，有些情况下人们做事实际上也意味着是在说话，甚至我们还可以认为人们在思想的作用之下所做的每一件事情几乎都可以代表一种意义。如果前者可以被概括为一种言语行为，那么后者则可以被概括为一种行为语言。人的一生都离不开做事和说话。说话和做事这样两种表面看来有着严格区分界限的行为或活动在表达意义方面所具有的这种同一性特征提醒人们不得不时刻注意自己在人类社会生活中的一言一行。

第八章　引语同一替换

　　同一替换指的是两个涵义不同而所指相同的语词或语句根据表达的需要而在语言使用中的相互替换，这种替换可以从一个命题得到另一个新命题。例如，"暮星"与"晨星"涵义不同而所指相同，于是当人们用"暮星"替换"晨星是一个被太阳照亮的物体"中的"晨星"时，就会得到一个与原命题不同的新命题"暮星是一个被太阳照亮的物体"。由于从原命题经过替换得到了一个新命题，因此，同一替换属于推理。

　　同一语言层次内的同一替换相对来说比较简单。现代哲学所谓的"同一替换难题"涉及的问题主要是与语言层次分析相关的引语同一替换。

第一节　引语同一替换及其规则

　　引语是一个语句所包含的比该语句低一个语言层次的语句，可分为直接引语和间接引语。直接引语是说话者在自己的语言表达中所直接引用的别人所说的话，这种引语在文字表达中通常会被置于一个引号之内；而间接引语则是说话者在自己的语言表达中使用的转述他人话语意思的话，这种转述在文字表达中虽然不带引号，但在转述用语之前一般都会冠有某种引语引导词。例如：

　　　　哥白尼认为行星的轨道是圆圈。

　　就上面的句子来说，其中"认为"之后的语句"行星的轨道是圆圈"相对于它所在的整句话"哥白尼认为行星的轨道是圆圈"来说就是一个间接引语，它与包含它的整句话并不在同一语言层次。而句子里出现的"认为"这样的词语则属于间接引语引导词。

　　对于引语来说，直接引语并不存在同一替换的问题。因为假如用一个意思相同的不同语句替换直接引语，那么替换后的引语就不可能是说话者所说的原话了。因此，当人们说到引语同一替换时，这种替换一定说的是间接引语同一替换。

一、弗雷格的引语替换思想

弗雷格认为，通常情况下，语句的所指是其真值，而如果句子或句子的部分属于直接引语或间接引语，那么这种句子或句子部分的所指就不是真值。他说："一个句子在直接引语中还是指称一个句子，但在间接引语中则指称一个思想。"[1]

弗雷格指出，假如引语替换仍然沿用通常的真值替换方法，就会使替换前后两个整句的所指出现不一致的情况。例如，在上面所列"哥白尼认为行星的轨道是圆圈"这句话中，"行星的轨道是圆圈"作为句中"认为"这一引语引导词所带的间接引语，它在整句中的所指并不是真值，而是该引语具有的通常涵义，这种通常涵义相对于包含该引语的整句话的所指来说就属于一种间接所指。由于所指层次不同，因此人们不能根据通常情况下"行星的轨道是圆圈"是假的，从而用另外一个通常情况下的假语句，比如用"地球是宇宙的中心"来替换上面那个引语从句，从而得出如下这样的语句：

　　　哥白尼认为地球是宇宙的中心。

尽管上面两个句子所包含的间接引语从句都是假的，但是这种替换却使得替换前后两个带引语的语句整体产生了真值方面的变化。哥白尼虽然认为行星的轨道是圆圈，但他并没有认为地球是宇宙的中心。替换前的整句话是真的；而替换后的整句话却是假的。

其实，把"哥白尼认为行星的轨道是圆圈"替换为"哥白尼认为地球是宇宙的中心"之所以会出现替换错误，是因为"行星的轨道是圆圈"的确是哥白尼所"认为"的，而用来替换的"地球是宇宙的中心"却并不是哥白尼所"认为"的。因此，尽管两个引语在通常情况下真值相同（即都是假的），但是用一个不属于哥白尼认为的命题替换属于哥白尼认为的命题却是不可以的。如果可以这样替换，那么这也就等于表明人们可以用任意一个通常情况下的假语句来替换"哥白尼认为行星的轨道是圆圈"这句话中的间接引语了。推而广之，只要某人曾经有过一种错误认识，那么人们也就可以用任意一种错误认识来替换他所认为的那种错误认识了。

弗雷格认为，正确的引语替换只能在具有相同的通常涵义的引语中进

---

① 　弗雷格：《弗雷格哲学论著选辑》，第105页。

行。例如：

> 哥白尼认为行星的轨道是圆圈。

> 哥白尼认为太阳运动假象是由地球的真实运动造成的。

弗雷格说："这里用一个引语从句替代另一个从句，不会影响真。主句与从句一起只以唯一的一个思想作涵义，整体的真既不包括从句的真，也不包括从句的不真。在这些情况下，不允许把从句中的一个表达式代之以另一个含有相同的通常所指的表达式，而只能代之以含有相同的间接所指、即相同的通常涵义的表达式。"[①]

尽管弗雷格在理论上承认引语替换应该在具有相同的通常涵义的从句中进行，但是他所认为的那种"相同的通常涵义"实际上指的是在同一引语引导词之下句子所具有的相同真值。而在同一引语引导词之下具有相同真值的引语，其涵义以及所指事情却不一定相同。

其实，在弗雷格的用例中，"哥白尼认为行星的轨道是圆圈"与"哥白尼认为太阳运动假象是由地球的真实运动造成的"这样两个句子之所以都真，是因为其中的两个引语本来就都是哥白尼所"认为"的，二者之间实际上并不存在任何同一替换关系。被哥白尼认为是真的或假的语句有许许多多，但我们并不能说凡哥白尼认为真的语句都与他认为的"行星的轨道是圆圈"在他的这种"认为"中具有可以支持替换的同一关系。

从弗雷格的举例以及说明来看，仅仅根据句子的真值并不能有针对性地在引语同一替换方面总结出正确而有效的推理规则。弗雷格之所以这样总结，归根结底还是因为他把语句的真值解释成了语句的所指，而他所说的这种处于同一引语引导词之下的真值同一替换所带来的问题则恰恰从归谬的角度又一次反证了其真值指称观所存在的问题。

二、引语同一替换规则

无论是直接引语还是间接引语，它们实际上并非在任何情况下都只有涵义而没有通常的指称。弗雷格自己就说，这样的语句相对于说这句话的人来说是有通常指称的。而这显然也就等于在说引语在它们自己所在的语言层次上还是有其通常指称的。不过，这样的通常指称却并不是弗雷格所认为的句子的真值，而应该是语句所指的事态或事情。例如，就"张三知道老舍是著名作家"这句话整体来说，它指的就是"张三知道什么什么"这样一种事情，而其中的"老舍是著名作家"在整句话中则只是指一种思

[①] 弗雷格：《弗雷格哲学论著选辑》，第 106 页。

想或一种涵义。但是，这种在整句中只指一种思想或涵义的引语相对于句中所说的张三的认识来说却是有其通常指称的。而且，在张三那里，这种通常的指称指的应该是张三所知道的"老舍是著名作家"这样一个事态。

弗雷格一方面认为引语替换只能在两个具有相同的通常涵义的语句之间进行，而另一方面他用来替换的引语与被替换语句实际上并非属于那种真正有相同的通常涵义的语句，而只是由同一引语引导词所引导的在同一语言层次上具有相同真值的语句。这样的引语替换虽然与弗雷格的真值指称思想是一致的，但是与人们通常所理解的所指相同的"同一替换"并不一致。

与弗雷格的真值指称思想一脉相承，现代逻辑和现代哲学的主流思想从理论上一般也都是把真值看成语句的指称，因此，以此为根据所说的语句同一替换也都是涵义不同而真假相同的语句替换；而由此所决定的引语同一替换同样也是在同一引语引导词之下具有相同真值的语句替换。

如果我们能够从语句指称的实际情况出发改变一下这种极端而简单的指称观，比如，如果我们能从语句指称事情的观点出发来看待引语同一替换，那么我们将会得到一种完全不同于弗雷格主张的结论。

无论是在通常情况下还是在引语情况下，语句的所指本来就是事态或事情；通常语句对事情的所指与引语语句对事情的所指之间的区别只是语言层次不同而已。

因此，就间接引语替换来说，只有在相同引语引导词之下指称同一对象的语词或指称同一事情的语句才可以相互替换；并且也只有用来替换的语词或语句与被替换语词或语句所指对象或事情相同而涵义不同时才有替换的必要。

据此，我们可以总结出间接引语同一替换的基本规则：

第一，替换者与被替者之间的同一关系必须处于同一引语引导词之下。

第二，替换者与被替者必须涵义不同而所指对象或所指事情相同。

这样的规则说明，引语同一替换与普通同一替换之间的区别只在于要不要区分语言层次。在区分语言层次的前提下，引语同一替换所要求的"同一"仍然还是一种处于同一引导词之下的语言表达式在所指对象或所指事情方面的同一，而并不是涵义或真值方面的同一。例如，"老舍"与"舒庆春"是指称同一对象的两个不同名称，而相应的以这两个名称为主词的语句"老舍是著名作家"与"舒庆春是著名作家"则是指称同一事态的两个不同语句。假如"老舍"所指对象与"舒庆春"所指对象之间所具有的同一关系并不在（张三）"知道"这一引语引导词之下，那就不能从"张三知道老舍是著名作家"得出"张三知道舒庆春是著名作家";而假如"老舍"与"舒庆春"所指之间的同一关系在（张三）"知道"这一引语引导词之下，那么将"张三知道老舍是著名作家"替换为"张三知道舒庆春是著名作家"就是合乎逻辑的。假如"老舍就是舒舍予"也在（张三）"知道"这样的引语引导词之下，那么把前两个语句替换为"张三知道舒舍予是著名作家"同样还是合乎逻辑的。

由此来看，下面的引语同一替换推理是遵守了以上同一替换规则的推理：

  张三知道老舍是著名作家；

  张三知道舒庆春就是老舍；

  所以，张三知道舒庆春是著名作家。

而下面的引语同一替换推理则是违反了以上第一条规则的推理：

  张三知道老舍是著名作家；

  舒庆春就是老舍；

  所以，张三知道舒庆春是著名作家。

因为这里的"舒庆春就是老舍"并不一定是张三知道的，所以由此并不能推知"张三知道舒庆春是著名作家"。

这里，在同一引导词之下所指相同的两个名称之间的替换显然同时也会导致处于同一引语引导词之下所指事情相同的两个引语语句之间的替换。

根据上面所列第二条规则，作为一种推理的引语同一替换并不能像弗雷格所规定的那样将处于同一引语引导词之下真值相同的语句进行替换。在真值相同而事态不同的语句之间进行的所谓"替换"实际上是在同一引语引导词之下罗列可以适应于该引导词的一系列具有相同真值的命题；这种罗列并不是替换，当然也算不上是推理。比如，在同一引语引导词"知道"之下，把"张三知道老舍是著名作家"替换为"张三知道舒庆春是著名作家"，这种替换并没有改变被替换语句的事态指称；但是，假如在同一引导词"知道"之下，把"张三知道老舍是著名作家"替换为"张三知道巴尔扎克是著名作家"，这样的替换却会改变被替换语句的事态指称。即使这两句关于张三"知道"的话都是真的，然而这种"真"却不是经过引语同一替换得来的。一个人知道的或真或假的命题可以有无数个，但是，这些真值相同的命题所指的事态或事情在这个人的认识中却并不可能属于同一事态或同一事情。

第二节　内涵语境与晦暗语境

詹斯·奥尔伍德（Jens Allwood）等人编著的《语言学中的逻辑》（以下简称《语》）一书曾介绍过两对与同一替换密切相关的语境：一对是"内涵语境"和"外延语境"，另一对是"晦暗（opaque）语境"和"显透（transparent）语境"。下面，我们结合上节所述引语同一替换规则以及方法，对与这两对语境相关的同一替换问题作一些必要的分析和说明。

一、内涵语境与同一替换

《语》对"内涵语境"和"外延语境"的说明是从下面的例句展开的：

（1）比尔正在想象他未来的妻子。

（2）比尔正在吻他未来的妻子。

《语》指出，以上句（1）可以有如下两种解释：

第一种解释：把句中"想象"所表示的关系看作两个实体之间发生的一种关系。在这种解释下，"比尔"和"他未来的妻子"的所指对象都实存于现实世界。

第二种解释：相对于某个世界（如现实世界）来说，即使不存在句中使用的名词性词组"他未来的妻子"所指的个体，这个语句仍然可以是真的。这种情况下，比尔所想象的对象可以是他希望作为他妻子的那种类型的女人。

《语》指出，句（1）的第二种解释并不适用于句（2）。句（2）如果是真的，那么"比尔"与"他未来的妻子"的所指对象必须存在于同一世界。

根据句（1）的第二种解释，《语》指出，有些语言表达式可以借助某种语境，比如借助"想象"这样的语境从而把一些通常情况下本属于内涵的东西当作一种外延的东西来使用。在这样的解释之下，"想象"涉及的语境就是内涵语境。

而上面句（2）中的"吻"涉及的语境却是纯粹的外延语境。

如果换一个角度来看上述句（1），我们也可以对这里出现的"想象"作出两种不同的解释，一种解释是可以把"想象"解释为一个关系词，而另外一种解释则是把"想象"解释为一个引语引导词。当"想象"被解释为一个关系词时，比尔所想象的"他未来的妻子"的所指与"比尔"的所指必须同处于一个世界；而当"想象"被解释为一个引语引导词时，比尔所想象的"他未来的妻子"的所指与"比尔"的所指可以不属于同一世界，即这个被想象的对象也可以存在于比尔的想象所带引语所相对的世界中。

与句（1）不同的是，句（2）中的"吻"只能被解释为一种关系词，它所连接的"比尔"与"他未来的妻子"只能是处于同一语言层次上的两个部分。

被引语引导词所引导的语句与它所在的整句话并不在同一语言层次上。引语引导词为它所带引语提供的语境是一种内涵语境。

针对内涵语境，《语》指出，有时一个语句所表达的命题本身也可以变成一种外延。

值得注意的是，《语》基于这一点对模态语句作出了一些与通常的逻辑教科书有所不同的分析以及解释。比如对于"必然地正在下雨"这个语句来说，"必然地"所作用的对象可以只是它后面的那个语句（或命题），而并不是该语句（或命题）所指的事情①，由此也就决定"必然地"之后的语句（或命题）成了一种处于内涵语境中的语句。而这样一来，由这种内涵语境所决定的语句的所指就只是它所表达的命题本身，而并不是真正发生了"正在下雨"的事情。

把模态词看作一种引语引导词并且在此基础上进一步把这种语词所带引语看作一种处于内涵语境中的语句，这样的看法体现了人们对模态语句持有的一种以区分语言层次为基础的认识，基于这种认识而解释的模态语句的涵义和所指与一般逻辑论著对模态语句的解释并不一样。

一般逻辑论著讲模态语句主要强调的是这种语句的断定程度，而并没有注意到这种语句涉及的不同语言层次。按照一般逻辑论著所强调的模态推理规则，从"必然地正在下雨"可以推出"正在下雨"，其理由是"必然"的断定程度强于实然。而根据上面从内涵语境角度出发所分析的模态语句的情况来看，当把模态词所带语句看作一种处于内涵语境中的语句时，从作为一种表达某种认识的"必然地正在下雨"并不能推出事实语句"正在下雨"。因为在这种情况下，"必然地正在下雨"中的"正在下雨"只是"必然"所带的一个引语，作为引语的"正在下雨"在整句话中仅仅指的是一个句子、一种思想，或一种语句的涵义，而通常人们所说的"正在下雨"指的却是一件发生的事情。

显然，即使人们在语言使用中给某一种认识冠以"必然"这样的模态

---

① 这里，《语》所说的语句通常的所指是"真值"，而本书则将语句通常的所指看作"事情"。

词，然而它终究还是属于一种认识。从用语意义方面看，说这种"必然"的断定程度强于"实然"是很难成立的。"实然"说的是一种已经发生的事情，而"必然"所表示的却往往只是人们的一种信念，而这种信念涉及的命题又往往只是体现了人们的一种认识。

对于"必然地正在下雨"这样的语句来说，如果将其中的"必然"解释为在"实然"的基础上所说的"必然"（也即"必然地正在下雨"这样的语句不仅陈述了"正在下雨"这样一种正在发生的事情，而且还陈述了这种事情的发生是必然的），那么这样的语句就等于表达了两层意思。而如果是这样，那么仅仅说"必然地正在下雨"显然是不够的。要表达出这样两层意思，或者语句需要重新组织，或者需要一些语境的配合。而我们语言使用中通常所说的"必然 P"却并非属于包含这样两层意思在内的语句。

二、晦暗语境与同一替换

"内涵语境"这一术语是《语》在"内涵逻辑和范畴语法"一章中解释的。而在"模态逻辑"一章中，该书又提到了"晦暗语境"这样一个术语。

由于《语》所讲的模态词所辖语句本身就是一种处于内涵语境中的语句。因此该书所说的那种含有模态词的句子涉及的"晦暗语境"与"内涵语境"所针对的语句形式在拥有内涵语境这方面应该是相同的。但是，从《语》一书对有关例子的具体分析来看，它关于"晦暗语境"的一些分析以及解释特别强调的其实是另外一种语境——摹状词语境；而与此相应的所谓"显透语境"指的则是那种由句子中的专名所提供的语境。比如，对于"丹麦国王可能已是卡努特以外的某一个人"这个句子来说，《语》认为其中"丹麦国王"的指称就是晦暗的。由于出现了这样的晦暗语境，因此不能进行下面这样的推理：

　　（1）丹麦国王可能已是卡努特以外的某一个人；

　　（2）丹麦国王是卡努特；

　　（3）所以，卡努特可能已是卡努特以外的某一个人。

从《语》对以上推理使用的语句及其组成部分涉及的所指情况的分析来看，它所提到的"丹麦国王"问题正是罗素曾经分析过的摹状词问题。为此，我们不得不对摹状词语境与同一替换的关系作一些分析。

对于一般的同一替换，罗素给出了下面这样的表述：

　　如果 a 等于 b，那么凡对于一个真的，对另一个亦真，且这二者可以在任何命题中互相代入而不改变命题的真假。①

这种替换推理可以用如下公式表述：

$$(F(a) \wedge (a=b)) \rightarrow F(b)$$

以上公式所说的同一替换是在同一语言层次内所指相同的两个不同名称之间的相互替换。

罗素认为，这样的替换对于摹状词来说并不适用。他认为，摹状词的直接所指与专名的所指并不一样：一个专名可以直接指称一个对象，因此它可以被直接用作命题的主词；而摹状词并不能直接指称对象，而是直接指这种词组的一种语词组合涵义，因此这样的词组是不能直接充当命题的主词的。

为了说明摹状词与专名在所指方面具有的不同特点以及二者不能直接进行同一替换的原因，罗素以"乔治四世想知道司各脱是否《威弗利》的作者"这样的句子为例进行了如下分析与说明：

> 当人们根据事实上司各脱是《威弗利》的作者这样的情况从而用"司各脱"代入以上句子中的"《威弗利》的作者"时，结果会出现"乔治四世想知道司各脱是否司各脱"这样的荒唐结论。

罗素认为，之所以出现这种情况，是因为这句话里的摹状词"《威弗利》的作者"的直接所指与专名"司各脱"的直接所指并不是同一个东西，因此相对于某种陈述来说，摹状词与专名是不能进行同一替换的。

根据罗素对摹状词的所指给出的分析来看，以上语句中"《威弗利》的作者"的直接所指应该是该摹状词所具有的如下涵义：

> "至少存在 x，x 写了《威弗利》，并且对于所有的 y 来说，如果 y 写了《威弗利》，则 y 与 x 相等"。

而"司各脱"作为专名却直接指的是司各脱这个对象。

因此，正如不能用"司各脱"替换"乔治四世想知道司各脱是否《威弗利》的作者"这种句子中的"《威弗利》的作者"一样，《语》这里所举的例子中的"丹麦国王"和"卡努特"同样也是不能相互替换的。《语》在进一步从语境角度解释这种不能替换的原因时明确指出，这里的"丹麦国王"涉及的语境是晦暗的，而"卡努特"涉及的语境则是显透的。

《语》还对这里所说的"晦暗语境"的历史渊源进行了如下追溯：

> "晦暗性"这个词是由罗素和怀特海在他们的《数学原理》一书中采用的，但是这个观念的起源可以追溯到德国数学家弗雷格的著名

---

① 罗素：《逻辑与知识》，第57页。

论文《论涵义和指称》。弗雷格注意到有共同指称的词项互相代替在间接引语语境中并不是一般地可能的。[①]

然而，从弗雷格的《论涵义和指称》这篇论文来看，《语》的上述追溯提到的弗雷格的论述涉及的内涵语境实际上是一种间接引语意义上的语境，这种语境并没有涉及任何与摹状词相关的问题。

对于罗素后来所说的摹状词，弗雷格当初是把这类词组当作专名来解释与处理的。他把这样的专名叫"复合专名"。他认为，复合专名与简单专名一样可以直接指称一个特定的对象。而在罗素的理论中，相当于弗雷格所说"复合专名"那样的摹状词并不能直接指称对象，而是直接指摹状词所具有的一种语词组合涵义。比如就"发现行星轨道是椭圆状的那个人死于贫困之中"这句话来说，按照弗雷格的分析，其中的"发现行星轨道是椭圆状的那个人"作为一个复合专名，其所指对象就是开普勒；而罗素则认为这样的词组作为一个摹状词并不能直接指对象开普勒。在弗雷格看来，"发现行星轨道是椭圆状的那个人死于贫困之中"这句话所隐含的"存在一个发现行星轨道是椭圆状的人"属于句子的预设，而且这种预设性涵义与句子的主体涵义"……死于贫困之中"并不在同一个语言层次；而与此相反，罗素却把弗雷格所认为的这种预设性涵义分析成句子复合涵义的其中一部分涵义，而且这种分析体现的正是罗素摹状词分析的主要特点。

实际上，就《语》所提到的"丹麦国王可能已是卡努特以外的某一个人"这句话来说，它不仅包含"丹麦国王"这样的摹状词，而且也包含"可能"这样的引语引导词，因此，如果不把这句话所包含的两种具有不同逻辑性质的语词以及它们分别之于同一替换的不同作用说清楚，那么对于这个涉及两类不同语境的句子来说也就很难说清楚"丹麦国王"与"卡努特"究竟是因为什么才不能相互替换的。

对于带引语的语句来说，其中的引语引导词属于一种逻辑常项，而整个语句的被陈述部分以及处于引语引导词所引导的语言表达式位置的部分则属于这种命题形式的变项。例如，对于以"相信"为引导词的各种不同类型语句所表达的命题形式来说，人们可以说"S 相信 a"，也可以说"H 相信 b"，等等。这里，"相信"就相当于这种命题形式所含有的逻辑常项，而"相信"的主体以及"相信"所带的引语则相当于这种命题形式所含有的逻辑变项。

与引语引导词相比，语句中出现的摹状词却并非逻辑常项。例如"丹

---

①　奥尔伍德等：《语言学中的逻辑》，第 135 页。

麦国王"这样的摹状词，仅仅是因为其语言表现本身才决定了其摹状词特性，而且不同摹状词的涵义以及所指也并不一样。

不仅句子中出现的摹状词本身不能提供内涵语境，而且句子中的专名也不能提供外延语境。比如对于"丹麦国王可能已经是卡努特以外的某一个人"这样的句子来说，"卡努特"虽然是专名，但是它却处于"可能"这一模态词所辖内涵语境之内，因此它并不具有通常的指称。

三、引语同一替换的制约因素

既然摹状词语境与引语语境的性质以及表现形式都不一样，那么它们就有可能从言辞表现方面同时为同一个语句提供两种可以并存的不同语境。比如，"丹麦国王可能已经是卡努特以外的某一个人"这样的语句就既有"丹麦麦国王"所提供的摹状词语境，也有"可能"所提供的引语语境。

引语语境会对引语同一替换形成某种制约是毫无疑问的。现在我们需要进一步追问的是，句子中包含的摹状词究竟能不能对引语同一替换形成某种制约。

按照罗素的分析主张，对于一个含有摹状词的语句来说，如果处于摹状词分析涵义中的个体变项"x"相对于现实世界无所指对象可以代入，那么这样的语句就是假的；而按照弗雷格的主张，包含在现实世界无所指对象之名称的语句应该是一种无指称语句。但这些主张以及论述涉及的都是语句的所指问题，而并不是同一替换问题。与引语同一替换规则相关的实际上只是包含引语的语句与引语各自所在的不同语言层次，而且由引语引导词提供的语境只能是内涵语境。例如：

> 当今的丹麦国王是聪明的；
>
> 当今的丹麦国王是卡努特；
>
> 所以，卡努特是聪明的。

尽管以上推理的两个前提语句都包含"丹麦国王"这样的摹状词，但这个推理却是有效的。因为前提中的摹状词"丹麦国王"与专名"卡努特"不仅处于同一语言层次，而且它们的所指也是同一个对象。

同理，只要"当今的法国国王"在同一语境中有一个与它对应的专名"a"可以代入罗素所说那种分析涵义中的"x"，那么我们同样可以把"当今的法国国王是秃头"替换为"a是秃头"。比如，若是把这句话解释为某个虚构故事中的一句话，那么用同样语境中使用的某个关于对象的专名"a"替换相应的摹状词"当今的法国国王"就应该是可以成立的。而假如"当今的法国国王"相应于某种语境并没有所指对象，由此导致"当今的法国国王是秃头"这样的句子在这种语境下成了一个弗雷格意义上的无指称语句或罗素意义上的假语句，那么人们也就根本不可能找到一个可以与"当今的法国国王"对应的专名来替换这个摹状词，因此这种情况下的所谓"替换失效"问题也就成了一个原本就不存在的伪问题。

摹状词本身并不会像引语引导词一样可以提供一个因语言层次不同而导致同一替换失效的内涵语境。用"卡努特"替换"丹麦国王可能已是卡努特以外的某一个人"这句话中的"丹麦国王"出现替换失效的问题，其原因并不在于这句话中的"丹麦国王"作为摹状词的直接所指是一种涵义，而在于句子中包含的"可能"作为一个引语引导词为语句"丹麦国王已是卡努特以外的某一个人"提供了一种内涵语境，而推理中表示同一关系的"丹麦国王是卡努特"这句话却并不受这一内涵语境的制约。

从表面来看组成这个句子各语词所在的位置，"丹麦国王"这个摹状词的确位于"丹麦国王可能已是卡努特以外的某一个人"这句话中的"可能"之前，因而它似乎并不在"可能"这个模态词的约束范围之内；然而，从这句话的涵义或它所表达命题来说，"丹麦国王"却必定会受到这里出现的这个"可能"的约束。也即这里的这个"可能"约束的并不仅仅是"已是卡努特以外的某一个人"，而是包括"丹麦国王"在内的整个语句。因此，"丹麦国王可能已是卡努特以外的某一个人"的实际涵义也可以换成如下这样一种表达：

可能丹麦国王已是卡努特以外的某一个人。

句子的表达方式虽然变了，但整个句子的涵义却一点也没有变。对于采取了后一种表达方式的语句来说，由"可能"这个模态词所引导的从句以及其中包含的"丹麦国王"和"卡努特"与包含这个从句的整个语句之间的语言层次关系是非常清楚的。于是，我们前面在分析"晦暗语境"时所列举的那个仅仅根据"丹麦国王"和"卡努特"所指同一而进行的所谓同一替换推理，其错误根源也就十分清楚了。

"可能丹麦国王已是卡努特以外的某一个人"说的只是处于某种可能状态下的"丹麦国王"与"卡努特"之间的关系。"丹麦国王是卡努特"作为一种表达同一关系的语言实际上与"可能丹麦国王已是卡努特以外的某一个人"这样的语句同处于第一语言层次，而由"可能"所引导的"丹麦国王已是卡努特以外的某一个人"这个语句则处于第二语言层次；处于第一语言层次语句中的"卡努特"当然不可以替换处于第二语言层次语句中的"丹麦国王"从而形成"可能卡努特已是卡努特以外的某一个人"。

第三节 与摹状词相关的引语同一替换

罗素的摹状词理论认为，通常情况下，语句中包含的摹状词与指称相应对象的专名是不能相互替换的，而不能替换的原因是：专名的直接所指是一个特定的对象，摹状词的直接所指则是一种由摹状词各组成部分结合而成语词性复合涵义。比如在命题"司各脱是《威弗利》的作者"以非缩略形式（或其分析形式）写出的情况下，人们就可以明显看出，在摹状词的这种分析涵义中并"不包含我们可以用'司各脱'来代入的任何像'《威弗利》的作者'这样的成分"。不过，在强调这一点的同时，罗素又特别指出："这不妨碍在语词中用'司各脱'代入'《威弗利》的作者'而产生的推断的真实性，只要'《威弗利》的作者'在相关的命题中具有我所谓的初现（primary occurrence）。"① 这说明，在罗素那里，只要一个摹状词在语句中属于初现，那么从语词推断角度看，这种处于初现情况下的摹状词是可以与相应的专名相互替换的。

现在，我们需要考虑另外一个相关的问题：如果一个摹状词（或专名）在语言表达中属于再现，或者说这个摹状词（或专名）出现在一个语句所带的直接引语或间接引语中，那么是否也可以用一个同样处于"再现"中的专名（或摹状词）来替换处于这类引语中的摹状词（或专名），从而产生罗素所说的那种"推断的真实性"呢？如果能，那么罗素关于摹状词与专名在语句中不能相互替换的观点或主张从根本上来说就是不能成立的。

尽管罗素承认，语句中处于初现情况下的摹状词与专名之间的替换可以产生语词推断方面的真实性，但他并没有认为即使是在再现的情况下，只要语言层次相同，摹状词与专名以及摹状词与摹状词之间的替换同样也可以产生他所谓的那种"推断的真实性"。比如就罗素在《论指称》一文中所列举的那个船主与客人对话的例子来说——

客人说："我本以为，你的游艇比这个游艇要大一些。"

而对这句话产生敏感反应的船主却纠正说：

"不，我的游艇不比这个大。"

其实，这样的对话出现在日常语言交际中并不奇怪。这种话语因依赖特定的语境而形成的初现与再现区分是非常明确的。比如就上面这个例子来说，从语句表面情况看，客人所认为的"你的游艇"是再现中的，而用

① 罗素：《逻辑与知识》，第 62–63 页。

来对比的"这个游艇"却是初现中的。因此，如果把船主的回答解释为船主直接用"我的游艇"替换了客人以为的"你的游艇"，这显然是有问题的。但是，如果把船主的回答解释为以省略的形式表达了"你以为的我的游艇并不比这个游艇大"，那么这样的回答显然是可以与客人所以为的东西在语言层次上形成相互对应的。

当然，有些情况下，此类表达也会涉及一些明显的替换错误。例如，有这样一个故事说，儿子见到离家多年刚刚回家的爸爸后不叫他爸爸，儿子对母亲说："他不是我想象中的爸爸。"母亲解释说："他是你的爸爸，但并不是你想的那样。"这里，不懂事的儿子因脑海中一直有一个想象中的爸爸而一时难以接受现实中的"爸爸"，而母亲的解释则正是在区分儿子想象中的爸爸和现实中的爸爸，从而据此委婉地指出儿子认识中存在的替换错误。

罗素在分析这类问题时提出的"初现"所表现的语境属于外延语境，而"再现"所表现的语境则属于内涵语境。根据这些情况，引语同一替换规则的重点在于从思想上或逻辑上要求替换语言与被替换语言所在的语言层次要同一，而并不在于这种引语采用了什么样的表达方式。只要理解者能够依赖语境明白替换者所说实际要表达的意思，那就不应该轻易用替换错误来评价替换者的语言表达。

在引语语境制约下，不仅不属于同一语言层次的专名与摹状词以及摹状词与摹状词不能相互替换，而且不属于同一语言层次的专名与专名也不能相互替换。例如，只要"老舍是舒庆春"中的"老舍"与"舒庆春"都是初现，而"张三知道老舍是著名作家"中的"老舍"是再现，那么处于初现状态下的"舒庆春"这个名称就不能替换处于"知道"语境下以再现形式出现的"老舍"，从而由此得出"张三知道舒庆春是著名作家"这样的结论。

按照罗素的理论来看，对于"老舍是舒庆春"这个句子的"老舍"与"舒庆春"来说，如果其中一个被当作专名解释，那么另一个就应该被当作摹状词来处理；这样一来，由于两个语词直接所指不同，因此二者并不能随意进行同一替换。问题是，我们根据什么来确定"老舍"与"舒庆春"何为专名，何为摹状词呢？名称在实际使用中经常可能发生的情况是，一个对象常常会因具体情况的不同而有若干不同的名称，对于这些不同的名称，我们并不能说其中哪一个一定就是专名，而除此之外的其他名称则都需要被当作摹状词来处理。

从上面的分析来看，不仅同一语言层次上具有同一所指的不同专名可以相互替换，而且同一语言层次上具有同一所指的专名与摹状词或者摹状词与摹状词也可以相互替换。关于这一点，我们不仅可以从上面所列举的一些例子中看出这类替换的合理性，而且如果我们进一步深入解读弗雷格关于同一替换的一些论述，同样可以发现弗雷格实际上也是认可这种替换的。弗雷格虽然没有明确区分专名与摹状词，但是他在《论涵义和指称》一文中却在专名替换的名义上明确指出，由"晨星是一个被太阳照亮的物体"这样一个句子经过同一替换可以得到"昏星是一个被太阳照亮的物体"这样一个句子，而且这种替换改变的仅仅是句子的涵义，并不是句子的所指。虽然弗雷格这里是把"晨星"与"昏星"都当作专名来使用的，然而按照罗素所定义的摹状词的特征来看，"晨星"与"暮星"尽管构词简单，但它们实际上都明显带有描述成分"晨"与"暮"，因此，"晨星"与"昏星"显然都应该被解释为摹状词。

弗雷格之所以认为"晨星"与"暮星"可以相互替换并且通过这种替换可以形成两个涵义不同而所指相同的语句，就是因为"晨星"与"暮星"处于同一语言层次且所指相同，而且这里涉及的语言层次实际上也就是罗素所说的那种"初现"式语言层次。

也许有些人会坚持认为，只要是摹状词，那么它本身就已经体现出人们关于对象所具有的某种性质的认识，因而它实际上应该属于某种认识模态词所带的引语。比如，与上面所说的摹状词与摹状词、摹状词与专名可以替换的情形不同，像弗雷格所说的"我们是否以'由直径大于自己直径四分之一的月亮陪伴的行星'来代替'地球'，却不是无关重要的"[1]。因为这个句子中所使用的复合专名（即后来罗素所说"摹状词"）的确明显涉及了人们的一种认识，很可能有一天人们会发现"直径大于自己直径四分之一的月亮陪伴的行星"这样的语言并不能用来说明"地球"的特性。克里普克也说过，"哥德尔"是一个专名，而"证明了算术不完全性的那个人"则是一个摹状词。这里，后者作为某些人所具有的一种认识或作为前者的一种涵义并不具有必然性。也许有一天，人们会发现，证明了算术不完全性的那个人原来是施密特而并不是哥德尔，人们之所以会形成原先的那种认识是因为哥德尔剽窃了施密特的成果。因此，"哥德尔"这个专名与"证明了算术不完全性的那个人"这个摹状词在同一陈述中并不能相互

---

① 弗雷格：《弗雷格哲学论著选辑》，第107页。弗雷格虽然没有提出过"摹状词"，但是他说的"复合专名"与罗素说的摹状词的语言形式是一样的。

替换。①

就弗雷格以及后来的克里普克所分析的这类情况而言，假如真要是出现了这种错误，那这也只能说明人们当初对"地球""哥德尔"这样的专名所指的对象形成的某些认识是错误的，因此"直径大于自己直径四分之一的月亮陪伴的行星"就不再是用来说明"地球"的摹状词，而"证明了算术不完全性的那个人"也不再是用来说明"哥德尔"的摹状词。而人们在认识方面可能发生的这类错误并不能证明那种真正表达了"地球"某些特性或真正表达了"哥德尔"某些特性的摹状词与专名"地球"或专名"哥德尔"之间不能相互替换。人们所说的摹状词与专名之间的同一替换指的本来就是具有同一所指的专名与摹状词之间的相互替换。这也就是说，正常情况下，在进行同一替换之前，替换者实际上已经假定了他所使用的那种摹状词就是描述相应专名所指对象特性的摹状词。

有时，即使某个摹状词的描述部分所陈述的某些性质的确不属于某个对象，但是假如言语交际双方都共同认可这些性质就是用来描述那个对象的，并且使用者也只是将这样的摹状词作为一种确定对象的临时手段，那么在这种即时性言语交际中，依赖交际双方共同的"认可"这样一种特定语境，在这种摹状词与专名之间产生的同一替换同样也可以产生某种推断的合理性。我们也可以将这种处于某种特定认识模态下的摹状词的用法称为"摹状词的认可性用法"。

唐奈兰曾根据这类情况将摹状词的用法区分为指称性用法与归属性用法。他举例说："假定一个人正在出席一个宴会；看到一个神色显得很有趣的人手持一个他认为装有马丁尼酒的酒杯，他便问'饮马丁尼酒的那个人是谁？'假如万一结果表明那个酒杯里只有水，那么他仍然询问了一个关于某一特定的人的问题，即某人有可能回答的一个问题。"② 唐奈兰认为，对于摹状词的这种指称性用法来说，即使问话人在摹状词中提到的用来辨认某人或某事物的那些性质并不真正适合那个人或那个事物，听话人仍然可以据此而认出这个人或这个事物；而在摹状词的归属性用法中，如果摹状词所表达的特性并不真正属于问话人要问的对象，那么答话人也就不可能据此对这种问话作出任何直接的回答。

从唐奈兰针对摹状词的指称性用法所举的一些例子及其说明来看，将他所说的这种"指称性用法"称为"认可性用法"似乎应该更恰当一些。

---

① 马蒂尼奇：《语言哲学》，第 485 – 486 页。

② 同上，第 453 页。

因为一个名称是不是指称某个对象应该是一个客观性问题，而"指称性用法"与"归属性用法"这样的术语都应该属于具有某种客观性要求的用法。用一个实际上并不适合某个对象的摹状词误称了该对象，这种情况下，该摹状词与该对象的联系只有在交际双方共同认可的前提下才是有效的。人们并不能因为有这种认可情况存在就认为这种摹状词所具有的涵义一定会反映它要指的那个对象所具有的某种特有属性。

摹状词的认可性用法之所以能够得到交际双方的共同认可，一般都与交际者使用某个摹状词指称某个对象时的一些具体情况密切相关。比如，上例中那个被说话者误认为是手持盛有马丁尼酒酒杯的人显现出的有趣神色，或者说话者说话时的目光指向，等等，都可以作为一种辅助认识的方法或形式使得听话者明白说话者所说指向的是哪一个具体对象。

对于处于引语语境中的语句或其中包括的语词来说，决定同一替换是否合乎逻辑的主要根据是替换语句或其中包括的语词与被替换语句引语引导词的匹配性。虽然人们最终可能会发现有些认可性用法下的摹状词并不真正适合说话者本来想要指的或由某种相应的专名所指的对象，但是处于某种相同认知模态下的专名与摹状词的相互替换仍然可以给语言使用者提供某些认识方面的指引。

最后需要说明的一点是，《语》一书在其参考书目中列有蒯因《从逻辑的观点看》（1963 年版）一书，而蒯因在该书中使用的"指称晦暗"（referentially opaque）[①] 这个术语实际上说的是语句中出现的某些貌似名称而实际却不具有名称特性的语词所呈现的一种指称情况，而且蒯因对这类问题的进一步讨论也主要是围绕模态词所带引语中包含的那些指称不明晰的语词展开的。由此看来，与蒯因在模态引语意义上所讲的"指称晦暗"相吻合的仍然还是《语》一书提到的内涵语境涉及的指称情况。"晦暗"这个词说的也应该是处于某种内涵语境中的语词或语句在指称方面对被指称对象的一种表达或表现情况。

第四节　模态引语同一替换

蒯因对"指称晦暗"问题的分析最初是从非模态语句中存在的指称晦

---

① 参见蒯因《从逻辑的观点看》，江天骥等译，上海译文出版社 1987 年版，第 129 – 148 页。该译本将"referentially opaque"译为"指称暧昧"。为保持汉译用语一致，本书对蒯因使用的 opaque 采用《语言学中的逻辑》中译本的译法。

暗情况开始的。在分析这种情况时，蒯因首先列举了如下两组例子。

第一组例子：

　　（1）佐佐内（Giorgione）＝巴巴雷利（Barbarelli）。

　　（2）佐佐内由于其身材高大而有此称呼。

第二组例子：

　　（3）西塞罗（Cicero）＝杜里（Tully）。

　　（4）"Cicero"包含6个字母。

就以上第一组语句来说，如果根据句（1）所陈述的同一关系将句（2）中的"佐佐内"（Giorgione）替换为"巴巴雷利"（Barbarelli），那么由这种替换形成的语句"巴巴雷利由于其身材高大而有此称呼"就会成为一个假语句。

就以上第二组语句来说，如果将句（4）中的"Cicero"替换为句（3）中的"Tully"，那么由这种替换形成的语句"'Tully'包含6个字母"也会成为一个假语句。

蒯因认为，出现这种替换错误的原因在于句（2）中的"佐佐内"与句（4）中的"Cicero"都不是纯指称性名称，而句（1）中的"佐佐内"与句（3）中"Tully"却都是纯指称性名称。蒯因根据这两个例子中所说的非纯指称性名称涉及的指称情况则是他要在模态语句中进一步分析的指称晦暗情况。

其实，就以上两组语句来说，句（2）与句（4）对"佐佐内"和"Cicero"的使用与模态语句对名称语词的使用并不属于同类情况。句（2）说的是一个名称语词的某种产生原因，句（4）说的则是一个名称语词的字母组合情况。这两种情况显然都不是在指称对象的意义上使用一个名称语词。如果一个语句并非在指称对象的意义上使用某个名称语词，当然也就不能在所指对象相同的意义上将这种语词与那种用来指称对象的名称意义上的语词进行同一替换。由此来看，说句（2）中的"佐佐内"与句（4）中的"Cicero"指称晦暗也是可以说得通的。

从蒯因对"指称晦暗"的解释以及使用情况来看，他所说的"指称晦暗"情况在语言使用中的表现是多种多样的。比如，当人们说"暮星是傍晚挂在天边的那颗星"时，这里含有"暮星"的这句话尽管也陈述了一个事实，但是指称这一事实的语句涵义却是与"暮星"的语词组合涵义密切相关的。人们用这样一种语词组合来表达或解释他们在傍晚时分看到的挂在天边的那颗星是与"暮星"所指对象出现的具体时段密切相关的。因此，说这样的名称在语句中不具有纯指称性是符合这种名称使用的实际情况的，因为它们除了指称对象外还夹杂其他一些影响同一替换的因素，比如说时间因素。在这种情况下，我们并不能仅仅根据"晨星"与"暮星"所指对象相同就把"暮星是傍晚挂在天边的那颗星"这句话替换为"晨星是傍晚挂在天边的那颗星"。

在对通常语句中存在的所谓"指称晦暗"的情况作了一些一般性的分析与说明之后，蒯因着重对模态词所辖语句中名称语词的指称以及与此相应的同一替换情况进行了相对比较具体的分析与说明。他认为模态词给其所辖语句（以及语句中的名称）提供了一种模态语境，这样的模态语境同样也会导致模态词所辖语句中的名称语词出现指称晦暗情况，从而导致同一替换以及存在概括这一类逻辑规则失效。例如：

　　　　菲力浦不知道杜里公开指责加蒂利内。

假定上述"不知道……"之后的句子所陈述的事情的确是菲力浦不知道的，那么以上语句就表达了一个真命题。在这种情况下，如果以"西塞罗就是杜里"这样的表示同一关系的命题为根据，从而用"西塞罗"替换以上句子中的"杜里"，就会得到如下语句：

　　　　菲力浦不知道西塞罗公开指责加蒂利内。

假如事实上菲力浦知道"西塞罗"这个名称指谁，而且也知道此人公开指责了加蒂利内，他只是不知道西塞罗就是杜里，那么由以上所谓"同一替换"得到的命题就会成为一个假命题。由于从一个真命题经过同一替换得到了一个假命题。于是，同一替换规则在此失效。

蒯因认为，同一替换规则在这里之所以失效，是因为"不知道……"这样的模态词所辖语句中的"杜里"并不是纯指称性名称。

事实上，当菲力浦不知道"西塞罗"与"杜里"是关于同一个对象的两个不同名称时，"杜里"这个名称的所指在菲力浦那里也的确可以说是晦暗的。

然而，蒯因对上面的情况却进行了这样的总结："我们可以把'不知道……'和'相信……'这样的语组说成是指称上晦暗的。"[1] 在这种解释中，蒯因明显是把具有指称晦暗特点的语词由引语引导词所引导的名称语词转向了引语引导词本身。而这样的过渡实际上是缺乏逻辑根据的。蒯因由此还进一步总结说，模态语句中的模态词"必然"和"可能"同样也具有指称方面的晦暗性。

让我们来看看蒯因所列举的下面的例子：

---

① 蒯因：《从逻辑的观点看》，第132页。

（1）9 必然大于 7。

（2）行星的数目等于 9。

依据上述两个命题，使用同一替换规则把（1）中的"9"替换为（2）中的"行星的数目"，那么就会得到如下语句：

（3）行星的数目必然大于 7。

然而，在（1）与（2）都真的情况下，（3）却可能是假的。于是，同一替换规则在此"必然"模态语境下失效。

蒯因虽然指出了上述"同一替换"在"必然"模态语境下是无效的，但是他对不能替换之原因的分析以及说明却是有问题的。他关于模态语境会导致指称晦暗这样一种认识很容易引导人们对模态语句中的指称晦暗情况作出错误的判断。

模态语境涉及的模态词的涵义一般都是清楚的。人们通常并不关心这些模态词语指称了什么，而主要关心的是这些词语作为引导词所引导的语言表达式以及其中的名称语词指称了什么。当然，如果一定要问这些模态词语的指称，那么，相应的解释也应该与人们对这种模态词所引导的语言表达式所含名称之所指的解释并不一样。

模态语句中的模态词属于一种逻辑常项，这种语词所指的东西可以是一种状态（如"必然"）、一种信念（如"相信"）、一种认知（如"知道"）、一种规范（如"必须"）……而模态词所辖语言表达式或这种表达式所含名称的所指则是它们在其自身所在语言层次上所指的对象。

基于对模态词所带引语涉及的不同语言层次的分析，就"必然""相信""知道"这一类间接引语引导词所引导的语句来说，如果这种引语所在的语言层次与表述同一关系的那个语句不属于同一语言层次，那么属于不同语言层次的表面看来相同而实则不同的名称是不能相互替换的。比如对于"9 必然大于 7"（严格来说应该是"必然'9 大于 7'"）这个语句来说，"必然"就相当于一个引语引导词，而其中的"9 大于 7"则相当于"必然"所带的引语；而"行星的数目等于 9"则是与"必然'9 大于 7'"处于同一个语言层次上的语言，这样的语言与"必然'9 大于 7'"中的引语"9 大于 7"并不属于同一语言层次。因此，用"行星的数目等于 9"中的"行星的数目"替换"必然"所辖引语"9 大于 7"中的"9"，从而得出"必然行星的数目大于 7"，这明显混淆了替换者与被替换者所在的不同语言层次。而蒯因关于模态语境会导致指称晦暗或模态语境下的名称不具有纯指称性这样的一些说法并不是从语言层次角度分析和说明其中存在的替换问题。

就蒯因所讲的关于"菲力浦不知道"的例句涉及的"同一替换"来说，这种替换之所以无效，其根本原因是替换者把菲力浦本来不知道的东西当作了他知道的东西。假如菲力浦既知道"西塞罗就是杜里"，也知道西塞罗公开指责加蒂利内，或者相应的表达透露了这种情况，那么尽管这里的语境是由"知道"所表现的模态语境，推理者却完全可以据此得出这样的结论，"菲力浦知道杜里公开指责加蒂利内"。

因此，如果要从引语所在的语言层次来分析这种同一替换，那么我们就不得不把作为替换根据的类似于"西塞罗就是杜里"这样的表示同一关系的命题也放在引语层次上来考察。不在同一引语层次上的同一关系并不能作为引语同一替换的根据。

我们也可以从另一个角度来解释上面的情况：

我们先列出"菲力浦知道西塞罗公开指责加蒂利内"。假定这是一个真命题，假如要用事实上指称同一个人的另一个名称"杜里"替换"西塞罗"，那么"西塞罗就是杜里"就必须也是菲力浦知道的。假如菲力浦不知道"西塞罗就是杜里"，那就不能通过"杜里"与"西塞罗"的替换从"菲力浦知道西塞罗……"得到"菲力浦知道杜里……"这样的结论。

类似于"知道""相信"这类模态词所带引语涉及的同一替换必须满足下面的要求，才能保证引语同一替换的有效性：

第一，两个前提语句必须同处于同一模态语境下。

第二，两个前提语句不能都是否定的。

第三，从肯定性前提只能得到肯定性结论，从否定性前提只能得到否定性结论。

以上第一条要求是为了保证两个前提语句在语言层次方面的一致性；第二条要求是为了保证两个前提之间能够具有某种联系性质；第三条要求则是为了保证结论断定性质与前提断定性质的一致。

根据以上规则，我们来比较一下以下三个不同的替换推理：

（1）菲力浦不知道杜里公开指责加蒂利内；

　　　菲力浦不知道西塞罗就是杜里；

　　　所以，菲力浦不知道西塞罗公开指责加蒂利内。

（2）菲力浦知道西塞罗公开指责加蒂利内；

　　　菲力浦不知道西塞罗就是杜里；

　　　所以，菲力浦不知道杜里公开指责加蒂利内。

（3）菲力浦知道西塞罗公开指责加蒂利内；

菲力浦知道西塞罗就是杜里；

所以，菲力浦知道杜里公开指责加蒂利内。

就以上三个推理来说，第一个推理由于两个前提语句都是否定的，因此从这样两个前提不能得到任何正确结论。而以上第二、第三个推理则均符合我们上面所列模态语境下的同一替换推理规则。

蒯因提到的"怀疑"这样的词语与"不相信"是可以互推的。语句"S 不相信 A"带有的引导词"不相信"涉及的基本引导词还是"相信"，其中的"不"表示的应该是对"相信"的否定。

对于一个涉及引语引导词"怀疑"的同一替换推理来说，无论其前提语句中的引导词是"怀疑"，还是"不相信"，这样的前提都应该被理解或解释为否定命题。这种情况下，假如另外那个表示同一关系的命题也带有"怀疑"或"不相信"这样的引导词，那么两个前提就会因此都成为否定命题。这样一来，就必定会出现从两个否定命题推不出任何结论的情况。例如：

张三怀疑（不相信）舒庆春是著名作家；

张三怀疑（不相信）舒庆春就是老舍；

所以，张三怀疑（不相信）老舍是著名作家。

以上这样的推理就是错误的。实际上完全有可能在张三怀疑（不相信）舒庆春就是老舍的情况下，即使他可能怀疑（不相信）舒庆春是著名作家，却完全可以相信（不怀疑）老舍是著名作家。

从古希腊斯多葛学派开始就流传的"厄勒克特拉悖论"所隐含的逻辑矛盾之所以产生，是因为其中涉及的"知道"和"不知道"所带引语与作为替换根据的那个表示同一关系的语句并不在同一个模态语境下。

与"厄勒克特拉悖论"相关的故事是这样描述这个悖论的产生情况的：

厄勒克特拉离家多年的哥哥奥列斯特回家了，尽管厄勒克特拉知道奥列斯特是她的哥哥，但她当时却并不知道站在她面前的这个人是她的哥哥。

于是，有人据此构造出了下面这样的悖论性推理：

厄勒克特拉不知道站在她面前的这个人是她的哥哥；

厄勒克特拉知道奥列斯特是她的哥哥；

而站在她面前的这个人就是奥列斯特；

所以厄勒克特拉知道又不知道奥列斯特是她的哥哥。

（或者：厄勒克特拉知道又不知道站在她面前的这个人是她的哥哥。）

就以上这个悖论性推理来说，其中的第三句话"站在她面前的这个人是奥列斯特"与前两句话并不在同一个模态语境"知道……"之下，或者说第三句话与前两句话中"知道"后面的语句并不属于同一语言层次，因此并不能用第三句话中的"奥列斯特"与第一句话中的"站在她面前的这个人"进行替换得到"厄勒克特拉不知道奥列斯特是她的哥哥"，从而与第二句话形成如下矛盾："厄勒克特拉知道又不知道奥列斯特是她的哥哥"。（当然，也不能用第三句话中的"站在她面前的这个人"与第二句话中的"奥列斯特"相互替换得到"厄勒克特拉知道站在她面前的这个人是她的哥哥"，从而与第一句话一起形成如下矛盾："厄勒克特拉知道又不知道站在她面前的这个人是她的哥哥"。）

如果"S 知道 $a = b$"是属于 n 层次的语言，那么"$a = b$"就是属于 $n-1$ 层次的语言。因此，混淆不同的语言层次才是"厄勒克特拉悖论"产生的主要原因。

模态语境下的同一替换既然关系到模态语词以及这种模态词所带语词或语句的涵义与所指，那么对于这样的替换推理来说，其形式也就不会简单地是"$(F(a) \wedge (a = b)) \rightarrow F(b)$"，而是与语句所处的模态语境紧密结合在一起的推理。

不从语言层次角度分析与模态语境相关的推理是很难得到令人满意的结果的。例如：

> 张三相信西宁在甘肃省；
>
> 青海省的省会是西宁；
>
> 所以，张三相信青海省的省会在甘肃省。

对于以上这样一个荒谬的推理来说，有人曾试图借用克里普克的指示词理论来分析其中的症结。这种分析认为，以上推理之所以产生替换错误，是因为其中的"西宁"是一个固定指示词，它与对象的联系是必然的，而"青海省的省会"却是一个摹状词，它与对象的联系是偶然的。因此，二者在语言使用中不能相互替换。

以上这种分析显然是一种仅仅停留在语言表面的分析。这种分析等于是在必然与偶然的问题上绕了一圈又回到了罗素所说的摹状词不能直接指称对象的理论上来了。就算是"青海省的省会"与对象的联系是偶然的，但是这样的摹状词所指的对象总归还是在青海省，而并不可能到了甘肃省。因此，以上得出"张三相信青海省的省会在甘肃省"这种荒谬结论的推理，其根本症结并不在于"青海省的省会"和"西宁"与它们各自的所指对象之间的联系是偶然的还是必然的。

其实，就以上推理来说，前提"张三相信西宁在甘肃省"本身就已经决定了"青海省的省会是西宁"是不可能再出现在张三"相信"之下的，因为同时相信这样两个命题就等于相信者陷入了"西宁既在甘肃省又在青海省"这样一种自相矛盾的相信之中。而从以上推理的语言表达情况来看，作为替换根据的命题"青海省的省会是西宁"本来也并不在张三"相信"的语境之下。因此，用并非在张三"相信"语境下的"青海省的省会是西宁"中的"青海省的省会"替换"张三相信西宁在甘肃省"中的"西宁"是导致上述推理结论自相矛盾的根本原因。

从区分语言层次的角度看，"张三相信西宁在甘肃省"与"青海省的省会是西宁"是属于同一语言层次的语言，而且处于同一语言层次上的这样两个语句是可以同时为真的；而"西宁在甘肃省"则是属于前一个语句中"相信"这个模态词所带的引语，它的真假只是相对于张三的认知或信念而言的。用"青海省的省会是西宁"中的"青海省的省会"来替换前一个语句中"相信"所带引语中的"西宁"，这种替换显然是混淆了两个"西宁"所在的不同语言层次。

在本章最后，我们还需要对逻辑学所说的"模态语句"或"模态命题"中的"模态"这个术语作一些必要的分析与解释。

现代汉语中使用的"模态"是英文 modal 的音译，它可以使用于多个不同学科、不同领域表达多种不同的意思。比如，有物理学领域所讲的"模态"，也有计算机领域所讲的"模态"，还有在语言学、逻辑学领域所讲的"模态"等。而不同领域所讲的"模态"，其意思差别很大。

在逻辑学那里，使用者往往是将可带某种间接引语的"可能""必然"这类词语称为严格的、狭义的模态词，而将"可能""必然"这类词语之外的诸如"知道""相信"一类可带间接引语的词语则称为广义模态词。然而，这样的一些使用明显只是从外延方面指出哪些语词是模态词，哪些语句是模态句，并没有对这里使用的"模态"一词的具体涵义作出任何揭示或说明。

其实，出现这种情况的原因并不是使用者自认为"模态"一词的涵义已经不言自明，不需要再作任何解释，而是即使对于使用者来说，他们实际上也很难真正说清楚他们所使用的这个"模态"到底应该怎么定义。因为说不清楚，所以人们一般都只采用列举的形式来解释或使用各种各样的模态词。也正因为如此，所以即使有些使用者把某些可带间接引语的引导词归入广义模态词的范围，但这种使用以及归类总还是缺乏一个让人信服的充足理由，由此引发的各种疑问也会接踵而至。比如，质疑者会问，使

用者主要是根据什么而认为弗雷格所列举过的"'知道……''相信……'
'怀疑……'等语组"是广义模态词？在把这些词语称作"广义模态词"
时使用者是在什么意义上使用"模态"一词的？弗雷格所列举过的那些可
带间接引语的"说""感到惊奇的是"之类的词语类型能不能也算作广义
模态词？我们总不能只是根据某些逻辑学家明确把哪些词语称为"模态词"
就把它们作为模态词进行解释与使用，而对于其他具有类似特性的词语却
一律采取回避态度吧？即使是某些逻辑学家明确把他们所使用的某些词语
称之为"模态词"，后来的学习者或研究者是不是也应该搞清楚他们是在什
么意义上把这些词语称为"模态词"的？说到底，我们现在更需要的是一
个语言学或逻辑学意义上的关于"模态"的定义，而并不是对一些模态词
的列举。

其实，人们只要仔细考察或思考一下就不难发现，直到目前为止，逻
辑学家们所说的模态语句构成意义上的那种模态词以及我们从逻辑学角度
分析过的一些模态词，无一例外地都是那种可带间接引语的词语类型。对
于这类能够提供某种内涵语境的词语类型来说，既然我们想要借用"模态"
一词来概括它们，那么我们就应该根据语言使用的实际情况明确给出一个
关于这种模态词的合理定义。比如我们是不是可以直接就把这样的模态词
定义为一种表示语言使用者对语句意义认识或陈述状态的间接引语引导词。
例如，类似于"可能""必然""相信""知道"这样的词语反映的就都是
语言使用者对这种词语所带间接引语所指事情的一种认识或陈述状态，而
且凡被这种词语所限定的语句都是处于某种内涵语境中的语句。这样解释
或定义逻辑上所讲的"模态"一词，也比较接近这种"模态"本身的涵义
以及在命题构成中的地位。只要有了关于"模态"这个术语的一般定义，
那么我们也就不用再去毫无根据地猜测、怀疑、争辩或根据自己的主观认
识去规定哪些词语是模态词，哪些词语不是模态词了。

第九章 蕴涵（一）

实际语言使用中的"蕴涵"是个多义词，它可以表示某种包含关系，表示某种蕴藏关系，也可以表示两个命题之间存在的充分条件与结果关系，还可以专指现代逻辑所讲的真值关系意义上的"实质蕴涵"等。

就蕴涵与推理的关系而言，一个显而易见的事实是所有推理的前提和结论之间的关系都可以表现为一种可以用"如果，则"来联结的蕴涵关系，而推理规则也就是从实际使用语言中总结出来，从而从推理形式方面来约束或规范推理前提与结论之间这种蕴涵关系得以成立的规则。而对于这样的蕴涵关系，我们又应该把它归结为一种什么类型的蕴涵呢？

第一节 条件关系与蕴涵

逻辑学中所说的各种假言命题在自然语言使用中通常都是由表达某种条件与结果关系的语句来表达的。表达条件与结果关系的语句就是条件句。无论是传统逻辑讲的各种条件蕴涵，还是现代逻辑讲的"实质蕴涵""严格蕴涵"等，它们的现实基础原本都是对象世界中事情与事情之间具有的某种条件与结果关系。因此搞清楚条件关系对于把握"蕴涵"的基本意义以及认识和区别不同性质的蕴涵有着至关重要的意义。

一、条件关系与推理

人们对条件语句的认识与研究具有相当久远的历史。

从有关资料所反映的一些情况来看，逻辑史上第一个把"如果，那么"作为一种条件关系词引入推理表达的人是逻辑学的奠基者亚里士多德。

亚里士多德所说的三段论，其原初的语言表达形式并不是后来人们所列举的那种由大前提、小前提、结论这样三个部分形成的带有"所以"标志词的推论，而是由两个相互关联的前提并列作为前件，由结论作为后件并且这样的后件可依据前件中两个前提之间的关联关系而得到的那种表现为充分条件与结果关系的蕴涵语句。对于这一特点，卢卡西维茨在他的《亚里士多德的三段论》一书中是这样说的：

> 一个真正的亚里士多德式三段论的例子将是下面的这个蕴涵式：
>
> "如果所有人都是有死的，
>
> "并且所有希腊人都是人，
>
> "那么所有希腊人都是有死的。"①

无论从思想方面还是从语言表达方面看，以上推理的前提与结论之间都构成了一种条件与结果关系。其中，蕴涵句的前件由两个相互关联的语句组成，而且两个语句之间的关联是以构成语句的名称语词所指之间存在的具有传递性的属种关系（或命题谓项对主项的表述关系）为基础的。对于这种条件语句来说，如果表示条件的两个命题之间具有的那种关联可以保证得到后件，那么这个条件语句就表达了一个形式正确的三段论推理。

对于推理规则的探究及总结来说，仅仅认识到"如果 p 那么 q，并且 p，所以 q"这样的具有重言式特点的推理关系显然是远远不够的。"重言"的意思本来就是重复言说。就一般情况而言，实际语言使用中出现的"如果 p 那么 q"式语言表达本来就包含"p，所以 q"的意思。因此，仅仅从这样的推理形式是不能知道"p"与"q"之间之所以可以用"如果，那么"这种联结词来联结的原因或理由的。

对于推理而言，只有那种能够从逻辑关系方面表现或揭示出"如果 p 那么 q"成立依据的推理规则才具有更为实际的意义。比如，上面列举的亚里士多德的三段论推理尽管只出现了蕴涵式的前件和后件，但其前件之间包含的那种词项外延之间所具有的传递性的属种关系（或亚里士多德所说的那种命题谓项对主项的表述关系）却可以保证所使用的条件命题前后件之间具有的那种"如果，则"关系的成立。这种属种关系或表述关系既是亚氏三段论推理从形式结构方面能够成立的事实依据，也是这种推理形式得以成立的逻辑依据。亚里士多德三段论推理的所有规则都是依据这样的逻辑关系总结出来的。而这种逻辑关系所依赖的最基本的认识则是人们所共同认可的一些公理。

这里所说的"公理"反映的是事物之间本来具有的一些基本关系，是一些不言自明的道理。比如，"凡对一类事物有所肯定，那么对该类中的部

---

① 卢卡西维茨：《亚里士多德的三段论》，第9页。

分也必有所肯定；凡对一类事物有所否定，那么对该类中的部分也必有所否定"就属于这种公理。凡思维正常者都会承认这种公理的可行性和正确性。

语言逻辑研究的一个重要任务就要像亚里士多德那样以交际者共同认可的某些具有公理特性的认识为依据，努力去发现和总结事物之间本来具有的一些条件与结果关系，从而以此为根据揭示或总结出不同类型条件句前件所包含的某些属于形式结构方面的可推出后件的逻辑关系，并由此进一步总结出有关的推理规则或推理要求，借以规范或指导人们的实际思维与表达。

二、条件关系与假言命题

对于自然语言使用中的假言命题来说，准确把握其中所使用的条件关系是极为重要的。而不同的条件关系则要求使用不同的条件联结词，从而形成不同的假言命题。

现代命题逻辑所总结的实质蕴涵关系与自然语言假言命题前后件之间具有的条件蕴涵关系并不是同一种关系。

一些关于普通逻辑的教材或读本在解释或表达各种不同类型假言命题前后件之间的不同条件关系时，往往会不加说明地借用现代逻辑中的实质蕴涵符号"→"及其真值表来表示或说明自然语言假言命题涉及的不同条件关系，而这样一种表示或说明实际上等于完全混淆了实质蕴涵与自然语言条件蕴涵这样两种性质完全不同的蕴涵。

就传统逻辑所讲的各类假言命题来说，由充分条件假言命题表现出的蕴涵是一种最基本且最典型的条件蕴涵。由于充分条件假言命题之外的所有其他条件假言命题所表现的条件关系都与充分条件关系在意义方面存在某种相通性，因而其他条件关系都可以通过某种形式变化最终转换或划归为充分条件关系。比如，"只有 p 才 q"这样的表示必要条件关系的假言命题就可以因其与充分条件关系在意义方面的相通性转换或划归为"如果非 p，那么非 q"。

下面我们以一个具有"如果 p，那么 q"形式的充分条件语句为例，从自然语言使用出发分析其中的"p"与"q"之间具有的充分条件关系到底是一种怎样的关系。例如：

"如果某甲是作案人，那么他有作案时间。"

就以上语句来说，作为条件的"某甲是作案人"与作为结果的"他有作案时间"之间的关系就是一种充分条件关系。人们一般是把这里的条件部分称为"前件",而把结果部分则称为"后件"。这种关系的特点是:有前件必有后件,而没有前件则不见得没有后件。

以上语句并没有确定"某甲是作案人"是真的还是假的,也没有确定"他有作案时间"是真的还是假的;它只是说当"某甲是作案人"真时"他有作案时间"也一定真,而且,当这种关系成立时,其前后件的所指并不排除如下三种可能情况:

(1) 某甲是作案人并且他有作案时间。

(2) 某甲不是作案人并且他有作案时间。

(3) 某甲不是作案人并且他没有作案时间。

却一定会排除下面的情况:

(4) 某甲是作案人并且他没有作案时间。

尽管"如果某甲是作案人,那么他有作案时间"这种关系并不必然排除上述前三种情况中的任何一种情况,但是这三种情况中的任何一种情况却不能必然决定"某甲是作案人"与"他有作案时间"之间的"如果,那么"关系一定可以成立,从而也不能必然决定相应的充分条件假言命题一定就是真的。

任何命题都会有真假,而仅仅根据两个命题的真假并不能得知这两个命题之间会具有什么样的条件关系;就判定一个条件假言命题的真假来说,这种判定的根据主要还要看命题所陈述的前后件之间的那种条件关系本身在事实上是否成立,是否可以用相应的条件关系联结词来联结这样的前后件。

从不同的前件都可以与同一个后件形成某种条件命题的情况来看,下面的图大致可以说明传统逻辑所讲的充分条件假言命题所具有的那种"有前件必有后件,没有前件却不见得没有后件"关系的特点:

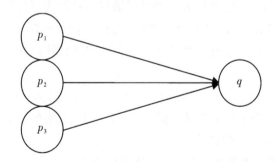

上图说明,p_1、p_2、p_3……分别都可以与 q 构成充分条件关系,因此,

表达这种关系的命题就可能有：

"如果 p_1，则 q"；

"如果 p_2，则 q"；

"如果 p_3，则 q"；

…………

例如：

如果关灯，那么灯会灭；

如果线路出现故障，那么灯会灭；

如果灯坏了，那么灯会灭；

…………

从一件事情可能引起的不同结果看，"有前件必有后件"说的也并不是某一前件只能与某一后件有充分条件联系。就"如果 p，则 q"来说，虽然在有"p"的情况下必然会有"q"，但是这种情况并不排除"p"与"q_1""q_2""q_3"……之间也可能会构成充分条件与结果关系。比如当我们还不知道某甲是不是作案人时，对于"如果某甲是作案人，那么他必有作案时间"这个充分条件语句来说，"某甲是作案人"就只是一个假设；而以这个假设为前件我们还可以列出其他一些我们所需要的符合"有前件必有后件"要求的后件。其中，有些后件的列出可能需要一些语境的配合，有些则即使不联系语境也可以根据事物本身具有的特性以及规律获得。

无论是从"有前件必有后件"角度理解或解释充分条件假言命题，还是从"前件真后件必真"角度理解或解释充分条件假言命题，这种理解或解释都是就一个既成充分条件假言命题而言的，是在假定这种命题使用的充分条件关系已经成立的情况下对其前后件关系作出的一种断定，而这样的断定与如何建构一个充分假言命题是性质完全不同的两个问题。

条件命题意义上的假言命题同样也是一种指称事情的命题；某种条件命题所指的事情是两件事情之间具有的某种条件关系。关于条件命题真假的判定主要是看其前件与后件各自陈述的两件事情之间有没有命题所反映的那种条件关系，而不是看前件与后件各自所表达的命题是不是符合事实；不分析条件关系是否成立只分析支命题的真假并不能知道或判定一个条件命题是真的还是假的。比如当人们说"如果某甲是作案人，那么他有作案时间"时，这个命题的真假就是与该命题所使用的"如果，那么"这样一种关系是不是成立相关的。即使不知道"某甲是作案人"与"他有作案时间"各自的真假，人们仍然可以依据某种假定而对二者之间是否具有"如果，那么"关系进行考察、认识以及判定。

三、自然语言假言命题与实质蕴涵命题

就自然语言使用中的假言命题来说，假定在"p"与"q"所表达的两种事物情况中"p"是条件、"q"是结果，那么只有在有"p"必有"q"而无"p"却未必无"q"的情况下才可以将这样的关系表达为"如果 p，则 q"。

与自然语言中使用的"如果 p，则 q"式命题不同，现代逻辑所说的实质蕴涵命题主要是从构成蕴涵命题的支命题的真假组合情况来说明蕴涵命题的真假的。虽然这种真假组合最初也是以自然语言假言命题前后件所涉及的一些可能的真假情况为依据的，但从这种最初的依据出发，现代逻辑将实质蕴涵关系完全抽象或解释成一种前后件之间的真值组合，而且还据此提出了反映不同蕴涵命题真假情况的不同真值表。由此，实质蕴涵命题与自然语言假言命题也就产生了一些根本性的区别：

第一，判定一个自然语言假言命题的真假主要是看其前后件之间的条件与结果关系是否成立，而判定一个实质蕴涵命题的真假则主要是看其前后件的真值组合与实质蕴涵真值表所列某种真值情况是否一致。

第二，自然语言假言命题虽然也涉及其构成部分的真假，但这些真假情况是一个既成假言命题涉及的前后件可能具有的真假情况，而实质蕴涵命题所讲的四种真假情况涉及的却是一个蕴涵命题的构成情况或构成途径。

第三，对于一个自然语言假言命题来说，其中的条件关系决定着其前后件的各种真假可能；而对于一个实质蕴涵命题来说，则是其支命题的真假情况决定着蕴涵命题的真假。

现代命题逻辑关于"实质蕴涵"的定义以及关于"实质蕴涵"真值表的提出及解释都清楚地表明了上列三点区别。

实质蕴涵命题与其支命题之间的真假关系可以用如下真值表来表示：

p	q	$p \rightarrow q$
真	真	真
真	假	假
假	真	真
假	假	真

如果我们从右往左看以上表格，我们似乎还可以看出一个充分条件假

言命题的真假与其前后件具有的一些可能的真假情况之间的关系。以此为据，我们仍然可以说，对于一个真的充分条件假言命题来说，其前后件实际存在的真假情况并不排除这个表格中所列第一、第三、第四这三种可能中的任何一种，而必然要排除的是其中所列的第二种情况。

然而，以上真值表实际上要讲的却并不是一个既成充分条件假言命题可能会涉及的前后件的四种真假情况，而是表格中每一行所列的"p"和"q"的真假与"$p{\rightarrow}q$"真假之间的关系。

如果要追溯这样处理问题的根源，那就需要提到现代逻辑用来说明复合命题真假的一个基础性理论——真值函项理论。

真值函项理论认为，如同数学中的函数关系那样，复合命题的真值与其支命题的真值之间所具有的关系也可以被总结或解释为一种函项关系，在这种关系中，复合命题的真值完全由其支命题的真值来决定。

这样一来，一个自然语言假言命题前后件之间原本必须具有的那种条件关系就被这种真值关系完全替代了，而失去了条件关系的蕴涵当然也就不再是人们在自然语言表达或理解中所使用的那种条件关系意义上的蕴涵了。比如，根据实质蕴涵的思想来看，只要是两个真命题，它们就完全可以通过"如果，那么"这样的真值联结词联结起来，从而形成一个真的实质蕴涵命题；而根据自然语言条件蕴涵的要求来看，仅凭两个命题都是真的这样的情况并不能将二者联结为一个具有"如果，那么"关系的自然语言假言命题。

要想利用数学中的函数关系来解释自然语言复合命题与其支命题之间的关系，那就必须搞清楚这种思路是否真正符合自然语言复合命题本身的意义，否则得出的结果很可能是片面的、奇特的或武断的。自然语言对意义的表达并不是一种函数计算式的表达，判定一个自然语言复合命题真假的依据主要是看联结支命题的联结词所指的那种特定的复合关系是不是符合事实。如果不符合事实，那么由它联结而成的复合命题就是假的；如果符合事实，那么由它所联结的复合命题就是真的。

从自然语言充分条件假言命题的本义来看，一个由"如果，那么"这种联结语词联结而成的条件命题，其前后件的确会涉及四种真假组合情况，但这种"涉及"是指：当人们说"如果 p，则 q"真时，所说的这种关系并不排除事实上可能存在的"p 并且 q""非 p 并且 q""非 p 并且非 q"这样三种情况，但却一定会排除"p 并且非 q"这样一种情况。

就一个具有"如果 p，则 q"形式的充分条件假言命题涉及的"p"与"q"的四种真假可能情况来说，其中每一种真假组合所表现出的"p"与

"q"之间的关系都只是一种并列（或称为"合取"）关系，而并非蕴涵关系。假如把这里的这种并列关系重新解释为一种蕴涵关系，那么这样的"蕴涵"就与原蕴涵式意义上的"蕴涵"完全不同了。由于这种新蕴涵式与原蕴涵式在形成原因或产生途径方面存在着根本性的区别，因此这种新蕴涵式实际上应该是一种歪曲或误用了"条件蕴涵"本义的人造蕴涵。

即使从数理逻辑关于真值函项的定义来看，蕴涵式的任何一种真假情况涉及的也只是该蕴涵式的某种取值情况，而每一种取值情况所表现出的关系却并不是蕴涵关系。假如非要把这种取值情况进一步解释为一种"蕴涵"，那么每一种这样的蕴涵必定又会出现四种真假取值情况，这样循环下去，新的蕴涵式无论能否成立都将会永无止境，蕴涵的构成也将会由此变成一种脱离实际的纯粹的符号组合与变化游戏。

除了逻辑学所讲的重言式意义上的蕴涵命题外，凡综合命题意义上的蕴涵命题，其真假判定问题都是逻辑学本身所无法解决的。比如对于"如果所有的人有死，并且苏格拉底是人，那么苏格拉底有死"这种推理来说，尽管现代谓词逻辑可以把这一推理用符号解释或刻画为"$\forall x($人$(x)\rightarrow$有死$(x))\wedge$苏格拉底是人)$\rightarrow$苏格拉底有死"，但它却根本不能提供形成"$\forall x$(人$(x)\rightarrow$有死$(x))$"这种蕴涵命题的理由。说它的形成依赖的是"所有的人有死"并不是在回答其中的蕴涵为什么能够成立，因为这样的表达方式表现出的只是人们对"所有的人有死"这类语句的一种分析方式或另外一种表达形式。问"为什么所有的人有死"与问"为什么对于所有的对象来说，如果某对象是人，那么某对象就有死"实际上是一样的，逻辑学本身根本就给不出关于这类问题的任何答案。

这里需要特别指出的是，对于"$\forall x($人$(x)\rightarrow$有死$(x))\wedge$苏格拉底是人)$\rightarrow$苏格拉底有死"这样的推理来说，前提中的蕴涵（即第一个"$\rightarrow$"）与前提和结论之间的那个蕴涵（即第二个"$\rightarrow$"）实际上代表的并不是同一个概念：第二个"$\rightarrow$"表示的蕴涵关系是逻辑学能够提供的，而这种提供所依赖的一个前提条件就是第一个"$\rightarrow$"所表示的蕴涵关系必须成立；而第一个"$\rightarrow$"表示的蕴涵关系却是逻辑学本身所无法提供的。

由此看来，以上蕴涵推理涉及的第一个"$\rightarrow$"代表的应该是一种综合蕴涵，而第二个"$\rightarrow$"代表的才是一种依赖第一种蕴涵而成立的分析蕴涵。一些逻辑论著用同一个符号"$\rightarrow$"来表示这样两种不同的蕴涵实际上本身就隐含着一个巨大的逻辑漏洞。而且，即使对于第二个"$\rightarrow$"而言，它原本表示的也是一种具有某种推出关系意义的条件蕴涵，这种蕴涵所说的前后件之间的关系与实质蕴涵所说的那种真值关系并不是同一种关系。

逻辑学家们一贯强调，在使用假言命题时必须注意：一是不要混淆条件关系，比如不要把某一种条件关系（如必要条件关系）误用为另一种条件关系（如充分条件关系）；二是不要把本来并不具有条件关系的两个语句强行借用某种条件关系词来生拉硬套。但是，如果把实质蕴涵在真假组合意义上讲的那种真值蕴涵混同为自然语言中的条件蕴涵，那就一定会出现把不具有条件关系的两个语句强行联系在一起从而形成某种蕴涵语句的情况。

有些人习惯于不加说明地借用数理逻辑的实质蕴涵符号"→"的不同组合来表达不同的自然语言假言命题。例如，把"如果 p 则 q"表达成"$p{\rightarrow}q$"，把"只有 p，才 q"表达成"￢$p{\rightarrow}$￢q"（或者把"→"倒过来表达成"$p{\leftarrow}q$"），把"当且仅当 p 才 q"表达成"$p{\leftrightarrow}q$"。一些人甚至还用实质蕴涵符号"→"来表示自然语言推理前提与结论之间的关系。此类表达以及解释由于缺乏对"→"这个符号在不同情况下所表示的不同意义的辨析与说明，因而并不是十分严谨的。

我们并不反对人们对"→"这个符号的使用，而且也并不是说数理逻辑在实质蕴涵意义上使用了"→"这个符号后人们就不能再用这个符号来表达或解释条件蕴涵以及表达或解释推理前提与结论之间的关系了。问题的关键在于我们应该而且也需要给在不同场合下使用的同一个符号明确作出符合其本来意义的不同解释。如果不能把在不同情况下基于不同目而使用的"→"这个符号所表达的不同概念说清楚，那就很难避免"→"这个符号在表达命题关系以及推理关系时出现歧义或其他一些违反同一律的错误。

第二节 "蕴涵怪论"分析

由于实质蕴涵意义上的"$p{\rightarrow}q$"与自然语言使用中的条件蕴涵并不是同一种蕴涵，因此，当有些人把实质蕴涵当作一种条件蕴涵来解释或使用时，就会无法避免地引发一些对于自然语言使用来说无法说通的问题。比如由实质蕴涵思想所引发的所谓"蕴涵怪论"问题就属于这类问题。

一、两个典型的"蕴涵怪论"

下面的两组命题可以用来代表性地说明两个典型的"蕴涵怪论"：

（1）如果 $2+1=3$，那么雪是白的；

如果 $2+1\neq3$，那么雪是白的。

　　（2）如果 $1+1=3$，那么雪是白的；

　　　　如果 $1+1=3$，那么雪不是白的。

　　从命题的所指是真值的角度出发，一些人将以上第（1）组这样的后件为真、前件可真可假的命题概括为"真命题被任何命题所蕴涵"；将以上第（2）组这样的前件为假，后件可真可假的命题概括为"假命题蕴涵任何命题"。

　　与上面两组命题相关的"蕴涵怪论"还有许多。比如，"任意两个真命题相互蕴涵""任意两个假命题相互蕴涵"等。

　　之所以把这样一些命题称为"蕴涵怪论"，是因为这种蕴涵所体现的蕴涵关系与人们对"蕴涵"的常识性认识差距太大。从这样的蕴涵，人们根本看不出"如果，那么"原本具有的那种条件与结果关系方面的意义。

　　然而，认为上面两组命题合乎逻辑者却认为，以上第一组命题明显体现的是现代命题逻辑推理系统中" $q\to(p\to q)$ "这种重言式的意义，第二组命题则明显体现的是现代命题逻辑推理系统中" $\neg p\to(p\to q)$ "这种重言式的意义。

二、关于"蕴涵怪论"的证明问题

　　从自然语言使用角度看，以上所引用现代命题逻辑的那两个重言式应该表达的意思与那两组"蕴涵怪论"所代表的意思并不一样。

　　对于" $q\to(p\to q)$ "这样的重言式来说，正确解释应该是"一个真命题蕴涵任何以它为后件的蕴涵命题"。在这种解释之下，" $p\to q$ "只是一个前提性命题。而将" q "与既成的" $p\to q$ "之间的真假关系解释为"真命题被任何命题所蕴涵"则是错误的。

　　对于重言式" $\neg p\to(p\to q)$ "来说，正确的解释应该是"一个假命题蕴涵任何以它的矛盾命题为前件的蕴涵命题"；在这种解释之下，" $p\to q$ "同样也是一个前题性命题。而将" $\neg p$ "与" $p\to q$ "之间的真假关系解释为"假命题蕴涵任何命题"也是错误的。

　　尽管命题逻辑可以通过很多方法（比如真值表法、归谬赋值法、定理证明法等）证明上述两个重言式是成立的，但是由此并不能证明先前列出的那两个"蕴涵怪论"是正确的。

　　就以关于" $q\to(p\to q)$ "的归谬赋值法证明来说，这样的证明只是从假定该公式中的主蕴涵关系假会导出逻辑矛盾，从而从归谬的角度证明了" $q\to(p\to q)$ "真。其证明的具体过程如下：

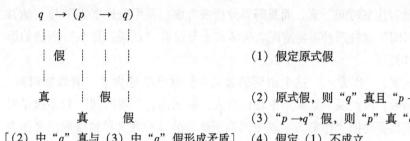

$q \rightarrow (p \rightarrow q)$	
假	（1）假定原式假
真　假	（2）原式假，则"q"真且"$p \rightarrow q$"假
真　假	（3）"$p \rightarrow q$"假，则"p"真"q"假

[（2）中"q"真与（3）中"q"假形成矛盾]　（4）假定（1）不成立

故"$q \rightarrow (p \rightarrow q)$"真。　（5）结论

　　尽管这种方法可以证明，在"q"真的条件下不可能有"$p \rightarrow q$"中"p"真且"q"假的情况，但在这种证明中，被证明论题包含的一个预设思想就是"p"与"q"之间必须先得有一种"有前件必有后件"的关系。这也就是说，证明者对主蕴涵"$q \rightarrow (p \rightarrow q)$"的证明是以对次蕴涵"$p \rightarrow q$"的假定为前提的，而这个被假定的前提却并没有在这种归谬赋值证明中得到任何证明或说明。

　　实际上，"$q \rightarrow (p \rightarrow q)$"这样的重言式所表现的"$q$"与"$p \rightarrow q$"之间的真值关系能够表明的仅仅是在"$q$"真的情况下，既成的"$p \rightarrow q$"不可能假。因为只要"$p \rightarrow q$"被预设为真，那么从真值关系方面来说，这实际上就等于把有"p"而没有"q"的情况排除掉了；因此，当"q"真时，这种在先已被预设为真的"$p \rightarrow q$"当然还是真的。

　　从以上分析可以看出，关于"$q \rightarrow (p \rightarrow q)$"的证明与"$p \rightarrow q$"本身是否成立根本没有任何关系。就算"$q \rightarrow (p \rightarrow q)$"被证明为真了，这并不等于说"$p \rightarrow q$"也被证明为真了，更不等于说"真命题被任何命题所蕴涵"这样的论断也被证明为真了。

　　同理，对于重言式"$\neg p \rightarrow (p \rightarrow q)$"的归谬赋值法证明也不能支持以上第二个"蕴涵怪论"的成立。

　　与"$\forall x(人(x) \rightarrow 有死(x)) \wedge 苏格拉底是人 \rightarrow 苏格拉底有死$"所涉及的蕴涵情况相类似，"$q \rightarrow (p \rightarrow q)$"与"$\neg p \rightarrow (p \rightarrow q)$"两个公式各自前后使用的同一个符号"$\rightarrow$"所代表的概念实际上也并不是同一个概念。为了说明这种区别，我们可以结合一个具体例子作一点并不太复杂的分析。例如：

　　　　如果某甲是作案人，那么他有作案时间。

　　这个语句中的"如果，那么"所表示的蕴涵关系相当于以上两个公式中的第二个"$\rightarrow$"所代表的那种蕴涵关系。这种蕴涵关系是否成立并不依赖"他有作案时间"真，而是需要分析或考察"某甲是作案人"与"他有作案时间"这样两种事物情况之间事实上有没有"如果，那么"所指的那种条件关系。

其实，"作案人"这个语词的意义本身就已经隐含了"有作案时间"这一因素。因此说"如果某甲是作案人，那么他有作案时间"只不过是根据使用需要而把"作案人"这个语词所隐含的某种意义单独提取出来作为"作案人"的一种后件进行了一种特别的提示或说明而已。于是，在确定"如果某甲是作案人，那么他有作案时间"成立之后，这种条件命题本身要排除的情况就是"某甲是作案人"真而"他有作案时间"假。因此，在"他有作案时间"真的情况下，已被先行确立为真的命题"如果某甲是作案人，那么他有作案时间"当然还是真的。在这里必须特别注意要区别"先行被确立为真"与"被推出是真的"这样两种不同的"真"。

根据上述情况来看，命题与命题之间的真假关系与推出关系实际上是两种完全不同的关系。

当然，按照弗雷格的真值指称观点来看，真假关系本身表现的就是命题在指称方面所具有的一种推出关系。但是，我们在讨论语句指称问题时已经解释过真值并不能成为语句所指的原因或道理。

虽然根据"q"真可以确定先行被假定的"$p{\rightarrow}q$"不可能是假的，但是"$p{\rightarrow}q$"中的"$\rightarrow$"所代表的那种蕴涵关系却并不是仅仅根据"q"真就可以建立起来的。

"蕴涵怪论"的产生从另一个角度进一步揭示了承认真值指称思想有可能带来的一系列不可思议的问题。

三、"蕴涵怪论"的根源

细究起来，"$q{\rightarrow}(p{\rightarrow}q)$"与"$\neg p{\rightarrow}(p{\rightarrow}q)$"这样的表达本身就是有问题的。

既然每一公式中的第一个"$\rightarrow$"与第二个"$\rightarrow$"的涵义并不一样，那么在同一公式中用同一个符号表示这样两种不同的涵义就不应该被允许。而一旦人们用两个符号将这种公式中前后出现的两种不同关系加以区别，关于"蕴涵"的概念倒是相对明确了，然而现代命题逻辑所构建的整个推理系统却会因此出现大问题。因为只要人们认真辨别一下反复出现于命题推理系统不同地方的"$\rightarrow$"这个蕴涵符号，实际上并不难发现它在系统构建与解释过程中的确有时表示的是一种真值关系，有时表示的又是一种条件关系，有时表示的还是一种推出关系。但是，命题推理系统的构建者们却或者对这种区别不加考虑，或者可能根本就没有意识到这种区别，或者即使发现了这种区别却仍然由于种种原因而不愿意承认这种区别。当一个起着关键性作用的逻辑联结词出现了这样的歧义时，以此为根据而构建的逻辑推演系统，其根基还能是牢固的吗？

当然，这样的推演之所以能给一些人以某种理由或勇气，也是因为其背后有一个基础性兼规定性的思想起着挡箭牌的作用，这个基础性兼规定性的思想就是：命题的所指就是其真值，因此关于命题所指之间的推演当然也就是一种真值推演；而如果从真值关系角度来看上述"蕴涵怪论"中的前后两个"→"，则它们并没有什么本质上的区别。

就"$q{\rightarrow}(p{\rightarrow}q)$"与"$\neg p{\rightarrow}(p{\rightarrow}q)$"这样的形式来说，尽管每一个公式中的第一个"→"表达了一种以第二个"→"为假定前提的永真性关系，但是第二个"→"却始终处于一种被假定的状态。在假定"$p{\rightarrow}q$"真的情况下，尽管只要"q"真，先行被假定的"$p{\rightarrow}q$"不会假，只要"p"假，先行被假定的"$p{\rightarrow}q$"也不会假，但是先行被假定的这个"$p{\rightarrow}q$"本身能不能成立或是不是真的却在这样的真值关系中始终未得到任何证明。而恰恰是这种原本的假定由于附加了一个表示真假关系的条件，于是就使得某些证明者误以为只要证明了这种被错误解读了的所谓"重言式"，也就等于证明了以这种"重言式"为基础的所谓"蕴涵怪论"。

一些"蕴涵怪论"的批评者虽然认为怪论不合常理，但他们并没有看出或指出这种怪论涉及的那个表达真值关系的蕴涵（即"$q{\rightarrow}(p{\rightarrow}q)$"中的第一个"→"）与那个被预设的前提中的蕴涵（即"$q{\rightarrow}(p{\rightarrow}q)$"中的第二个"→"）之间的区别。有不少人实际上是被公式中出现的同一个符号"→"给迷惑了。将这样的障眼法用在逻辑学基本原理的构建与说明上，这对于逻辑来说，无疑是一种巨大的讽刺。尽管后来也有人试图依据某些新的蕴涵理念进而构造某种新的逻辑系统借以避开"蕴涵怪论"问题的出现，但是假如不能从根本上将实质蕴涵与条件蕴涵加以区别，新建立的逻辑系统必定还会出现与原系统类似的问题。比如刘易斯的严格蕴涵系统就同样出现了所谓的"严格蕴涵怪论"问题。①

而一些"蕴涵怪论"的支持者们则坚持认为"怪论"不怪，认为它的反对者们并没有真正弄明白这种"蕴涵"的真谛，这种"真谛"就是重言式的永真性。而且由此还进一步认为，所谓的"蕴涵怪论"其实就是逻辑真理。

---

① 参见威廉·涅尔、玛莎·涅尔《逻辑学的发展》，第685页。

然而，即使将"蕴涵怪论"说成逻辑真理，这样的"真理"在自然语言使用方面又能够说明或解决什么问题呢？

第三节　蕴涵的真值构造与事实基础

　　现代逻辑的实质蕴涵理论完全依据实质蕴涵真值表所列前后件的四种不同真值组合情况来解释一个蕴涵命题的构成及其真假情况。根据这种解释，只有在前件真并且后件假的情况下形成的蕴涵命题才是假命题，而在其他三种情况下形成的蕴涵命题则都是真命题。这样的解释对于自然语言表达与理解来说是否可以行得通呢？

一、蕴涵的真值构造问题

　　从自然语言使用角度看，如果完全依据实质蕴涵真值表的真值排列来构造蕴涵命题或判定蕴涵命题的真假，那么有些逻辑矛盾实际上是根本无法避免的。

　　假如仅仅根据"雪是白的"是真的从而认为"如果 1＋1 等于 3，那么雪是白的"是一个真蕴涵命题，那么作为一个既成蕴涵命题，它显然也应该有其真值表所列四种真假情况，而且在这个蕴涵命题真的情况下是不可能出现"1＋1 等于 3"与"雪不是白的"同真的情况。因此，假如据此再构造出"如果 1＋1 等于 3，那么雪不是白的"，那么这个被再次构造出来的蕴涵命题就应该是假的。然而，根据这种蕴涵命题前后件都假的情况来看，这样的蕴涵命题却又应该是真的。于是，如下逻辑矛盾也就随之产生了：

　　　　"如果 1＋1 等于 3，那么雪不是白的"假。

　　　　"如果 1＋1 等于 3，那么雪不是白的"真。

　　有的人一方面通过真值表方法从总体上指出一个蕴涵命题涉及的四种真假情况，而在这种情况下，关于这个蕴涵命题本身的真假断定实际上是由它所陈述的某种条件关系是不是符合事实所决定的；另一方面他们又主张根据蕴涵命题真值表所列各行的真假来判定或计算一个蕴涵命题的真假。于是，在判定蕴涵命题的真假方面就出现了两种不同的标准。上述逻辑矛盾就是因判定标准的不同而引发的。

　　有人说，逻辑只是从形式结构角度研究命题，而不管命题的具体内容，因此，具有"$p{\rightarrow}q$"形式的命题，其中的条件联系能不能成立并不属于逻辑学要管的事情，逻辑能管的应该只是"$p{\rightarrow}q$"与"p"和"q"之间的真假关系。而如果是这样，那么逻辑也就只能在一些已知的或假定的前提下展开各种运算或推理，而并没有理由去从事蕴涵命题的构建工作；一旦涉及蕴涵命题的构建，那么逻辑学显然就是在做逻辑不该做的事情了。所以据此可以证明的并不是依靠某种真值表所列某种真值关系就能构造出某种有意义的蕴涵命题，而是逻辑本身根本就提供不了建构蕴涵命题的任何方法。即使人们可以把"$p{\rightarrow}q$"作为一个假定为真的前提从而从真值关系角度证明"$q{\rightarrow}(p{\rightarrow}q)$"与"$\neg\,p{\rightarrow}(p{\rightarrow}q)$"这类公式是真的，但这类公式中的第二个"$\rightarrow$"所讲的那种蕴涵关系最终能否成立却必须要由事实来回答。

二、蕴涵的构成与事实

根据实质蕴涵思想及其主张来看，假如我们知道"某甲有作案时间"这样一个事实，那么我们就可以用指称这一事实的命题做后件，从而构造出无数实质蕴涵命题：

> 如果某甲是作案人，那么某甲有作案时间；
>
> 如果某甲不是作案人，那么某甲有作案时间；
>
> 如果 $1+1=2$，那么某甲有作案时间；
>
> 如果 $1+1\neq2$，那么某甲有作案时间；
>
> …………

尽管我们可以把这样的情况解释为"无论假设什么情况，总之某甲有作案时间"，但是这种解释却并不是在说明这类语句前后件之间会有什么样的条件关系。就以上四个被列出的语句来说，除了第一个语句外，对于其他表面使用了蕴涵联结词的语句来说，它们在自然语言使用中实际上或者是假的，或者是无意义的。

任何命题都会有真假，而人们对命题真假的判定也必定会有某种判定依据。对于一个使用了某种蕴涵联结词来联结的所谓蕴涵命题来说，其真假判定只能取决于其联结词所表达的那种特定的蕴涵关系在事实上是否成立。只有蕴涵关系在事实上成立的蕴涵命题，才可以被断定为一种真蕴涵命题。

从蕴涵命题的构成来说，虽然连结任何一个蕴涵命题的两个支命题之间的组合都会出现四种真假可能情况，但这些真假情况只能是一个根据事实关系已经建立起来的蕴涵命题前后件可能会涉及的四种真假情况。

从语句表现方面来说，如果我们知道"p"与"q"在事实上具有某种条件关系时，我们当然可以用一个由"p"与"q"构成的条件句来表达这种关系；但是，如果仅仅知道"p"与"q"的真假而并不知道它们之间有没有条件关系，那么这种情况下套用实质蕴涵真值表所列某种真值情况而构成的"如果 p 则 q"式语句相对于自然语言使用来说就应该是一些无意义语句。例如，即使"如果 $1+1=2$，那么雪是白的"这样的语句前后件都是真的，但是，当提出这个语句的人只是根据"$1+1=2$"与"雪是白的"都真从而使用"如果，那么"这样的联结语词来联结它们，或者说使用者根本就没有考虑两个语句之间究竟有没有什么条件关系，那么这样的所谓蕴涵语句对于自然语言使用来说就应该是一种无意义语句。

两个语句之间具有某种条件关系与根本没有条件关系是性质完全不同的。如果两个语句之间具有某种条件关系，只是语句所表现的条件关系与事实不相符合，那么这样的条件语句是可以被当作假语句来认识和处理的；如果两个语句之间根本就没有条件关系，而只是语句表面使用了"如果，那么"这样的条件关系联结词，那么在这种情况下，我们也只能把这样的语句当作一种无意义语句来认识和处理。

一个显然的事实是，在现代分析哲学家和逻辑学家们痛斥传统哲学充斥了大量无意义形而上学语句的同时，套用实质蕴涵真值表而构造的那些脱离了条件关系的所谓蕴涵语句甚至比一些旧形而上学语句还要荒唐。这种可以被概括为"新形而上学语句"的表述尽管在实际言语交际中没有任何市场，但是它们在某些逻辑理论中却一直充当着一种所谓"逻辑真"的角色。

卡尔纳普在揭露和批判形而上学假陈述存在的问题时曾经列举过下面这样的例句：

> 如果而且只有"a 能被 a 和 1 以外的自然数整除"，"a 是一个质数"这个命题才是假的。

卡尔纳普指出，对于以上合法的蕴涵句来说，假如用"凯撒"代替上句中的"a"，就会形成如下不合法的句子：

> 如果而且只有"凯撒能被凯撒和 1 以外的自然数整除"，"凯撒是一个质数"这个命题才是假的。[①]

虽然卡尔纳普这里讲的主要是无意义词列对逻辑句法规则的违反，但是这样的例句也可以从某个角度说明某些无意义条件句的构成情况。

无意义条件句与反事实条件句并不一样。

用"如果，则"将两个假语句联结在一起可以形成一种反事实条件句，例如"如果某人说的是真的，那么太阳也可以从西边出来"；但是，组成条

---

① 洪谦主编：《逻辑经验主义》，商务印书馆 1982 年版，第 22 页。

件句的两个子句只要其中有一个是无意义的，那么整个条件句也将会因此而成为一种无意义语句。

有的人在说明并无任何条件关系的"p"与"q"仅仅根据其各自的真值就可以构成"如果 p 则 q"时，往往会刻意为这样的"p"与"q"去寻找某些可能的条件联系。比如面对"如果 $1+1$ 等于 2，那么雪是白的"这样的符合实质蕴涵真值表规定的语句，他们往往会尽量去设想一些可能的情况，由此来说明"$1+1$ 等于 2"与"雪是白的"并不是在任何情况下都不会有某种事实上的条件联系。然而这样的说明不仅无法证明没有任何条件关系的"p"与"q"仅仅依靠其真值情况就可以构成"如果 p 则 q"式语句，反倒却是从另一个角度证明了自然语言蕴涵对条件关系的依赖。

当人们发现"p"与"q"所指的两件原以为并无任何条件联系的事情实际上具有某种条件联系时，当然可以用一个相应的条件语句来表达这种联系；但是当两件事情之间的条件联系还未被发现时，仅仅根据指称两件事情的两个语句各自具有的一些真假情况就用一个蕴涵词来将它们联结为一个条件命题却是十分荒唐的。

我们说"$1+1$ 等于 2"与"雪是白的"这样的命题不能仅凭它们各自的真值构成"如果 $1+1$ 等于 2，那么雪是白的"这样的条件命题，这并不等于说二者在任何情况下都不会存在条件联系；问题的关键在于，我们在提出一个条件语句或在形成一个自然语言假言命题时是不是一定会以某种条件联系为根据。

构建一个"如果 p 则 q"式的命题与形成一个传统逻辑所说的"SAP"式的命题一样，人们虽然会使用某种命题形式，但具体命题是否有意义，却是与这种命题能不能指称某种事情（或关系）紧密相关的；而具体命题的真假则是与这种命题所指的事情（或关系）是不是符合事实紧密相关。尽管人们也可以利用"如果 p 则 q"的形式说出"如果 $1+1=2$，那么雪是白的"，但是这种语句是不是有意义，则要看其间涉及的条件联系是否也有意义。这就如同人们完全可以利用传统逻辑中的"SAP"命题形式说出"所有的存在都是白色的"这样的语句一样。如果这句话不是出于诗人的想象或比喻，而是企图直接陈述一种可能的事实，那么这样的语句就应该是没有任何真假可言的无意义语句。

三、蕴涵与推出

维特根斯坦说："事态相互间是独立的"，"从一个事态的存在或不存在不能推出另一个事态的存在或不存在"。①

根据维特根斯坦的观点来看，"如果 p 则 q"这种命题中的"p"与"q"如果各自都是那种独立指称事态的原子命题，那么仅仅从"p"是无法推出"q"的；如果要把它们之间的关系解释为推出关系，那其中的"p"就必定还包含着一些可以推出"q"的因素，而一旦把这种因素也考虑进来，那么"如果 p 则 q"所表示的关系就不再仅仅是两个原子命题之间的关系了。

亚里士多德之所以能够利用一种条件句的形式来表达他的三段论推理，就是因为他所使用的那种条件语句的前件是由两个相互有着某种逻辑关联的命题形成的，并且也正是这种逻辑关联才保证了这类条件句的前件与后件之间形成了一种推出关系。而这种逻辑关联也就是在这样的条件句中作为前件语句构成部分的名称在外延方面所具有的某种包含关系或可表述关系。例如，"如果所有的阔叶植物都是落叶性的并且所有的葡萄树都是阔叶植物，那么所有的葡萄树都是落叶性的"这个条件语句所使用的"如果，那么"关系之所以可以被解释为一种推出关系，就是因为从外延方面看，构成其前件语句的名称"落叶性的"可表述或可包含"阔叶植物"，而"阔叶植物"又可表述或可包含"葡萄树"，由此就可以推出"落叶性的"也可表述或可包含"葡萄树"。换用亚里士多德的原初表述就是：如果"落叶性的"表述"阔叶植物"，而"阔叶植物"又表述"葡萄树"，那么由此就可推出"落叶性的"也表述"葡萄树"。

既然一个原子命题推不出另一个原子命题，那么仅仅从一个原子命题当然更不可能推出一个复合命题。这也从另一个角度说明，在现代命题逻辑中，类似于"$q \to (p \to q)$"这样的重言式中的第一个"$\to$"讲的应该只是"q"与在先就已被假定成立的"$p \to q$"之间的一种真值关系，而并不是"q"与"$p \to q$"之间的所具有的条件关系或推出关系。

虽然原子命题之间不存在推出关系，但是一个复合命题再附加某种条件却可以推出一个与此复合命题相关的原子命题或其否定。而这种推出关系是可以用一种条件句的形式来表示的。比如"如果 p 则 q"再附加"p"可以推出"q"的情况可以表示为"'如果 p 则 q'并且 p，则 q"；而"如果 p 则 q"再附加"非 q"可以推出"非 p"的情况则可以表示为"'如果 p 则 q'并且非 q，则非 p"；"p 或者 q"再附加"非 p"推出"q"的情况则可以表示为"如果'p 或者 q'并且非 p，则 q"；等等。

---

① 维特根斯坦：《逻辑哲学论》，第 28－29 页。

需要注意的是，尽管"如果 p 则 q"中的"p"与"q"作为一个复合命题的组成部分，其间不存在推出关系，但是人们在实际语言使用中所用到的"如果 A 则 B"这样的语句并不一定只表达一个条件命题，而是往往同时还可能隐含着"A，所以 B"这样的意思。这种情况实际上是与语句在表达意义方面所依赖的具体语境密切相关的。

所有的推理在实际语言使用中都可以被表达为一种用"如果，那么"这样的关系词将其前提与结论联结起来的语句形式。

就一个形式正确的演绎推理而言，因其前提与结论之间的联结而形成的蕴涵命题都属于先天为真的分析命题。

作为条件命题推理前提的那种条件命题即使事实上并无任何条件联系，我们仍然可以在假定这类命题有条件联系的情况下进行某种形式正确的推理。例如：

如果 $1+1=2$，那么雪是白的；

$1+1=2$；

所以雪是白的。

从推理形式方面看以上这个推理，我们要关注的重点并不是"如果 $1+1=2$，那么雪是白的"这样的条件命题是否成立，是否有意义，而是"所以"前后语句所表达的命题之间的那种推出关系是否有效。

就推理来说，逻辑可以只管推理形式是否有效而不管前提是真是假。逻辑学从推理形式的角度提出的一些推理规则也仅仅是被用来规范前提与结论之间所具有的推出关系的。对于前提中出现的仅仅使用了某种条件联结词而实际却并无任何条件关系的语句来说，一般情况下，人们都是在假定的前提下使用这种语句的。

第四节　实质蕴涵的来源与意义

传统逻辑把充分条件蕴涵语句前后件之间的关系解释为"有前件必有后件，无前件未必无后件"，这种解释的依据是"如果……那么……"一类联结语词本身具有的基本涵义。无论是用序数还是用字母代入"如果……那么……"中"……"所代表的空位，这种表达只是人们对充分条件蕴涵语句的逻辑形式给出的一种表示或说明，而并不代表这种代入序数或字母形成的逻辑形式一定就是现代逻辑所说的实质蕴涵形式。既然如此，那么实质蕴涵意义上的蕴涵是从什么时候被什么人基于什么目的而提出来的呢？

一、费罗蕴涵

有人认为古希腊时期麦加拉学派的费罗（Philonian）提出和解释的蕴涵就类似于现代逻辑所讲的"实质蕴涵"。

认为费罗蕴涵类似于实质蕴涵者提出的理由是费罗认为，在一个条件句涉及的前后件的四种真假组合情况（前真后真、前假后真、前假后假、前真后假）中，"在前三种情况下条件命题是真的，而仅仅在后一种情况下它是假的"①，而这四种真假情况恰好对应的是后来人们基于实质蕴涵思想而总结的实质蕴涵命题真值表所列出的四种真值情况。持此观点者还指出，费罗所说的"完善的条件句是一种不是开始于真而结束于假的条件句"②这样的断语就相当于他给出的一个关于条件句的定义，而这种定义与现代逻辑针对实质蕴涵所强调的"并非前件真且后件假"的思想也是一致的。

对费罗蕴涵所作的这样一种解释实际上是一种对实质蕴涵思想的简单套用。

从目前为止逻辑学对"蕴涵"的一些研究与使用情况来看，最早提出实质蕴涵思想的人只能是现代逻辑的奠基者弗雷格。在此之前，人们虽然也有过一些关于假言命题的不同的解释或说明，但是这些解释或说明所包含的基本思想实际上都是比较接近的，而这种基本思想与实质蕴涵思想是有着本质区别的。

比如就被一些人当作实质蕴涵来解释的费罗蕴涵来说，费罗在解释"蕴涵"时所说的"在前三种情况下条件命题是真的，而仅仅在后一种情况下它是假的"这样的话，其意思本来是说：一个真的条件命题并不排除前三种可能情况（三种可能情况就是前件真后件真、前件假后件真、前件假后件假），而必定要排除后一种情况（即前件真后件假）。费罗蕴涵所说的"不是开始于真而结束于假"这样的断语强调的实际上也正是针对一个条件命题的矛盾命题而进行的否定。

从自然语言使用角度来看，一个条件句所表达的命题，其矛盾命题并不是一个"前件真并且后件假"的联言命题，而实际上仍然还是一个具有"开始于真而结束于假"特性的条件命题（当这里的"真""假"之前加上"开始于""结束于"时，这样的"真"和"假"就已经不可能还是一种联言关系，而实际上已经是一种条件关系了）；费罗所说的与条件命题真假相

---

① 参见陈波《论蕴涵》，《中国社会科学》1987 年第 5 期。

② 威廉·涅尔、玛莎·涅尔：《逻辑学的发展》，第 166 页。

关的四种真假情况实际上指的是一个既成条件命题可能会涉及的一些真假情况；这样一种关于条件命题的说明与后来产生的那种以真值函项理论为基础并且只根据前后件的真假情况来说明或计算蕴涵命题真假的实质蕴涵思想明显不是一回事。因此，出于某种目的或需要而硬性将费罗对条件句作出的某些解释说成一种关于实质蕴涵的解释明显是非常牵强的。

从自然语言使用实际出发来看费罗对于条件句给出的表达及其解释，带有"开始于……结束于……"这种标志性特征的语言形式实际上正是费罗给出的关于条件句的一种表达方式或解释方式，与这样的标志性语言对应的条件命题的标准用语就应该是"如果……那么……"。因此，对于费罗所说的蕴涵语句来说，条件关系才是一个蕴涵命题形成的先决条件。费罗的这种表达以及解释与现代逻辑通过真值表规定对实质蕴涵命题作出的真值解释明显不是一回事。关于这方面的区别，我们还可以进一步从第奥多鲁（Diodorean）与费罗就条件句问题展开的若干争论看出一点眉目。

据塞克斯都·恩披里柯介绍，针对费罗对条件句的定义，第奥多鲁认为："完善的条件句是一种既非过去可能、又非现在可能开始于真和结束于假的条件句。"[1]

显然，第奥多鲁所说的"完善的条件句"实际上也就是在费罗蕴涵的基础上又附加了"并非""过去""现在""可能"这样一些限定性词语而形成的一种条件句。而认为费罗蕴涵类似于实质蕴涵的人则据此又把第奥多鲁对条件句所作的这种解释与现代逻辑所讲的"严格蕴涵"联系在了一起。

现代逻辑中的严格蕴涵本身的确是建立在实质蕴涵基础上的，或者也可以说，严格蕴涵是通过给实质蕴涵附加"必然"这样的模态词而形成的。既然我们不可以把费罗对条件句的说明生搬硬套地解释为一种关于实质蕴涵的说明，那么我们同样也不能把第奥多鲁对条件句的说明生搬硬套地解释为一种关于严格蕴涵的说明。

从第奥多鲁与费罗的争论情况来看，对同一个问题的分析与解释尽管有所不同，但双方有一个共同认可的前提：条件句中存在一种"不是开始于真而结束于假"的条件关系，而这种关系才是一个条件句本来所具有的关系。

不仅费罗、第奥多鲁讲的蕴涵是条件蕴涵，而且在现代逻辑产生之前逻辑学家们所说的一些不同类型的蕴涵命题一般也都是以这种命题有没有

---

① 　威廉·涅尔、玛莎·涅尔：《逻辑学的发展》，第166页。

显示条件关系为前提的。而"实质蕴涵"以及在此基础上又产生的"严格蕴涵"作为现代逻辑的两个基本概念却都是撇开蕴涵命题必须要具有的条件与结果关系，而仅仅从其构成部分的真假来说明它们之间存在的所谓蕴涵关系的。

实质蕴涵思想的核心是把蕴涵关系解释为一种真值函项关系，只要代入这个函项空位的命题与实质蕴涵的真值规定相吻合，那么相应的蕴涵命题的真值也就可以由此而被确定。由此来看，不考虑实质蕴涵与条件蕴涵之间存在的根本性区别，仅仅以某种现代理论为根据并且完全从某种先设立场出发，从而把前人对条件句进行的一些说明或解释硬说成对实质蕴涵语句的说明或解释，这样一种张冠李戴的作法实际上是与逻辑学本身的特性以及要求完全背道而驰的。

二、实质蕴涵的来龙去脉

实质蕴涵有两个基本的理论支撑点，它们分别是弗雷格所提出的真值指称论和真值函项论。正如弗雷格给他所提出的"概念"一词规定了一种不同于心理学意义上那种"概念"的涵义一样，其真值指称论和真值函项论以及基于这样的理论而赋予假言命题的涵义同样也难以摆脱其人为规定的特点。

真值指称论的核心是把语句的真值解释为语句的所指。由于复合句是以语句作为其基本组成部分的，因此对于这样的语句来说，无论是其整体还是其基本组成部分，它们的所指都是真值。由此可知，对假言命题展开的一系列与其所指相关的解释与说明当然也都只能从真值角度切入与展开。

真值函项论则认为一个复合命题的真值完全由其支命题的真值所决定。正是由于"句子的一部分被指称相同而涵义不同的一个表达式替代时，句子的真值必然保持不变"[1]，因此，对一个复合命题组成部分进行的具有相同真值的命题替换同样也并不会改变这个复合命题整体的真值。

不过，在解释与论证真值指称思想与真值函项思想的同时，弗雷格却又明确指出，自然语言使用中出现的条件句所表达的命题并不属于他所说的那种复合命题意义上的假言命题，而且分析条件句所表达的思想远不像分析假言命题那样简单。

针对条件句的构成，弗雷格明确指出：对于一个条件句来说，其"条件从句中有一个不确定的带提示性的成分，而在其后置句中相应也有与此

---

① 弗雷格：《弗雷格哲学论著选辑》，第104页。

相同的成分。由于这两个成分相互指示，因此它们使两个句子构成一个整体，而这个整体一般只表达一个思想"①。

既然构成条件句的两个部分各自都不能独立表达思想，那么它们当然也就不可能具有独立的真值，从而人们也就不可能再对这样的部分进行具有相同真值的不同语句替换了。为了将这一思想解释清楚，弗雷格以"如果一个数小于 1 而大于 0，那么它的平方也小于 1 而大于 0"这样一个句子为例对条件句所表达的思想进行了一些不同于假言命题的分析。

弗雷格认为，在上列条件句中，其条件从句"一个数小于 1 而大于 0"与其后置句"它的平方也小于 1 而大于 0"各自之所以都不能独立表达一个完整的思想，其原因就在于这一语句前句中的"一个数"与后句中的"它"形成了一种相互指示，这样的相互指示使得两个分句必须结合在一起才能表达一个整体性思想；而这种思想所具有的特性则相当于"渴望由一条规律得到的普遍性"②。

弗雷格明确指出，如果像分析条件句那样，"把假言命题中的两个命题看作相互关系，这一般是不对的"③。这里的"相互关系"说的就是前后件含有共同成分的那种条件句所表达的条件命题与结果命题之间的关系。

弗雷格认为，与条件句的情况不同，对于表达假言命题的语句来说，由于作为其组成部分的两个分句各自都独立表达一个思想，因而它们各自也都可以有其独立的真值；因此，对于这样的组成部分进行具有相同真值的不同命题替换并不会改变原假言命题整体的所指。

然而，自然语言使用中出现的表达假言命题的语句实际上都属于某种条件语句。弗雷格之前的一些逻辑学家们一般也都是把表达假言命题的语句当作一种条件句来分析的。如果像弗雷格所认为的那样需要把一个条件句所表达的思想作为一个整体来看待，那么同样也应该把人们通常所说的那种假言命题所体现的思想当作一种整体性思想来看待。

从条件句的情况来看，虽然组成这种复合句的两个分句会结合在一起表达一个整体性的思想，但这并不排除这样的分句也可以分别表达某种可能的思想。比如，对于"如果一个数小于 1 而大于 0，那么它的平方也小于 1 而大于 0"这样一个条件句来说，尽管其中的"一个数"与"它"形成了相互指示，但是处于这种相互指示下的"一个数小于 1 而大于 0"与

① 弗雷格：《弗雷格哲学论著选辑》，第 112 页。

② 同上。

③ 同上。

"它的平方也小于1而大于0"还是分别表达了一种可能的思想。而人们也正是根据这种可能的思想所具有的一些可能的真假情况来分析与说明一个条件句所表达的整体思想在什么情况下真、在什么情况下假。就这一点来说，弗雷格所说的条件句与人们一般所说的那种表达假言命题的语句实际上并没有什么根本性的区别；而反倒是他所说的那种假言命题与人们一般所说的假言命题并不一样。

为了刻意将他所认为的表达假言命题的语句与条件句区别开来，弗雷格还特意选择了这样一个前后句之间条件联系看上去并不怎么明显但却又的确表达了某种假言命题的特殊例句，从而对他所谓的实质蕴涵语句所具有的一些特点进行了分析与解释：

如果太阳现在已经升起，那么天空乌云密布。

就这个句子所表达的思想来说，分析者首先需要搞清楚这种思想是怎么来的，然后才能进一步说清楚这种思想表现了什么。

从这个句子表面很难看出其前后件之间具有的某种类似于规律的联系这方面看，人们在自然语言使用中提出这种命题的理由一定非常特别。然而，无论出于何种理由，当这种命题被提出来后，如果它是真的，那它就一定会排除如下可能情况：

太阳现在已经升起且天空不是乌云密布。

而如下三种情况对于这种命题的真来说则是允许存在的：

太阳现在已经升起且天空乌云密布。

太阳现在还未升起且天空乌云密布。

太阳现在还未升起且天空不是乌云密布。

就以上命题的产生情况来看，应该是先有提出这个命题的理由，然后才会有这种命题的提出，接着人们才会进一步考虑这种条件命题前后件涉及的四种真假可能情况。

弗雷格自己在分析这个句子时也认为，这里，条件句的真值与其结果句的真值之间存在某种关系。但是，他接下来的论证却把上述假言命题涉及的后三种可能情况分别都当作这个假言命题可以成真的理由了；并且他还据此进一步认为，"把各个句子部分代之以另一个具有相同真值的句子，而并不改变整个句子的真值"[1]。

然而，一旦真的发生上述"代之以"式的事情，问题的性质也就会随之发生根本性的变化，这种变化的主要表现是：对于我们在上面所指出的

---

[1] 弗雷格：《弗雷格哲学论著选辑》，第115页。

假言命题真假与其支命题的真假之间的关系来说，其中由谁来决定谁，谁来支配谁的顺序或关系就会被完全颠倒，在这种被颠倒的关系中，支命题的真假情况就会成为决定一个假言命题能否成立的唯一理由。

当然，如果自然语言使用中的确存在那种只具有真值关系而不需要条件关系支持的假言命题语句，那么弗雷格所说的这种真值替换或许可以成立。但是，事实上自然语言使用中根本就不存在这样的所谓假言命题语句。比如，就"如果太阳现在已经升起，那么天空乌云密布"这样的复合句来说，尽管乍看上去构成这种复合语句的两个分句之间似乎并没有什么条件联系，但是对于自然语言使用来说，如果这种语句是有意义的，那么其前后两个分句之间就不可能没有条件联系。

对于撇开条件联系只从真值角度对这个语句所作的分析与说明，弗雷格自己也认为"显得有些空洞"，因此，为了避免这种空洞，他又特意在分析这个语句的脚注中进行了这样的补充性说明：也可以把这里所列的这个表达假言命题的句子解释为"'要么太阳现在还未升起，要么天空乌云密布'，由此可以看出，应该如何理解这种句子的联系"[1]。

由此不难发现：在自然语言使用中，一个表面看不出任何条件联系迹象的"如果，那么"式语句，如果它是一个有意义的语句，那么其中所隐含的条件关系就总会依赖某种语境并且通过某种途径以某种方式显示出来。

可以设想如下这样一种情况：

　　　　某人从沉睡或昏迷中醒来，发现窗外仍然黑乎乎一片。于是，他推想出现这种情况的原因可能是：要么太阳现在还未升起，要么天空乌云密布。

有了这样的前提，那么下面这样的条件命题就可以合乎逻辑地建立起来了：

　　　　如果太阳现在已经升起，那么天空乌云密布。

显然，正是弗雷格所补充的这个脚注，才使得表面看上去没有任何条件联系的"太阳现在已经升起"与"天空乌云密布"有了可以用"如果，那么"来联结的理由。

当然，这里窗外一片漆黑的原因也可能不止两个，比如，还可以设想这样一种可能：

　　　　某人在昏迷中被人关进了某个地方。

在这种情况下，他醒来后看到的窗户就可能并不是通常的窗户，从这

---

① 弗雷格：《弗雷格哲学论著选辑》，第115页。

样的窗户根本就无法推测出任何时间或天气情况。

一旦有了这种可能，那么某人的上述推理就可能会出现错误，由此，他所建立的那个条件命题也就难以成立了。

弗雷格既想在他的分析中表示出"如果太阳现在已经升起，那么天空乌云密布"并非绝对没有条件联系，又想在关于这个句子的实质蕴涵分析中完全撇开其条件联系而只考虑真值关系，于是，为了既保证自己提出的那种关于假言命题的解释能够成立，同时又不否认这个句子可能具有的某种条件关系，他又对这种句子的意义进行了如下补充性说明：

> 这里必须时刻注意，从句的思想同时显示出来，但它并没有被真正表达出来，因此不能算作句子的涵义。所以不能考虑它的真值。①

从这个补充性说明可以看出，在弗雷格那里，分析"如果太阳现在已经升起，那么天空乌云密布"这样的语句所表达的思想是需要看语境的。比如，当这个句子需要依赖"要么太阳现在还未升起，要么天空乌云密布"才能成立时，"太阳现在已经升起"与"天空乌云密布"各自具有的思想就只是被显示出来的；由于这种被显示出来的思想并不属于真正被表达出来的思想，因此，这种情况下人们并不能只从真值关系角度来分析或说明这样的思想。或者也可以说这样的句子在这种情况下还是以条件句的形式表达了一种类似于规律的思想，而这样的思想与假言命题所表达的两个思想之间的关系是不一样的。

事实上，自然语言使用中的假言命题一般都是由某种条件句所表达的一种整体性思想，这样的整体性思想所指称的对象一般也都是其前后件之间具有的一种类似于规律的关系。如果进一步考察弗雷格所说的那种表达假言命题的语句，我们会发现，对于他所说的"可以把各个句子部分代之以另一个具有相同真值的句子，而并不改变整个句子的真值"这样的断语来说，这里所说的"代之以"式的真值替换对于自然语言使用来说实际上是根本无法实现的。因为凡具有某种条件关系的假言命题，这样的条件通常都是说话者假定的，因而这种假言命题前件的真假往往并不确定；而前件真假若不确定，那么其后件真假也就难以确定。这样一来，面对这种真假并不确定的前后件，人们又该如何对它们进行具有相同真值的同一替换呢？比如就"如果太阳现在已经升起，那么天空乌云密布"这句话来说，即使我们承认它表达了一个假言命题，从而也可以只考虑其真值关系，可是当这种假言命题前后件的真假并不确定时，我们实际上是无法对它们进

---

① 弗雷格：《弗雷格哲学论著选辑》，第 115 页。

行真值替换的。

　　显然，只有对那些表面使用了条件联结词而实际并无任何条件联系、其支命题各自具有独立真值的复合语句，人们才有可能对这样的命题进行具有相同真值的语句替换。但是，在自然语言使用中，用条件关系联结词来联结两个具有独立真值而并无任何条件联系的语句，这本身就应该是对"如果，那么"这种联结语词的一种误用。例如，像"如果1+1=2，则雪是白的"这样的语句，假如其中的"1+1=2"与"雪是白的"各自分别具有独立的真值而无任何条件联系，那么即使有人用"如果，那么"这样的联结词把二者联结起来，这种联结形成的语句整体仍然没有任何实际意义；而一旦人们发现"如果1+1=2，则雪是白的"之间存在某种条件关系，那也就不可能再对其组成部分进行具有相同真值的不同语句替换了。因为一旦进行了这样的同一替换，替换后的两个语句之间是否还能具有替换前两个语句之间具有的那种条件关系就不一定了。

　　对于有些条件句来说，它们往往不仅表达了前后件之间具有的一种类似于规律的思想，而且还表达了一种基于某种条件关系的推理。比如就"如果太阳现在已经升起，那么天空乌云密布"这个句子来说，如果说话者知道其中的条件关系是真的，而且也隐含性地断定了"太阳现在已经升起"真（或"天空乌云密布"假），那么这种情况下说话者所说的这个"如果，那么"式句子所表达的思想实际上就不仅仅是一个条件命题，而且还是一个依赖某种特定语境而成立的条件推理。不过，对于这种条件推理的假言前提来说，其前后件仍然并不具有独立的真值，而这个依赖语境而成立的假言推理所隐含的另一个作为前提的命题"太阳现在已经升起"与被推出的命题"天空乌云密布"（或者另一个作为前提的命题"不是天空乌云密布"与被推出的命题"太阳现在并未升起"），才都是具有独立真值的语句。

　　由此来看，在实际语言使用中，当人们借用"$A \to B$"这样的符号形式比较直观地去表达"A"与"B"之间具有的充分条件与结果关系时，这种情况下所使用的"$\to$"所代表的条件和结果关系与弗雷格以及后来的现代逻辑所阐述的实质蕴涵关系并不是同一种关系。

三、蕴涵的两种特殊表现及其相关理论解释

　　莫绍揆在谈到实质蕴涵与自然语言蕴涵的区别时曾经讲过这样一个故事：

　　　　针对实质蕴涵涉及的一些人们难以理解的问题，曾有人要罗素从"2+2=5"这样一个假命题推出"罗素和×主教是一个人"。于是，

罗素给出了下面的推论：

"假设 $2+2=5$，而我知道 $2+2=4$，所以得 $4=5$；两边减 1 得 $3=4$；两边再减 1 得 $2=3$；两边再减 1 得 $1=2$；大家知道罗素和×主教是两个人，因此，罗素和×主教是一个人。断言得证。"[①]

就此故事涉及的推论而言，推论者显然也是想尽量找出这里前提与结论之间可能具有的某种条件联系，而并不是只看蕴涵构成部分的真值。

从上述条件语句前后两句话共同具有的逻辑特点看，二者明显都是假语句。人们通常把由这样两个假语句构成的条件句称为"反事实条件句"。反事实条件句所表现的蕴涵是自然语言蕴涵的一种特殊表现。

不过，就一个前件为"$2+2=5$"的反事实条件句来说，它与"罗素和×主教是一个人"只能构成"如果 $2+2=5$，那么罗素和×主教是一个人"，与其相关的正确推论只能是：

如果 $2+2=5$，那么罗素和×主教是一个人；

罗素和×主教不是一个人；

所以，$2+2\neq5$。

如果想要通过反事实条件句证明"罗素和×主教是一个人"，那么这种证明所使用的反事实条件句推理就应该是：

如果罗素和×主教不是一个人，那么 $2+2=5$；

$2+2\neq5$；

所以，罗素和×主教是一个人。

这种推理的依据就是前提中前后件之间具有的反事实条件关系。而且只有在"罗素和×主教不是一个人"与"$2+2=5$"两个命题的各自所指都违反事实的情况下，这种反事实条件关系才可以成立。

为了能够在蕴涵命题中把蕴涵前后件之间的蕴涵关系与蕴涵程度都体现出来，刘易斯（C. I. Lewis）主张在实质蕴涵命题中引入"必然"与"可能"这样的模态算子，从而形成所谓的模态蕴涵命题。

实际上，传统逻辑在解释充分条件关系时所讲的"有前件必有后件"本身就包含"必然"这样一个概念。问题的关键在于如何理解和处理这个概念在一个假言命题中所处的位置。

刘易斯的解释是把"必然"置于一个实质蕴涵命题之前，从而形成"必然'$p\rightarrow q$'"这样一种命题形式。他将这种蕴涵称为"严格蕴涵"。不过，在这样的解释之下，"必然"之后的"$p\rightarrow q$"实际上还是一种实质

---

① 参见莫绍揆《数理逻辑初步》，上海人民出版社 1981 年版，第 76 页。

蕴涵。

　　需要特别指出的是，如果将"必然"置于"$p{\rightarrow}q$"之前，那么"$p{\rightarrow}q$"所表示的命题由此也就成了一种处于"必然"所辖内涵语境中的命题。于是，"必然'$p{\rightarrow}q$'"与"$p{\rightarrow}q$"也就不再属于同一语言层次了。

　　由此来看，把"有前件必有后件"的意思用"$p{\rightarrow}q$"之前加"必然"的方法表达是行不通的。

　　实质蕴涵在自然语言使用方面出现或引发的种种问题迫使我们不得不重新思考，人们通常在自然语言使用意义上所说的那种条件蕴涵究竟是一种什么样的蕴涵，应该用一种什么样的符号形式才能从逻辑角度把一个自然语言条件蕴涵意义上的假言命题与实质蕴涵命题区分开来。

第十章　蕴涵（二）

正因为实质蕴涵所讲的命题与命题之间的蕴涵关系是一种带有某种人为规定特点的真值关系，因而这种蕴涵与自然语言使用中出现的条件命题前后件之间具有的那种条件与结果关联意义上的蕴涵并不是一回事。为了区别两种不同的蕴涵，同时也为了突出自然语言蕴涵前后件之间所具有的那种条件与结果关系，在概念称谓方面，我们这里把自然语言使用中出现的前后件之间具有条件与结果关联的蕴涵称作"相关蕴涵"。

第一节　相关蕴涵

任何具体相关蕴涵命题的提出都体现了人们对事物之间本来具有的某种相关蕴涵关系的认识。不同的相关蕴涵命题形式是从具有不同形式的具体相关蕴涵命题中概括总结而来的。

一、相关蕴涵的特点及其真假判定

无论何种类型的相关蕴涵，它们都表现为自然语言使用中条件语句与结果语句之间的蕴涵。因此，我们也可以把相关蕴涵解释为一种自然语言条件蕴涵。

针对自然语言条件蕴涵与实质蕴涵各自所具有的不同特点及其作用，莫绍揆曾经给出过如下两点总结或评论：

第一，就日常所说的"如果……则……"而言，实质蕴涵在许多地方是不符合的，在这方面，比较更适合些的似乎是麦柯尔引入的蕴涵；第二，就表述数学推理而言，实质蕴涵最为方便，是任何其他蕴涵词（包括麦柯尔所引进的）所不及的。①

莫绍揆提到的麦柯尔所说的"蕴涵"，其特点是把"如果 p 则 q"中的"p"解释或定义为"p 并且 q"。他认为用麦柯尔的这种定义来解释或说明自然语言条件蕴涵相对来说要比实质蕴涵恰当许多，因为这个定义中的"q"本来就包含在"p"之中。

在这样的解释之下，自然语言条件蕴涵"如果 p 则 q"中的"p"实际上代表的已经不再是一个原子命题，而应该是一个具有"p 并且 q"形式的分子命题。

麦柯尔从蕴涵前后件的断定范围出发对"蕴涵"所作的这种解释与维特根斯坦在《逻辑哲学论》中从哲学角度对事态间推出关系所作的解释基本上是一致的。针对事态间的推出关系，维特根斯坦认为从一个事态的存在或不存在并不能推出另一个事态的存在或不存在，而能够推出另一个事态的事情必然包含着推出的和被推出的这样两种事态。

莫绍揆还提到，与麦柯尔所说的这种包含式蕴涵相类似，阿克曼在1956 年也从"相关逻辑"角度提出过一种被命名为"严密蕴涵"的理论。这种理论认为，对于"p 严密蕴涵 q"来说，"p"与"q"之间的逻辑联系与它们各自的真值无关，正确的解释是把"q"看成"p"的一部分。

从莫绍揆介绍的这两种情况来看，麦柯尔与阿克曼实际上都是从一种隐性联言推理的角度解释自然语言使用中出现的相关蕴涵的。这也就是说，他们所说的"如果 p 则 q"中的"q"实际上是隐含于表达"p"的前件语句中的。从语句对命题的实际表达情况来看，表面上表达"如果 p 则 q"的语句实质上表达的命题应该是"如果 p 并且 q，则 q"。

麦柯尔与阿克曼在解释"相关蕴涵"方面的共同特点是从前后件本身的所指范围来解释这种蕴涵，而其缺点则是都没有把分析的重点放在对蕴涵关系本身的考察以及说明上。

从前后件本身的所指范围出发解释的自然语言条件蕴涵涉及的应该只是相关蕴涵的一种情况。这种相关蕴涵的特点是，从语义方面来看，蕴涵命题的后件语义实际上是包含在其前件语义中的。比如我们前边曾经提到过的"如果某甲是作案人，那么他有作案时间"就是这样一种蕴涵。由于"作案人"本身就已经包含"有作案时间"这样一种涵义，因此，"作案人"所指的对象当然也包含于"有作案时间"所指的对象之中。

其实，逻辑学所说的充分条件关系、必要条件关系、充要条件关系都

---

① 莫绍揆：《数理逻辑初步》，第76 页。

是就前后两个语句之间具有的条件与结果句关系而言的，而这样的关系要说的并不完全是其前后件各自的所指情况或所指范围。

有的人虽然认为"实质蕴涵与日常语言中表示条件关系的联结词'如果……那么……'是有区别的"，但同时又认为"实质蕴涵真值表的前两行是符合充分条件命题的基本真值涵义的（当然是在'p'，'q'有意义、内容上的联系的前提下）"[①]。据此，这种意见甚至主张确定一个条件语句的真假首先需要确定或假定其前件为真。而这种处理方法存在的问题则主要是没有把实质蕴涵与自然语言条件蕴涵这样两种性质与表现特征完全不同的蕴涵严格区别开来。因为，其一，实质蕴涵真值表的前两行所列真假说的本来就不是自然语言使用中出现的形式为"如果 p，那么 q"这样的条件命题的真假。其二，判断一个条件句的真假并不一定要先确定或假定其前件为真。

在自然语言使用中，人们判定一个假言命题的真假主要是看这种命题所表现的前后件之间所具有的那种条件关系是不是符合事实。即使有些情况下人们需要分别考察组成这种命题前后件的真假，但这种考察却无法代替对其前后件之间关系的考察。比如人们即使可以确定"1＋2 等于 3"和"雪是白的"都真，但仅仅据此并不能确定二者之间会有什么样的条件关系。相反，即使"雪是黑的"和"1＋2 等于 5"明显都是假的，但当有人把它们用"如果……那么……"这样的联结词联结起来，从而形成"如果雪是黑的，那么 1＋2 也会等于 5"这样一个反事实条件句时，这种联结却是有一定道理的。因为这样联结的目的只是通过"1＋2 也会等于 5"的荒谬来说明"雪是黑的"的荒谬。

正因为自然语言使用中出现的假言命题主要是用来表达某种条件与结果关系的，所以人们在对这种命题的真假进行判定时并不能只看其前后件的真假，而是首先需要考察其前后件之间事实上有没有需要判定的那种条件关系。一个有意义的自然语言假言命题成立的首要前提就是其前后件之间必须要有某种条件关系。根据某种条件关系建立起来的蕴涵只能是一种相关蕴涵，而不是实质蕴涵。

基于上面的分析，我们可以得出考察一个自然语言相关蕴涵命题的真假必须要做的两件事情。

首先，要考察蕴涵命题前后件之间是否存在某种条件与结果关联。

两个没有任何条件与结果关联的命题根本就无法形成相关蕴涵命题。

---

① 参见冯棉《条件句与相干逻辑》，《华东师范大学学报》1999 年第 1 期。

比如人们在考察"如果太阳现在已经升起，那么天空乌云密布"这样的命题是不是相关蕴涵命题时，首先需要考察的就是这里用"如果，则"所联结的"太阳现在已经升起"与"天空乌云密布"这样两个命题之间事实上是否存在某种条件与结果关联。假如考察的结果发现有人是在"要么太阳现在还未升起，要么天空乌云密布"的前提下说出了这样一句话，那么我们据此当然可以确定这个选言命题所包含或使用的两个命题之间存在着一种否定其中一种可能就要肯定另一种可能的条件与结果关联；但是，当还不知道"太阳现在已经升起"与"天空乌云密布"之间有什么条件关联时，我们不仅无法对"如果太阳现在已经升起，那么天空乌云密布"这样的命题作出或真或假的判定，而且也无法知道这样的命题是否有意义。

其次，需要进一步考察蕴涵命题前后件的真假。

在考察条件与结果关联的基础上进一步考察前后件的真假可以帮助考察者确定一个既成条件命题的真假。比如，根据"所有作案人都有作案时间"这样的情况，我们尽管可以初步提出"如果一个人有作案时间，那么这个人就是作案人"这样一个前后件有某种条件关联的蕴涵命题，但当我们在进一步的考察中发现事实上存在"某人虽然有作案时间但他并不是作案人"的情况时，我们由此就可以断定"如果一个人有作案时间，那么这个人就是作案人"这样的蕴涵命题并不是一个可以被断定为真的蕴涵命题。

二、相关蕴涵命题形式

从相关蕴涵角度看，自然语言使用中通常讲的"如果 p，那么 q"式语句要表达的命题实际上应该是"如果 p，那么必然 q"。这里的这个"必然"相当于传统逻辑在解释"充分条件"涵义时所说的"有前件必有后件"中的那个"必"。可以说，自然语言使用中出现的"如果，那么"这样的关系语词本身就隐含"必"这样一层涵义在其中。

充分条件相关蕴涵命题中所隐含的这个与蕴涵关系紧紧联系在一起的"必"反映的是命题提出者对" p "和" q "之间具有的条件关系的一种认识或断定程度。这样的"必"所体现的"必然"是一种类似于规律的必然，这种"必然"与"必然 P "一类模态命题所带模态词"必然"的意义并不一样。"必然 P "所带"必然"是一种引语引导词，这样的"必然"明显将"必然 P "与" P "区分成两个属于不同语言层次的命题，而"如果 p，那么 q "所隐含的那个具有认识或断定程度意义的"必然"却并没有这样的功能。

由于"如果，那么"这种关系本身就隐含"必"或"必然"这样的意思，因此在具体语言表达中，其中表示"必然"意义的语词往往会被省略。例如，"如果某人有作案时间，那么他就是作案人"这个语句尽管其中没有出现"必"或"必然"这样的语词，但从表达者的用语来分析这个句子，它实际要表达的还是表达者的如下思想：

> 如果某人有作案时间，那么他必然就是作案人。

这里所说的这个"必然"是与命题中的"如果，则"所表示的关系紧紧结合在一起的。一旦发现一个充分条件相关蕴涵语句事实上存在前件真而后件假的情况，人们当然也就可以由此判定这个充分条件相关蕴涵语句是一个假语句。比如，就以上语句来说，它的假就很容易被人们发现。因为根据日常生活经验，人们会很容易指出对于有些人来说，他们虽然有作案时间，但却不可能是作案人。由此来看，以上语句虽然表达了一个充分条件相关蕴涵命题，但这个相关蕴涵命题却不是一个真命题。

鉴于现代逻辑已经在实质蕴涵意义上使用了"→"这个符号，所以，为了和"实质蕴涵"相区别，我们可以借用"⇒"这样一个符号将相关蕴涵命题形式表示为：

$p \Rightarrow q$

与表示实质蕴涵的"$p \rightarrow q$"以及与表示严格蕴涵的"$\Box(p \rightarrow q)$"所使用的符号"→"的涵义有所区别的是，"⇒"这个符号在这里表示的是自然语言充分条件命题前后件之间具有的一种相关蕴涵关系。"⇒"的语义中所包含的"必"或"必然"这样一层意思是"⇒"所表示的蕴涵关系本身所具有的一种特性。

尽管模态命题形式"$\Box(p \rightarrow q)$"中的符号"□"也表示了一种"必然"，但是这个"必然"在命题中所处的位置是在"$p \rightarrow q$"之前，而并非在"→"之中；"$\Box(p \rightarrow q)$"中的"□"实际上是一个用来规定或约束"$p \rightarrow q$"的模态词，加上这种模态词之后，"$p \rightarrow q$"就成了一个受该模态词制约的间接引语，这样的间接引语能够表达的仅仅是"$\Box(p \rightarrow q)$"这种命题提出者对"$p \rightarrow q$"的一种认识或断定。

相关蕴涵关系可以是两个命题之间实际具有的，也可以是提出命题的人假定的。例如，考察"如果某人能戒烟，那么母猪也能上树"前后件之间的关系，我们会发现这句话所表达的有前件必有后件这样的关系只是说话者提出的一种建立在某种信念或认识基础上的假定，而其前后件都假才是事实。这种假定性命题的后件所指事情明显不可能是事实的情况反映了人们的这样一种信念或认识：语句中的前件所表达的命题也不可能是真的。因此，这种假定性蕴涵在自然语言使用中同样具有相关蕴涵的性质。

在对"⇒"这个符号进行了上述解释之后，不具有条件关系的两个命题并不能构成"$p \Rightarrow q$"式命题。这样一来，具有"$p \Rightarrow q$"形式的命题的真假就不能仅仅根据"p"和"q"的真假来确定，而是首先需要去看二者之间是否具有"⇒"所表示的某种条件关系。

自然语言中的相关蕴涵除了必然性相关蕴涵，也有可能性相关蕴涵。比如，"如果某甲是作案人，那么他可能会有某种预谋"这个命题讲的就是"某甲是作案人"与"他会有某种预谋"之间具有的一种可能的充分条件联系，它与"如果某甲是作案人，那么他就有某种预谋"所表达的那种必然性蕴涵在断定程度方面是有明显区别的。

相关蕴涵关系中包含或隐含的"可能"与"必然"这样一些表示蕴涵程度的概念，表现的是命题使用者对命题中蕴涵关系的一种认识以及断定程度。

由于"$p \Rightarrow q$"中的"⇒"这个符号本身就包含一种"必然"的意义在其中，因此，当人们需要表达"p"与"q"之间具有的可能的充分条件关系时，附加在"⇒"这种关系之前的"可能"是不能被省略的。比如，我们在断定"如果某甲是作案人，那么可能他有某种预谋"时，其中的"可能"在表达上就不能省略，因为一旦省略了这个词，本来属于可能性的蕴涵就会被人们理解或解释为一种必然性蕴涵。

有时，为了区别可能的不同程度，人们往往还会在"可能"之前加上某些限定性词语，如"有一定的可能""很可能"等。人们在日常语言表达中所说的"完全可能"实际上指的并不是对所有"可能"的穷尽，而是对所用"可能"接近于"现实"的情况给予的一种特别的肯定或强调。

在实际语言使用中，人们使用某种蕴涵命题形式表达自己的思想时一般都会有某种理由或根据。一个人根据自己对两种情况之间关系的认识而形成一个具有"如果 p 那么 q"（或"如果 p 那么可能 q"）形式的相关蕴涵命题，这与仅仅依据"p"和"q"的真假而不知道它们之间有什么条件联系而提出的所谓"实质蕴涵命题"是完全不同的。

三、相关蕴涵与推理

一个有实际使用意义的自然语言推理，其前提与结论之间一般都会具有某种相关蕴涵关系，而推理规则就是用来规范或约束推理前提与结论之间所具有的那种相关蕴涵关系的。

根据演绎推理规则构成的前提和结论之间的相关蕴涵关系是一种必然性相关蕴涵；根据完全归纳推理要求构成的前提和结论之间的相关蕴涵关

系也是一种必然性相关蕴涵；而根据不完全归纳推理要求而构成的前提和结论之间的相关蕴涵关系则是一种可能性相关蕴涵。因此，演绎推理与完全归纳推理前提和结论之间的相关蕴涵可以用有效性来评价，而不完全归纳推理前提和结论之间的相关蕴涵则需要用可靠性来评价。

第二节 相关蕴涵的种类

根据相关蕴涵是必然性的还是可能性的，我们可以把相关蕴涵区分为分析性相关蕴涵和综合性相关蕴涵两大类。

在语言使用中，表现两类蕴涵的语句都可以依赖特定的语境以一种省略式推理的形式来表示某种由前提到结论的推理。其中，蕴涵的前件相当于推理的前提，后件则相当于推理的结论。

一、分析性相关蕴涵

分析性相关蕴涵是一种不需要任何经验事实验证而先天为真的蕴涵，它既可以表现在形式关系方面，也可以表现在语义包含方面。据此，分析性相关蕴涵可以区分为形式蕴涵与非形式蕴涵两大类，后者又可以区分为预设蕴涵与语义蕴涵。

（一）形式蕴涵

我们这里所说的"形式蕴涵"指的是依靠语言表达式之间的形式关系而形成的蕴涵。例如：

（1）如果"如果 p 则 q，并且 p"，那么 q。

（2）如果"如果 p 则 q，并且非 q"，那么非 p。

就以上两种语言表达形式来说，（1）中的"如果 p 则 q，并且 p"与"q"之间的蕴涵以及（2）中的"如果 p 则 q，并且非 q"与"非 p"之间的蕴涵就都属于分析性相关蕴涵中的形式蕴涵，这种蕴涵的成立是以蕴涵前件中"如果 p 则 q"的成立为条件的，只要"如果 p 则 q"中的"p"相关蕴涵"q"，那么"如果 p 则 q，并且 p"与"q"以及"如果 p 则 q 并且非 q"与"非 p"之间就可以形成形式蕴涵关系。但是，在（1）与（2）中，"如果 p 则 q"中的"p"与"q"之间的相关蕴涵却不是形式蕴涵，而是一种需要通过考察这种蕴涵关系是否符合事实才能确定其真假的蕴涵。

逻辑学所说的形式正确的演绎推理，其前提与结论之间的蕴涵都属于分析性相关蕴涵中的形式蕴涵。现代命题逻辑中的大部分重言式作为一种推理都可以表示自然语言推出关系意义上的蕴涵，因而也都可以被划归于分析性相关蕴涵中的形式蕴涵。这里之所以要说"大部分重言式"并且之所以要采用"自然语言推出关系"这样的用语，是因为现代命题逻辑主要是从真值关系角度解释"重言式"的，而有些从真值关系角度所解释的重言式意义上的推理关系与自然语言使用中所表现出的推出关系并不完全一样。例如：

$(p \wedge q) \rightarrow p$

$(p \wedge q) \rightarrow q$

以上两个重言式中的"$\rightarrow$"是可以被解释为一种推出关系意义上的蕴涵的。对于这样的蕴涵关系，我们在自然语言逻辑中也可以换用"$\Rightarrow$"这个相关蕴涵符号来表示其中的蕴涵关系。这两种推理形式中的推出关系是由前提中的合取命题联结词"$\wedge$"这个符号本身的涵义所决定的。

然而，与以上重言式不同的是，下面两个重言式中的第一个"$\rightarrow$"所表示的关系却只能被解释为一种真值关系，而不能被解释为推出关系：

$q \rightarrow (p \rightarrow q)$

$\neg p \rightarrow (p \rightarrow q)$

这种真值关系的成立是以假定"$p \rightarrow q$"的成立为前提的。其意思是说：无论是在"q"真的情况下，还是在"$\neg p$"真的情况下，既成的"$p \rightarrow q$"都是真的。这里必须要注意的是：无论"q"还是"$\neg p$"，它们都不能被解释为推出"$p \rightarrow q$"的前提。

在相关蕴涵命题意义上讲的各种形式正确的推理形式，其前提与结论之间具有的相关蕴涵关系都属于分析性相关蕴涵中的形式蕴涵关系。例如：

$((p \Rightarrow q) \wedge p) \Rightarrow q$

$((p \Rightarrow q) \wedge \neg q) \Rightarrow \neg p$

$((p \Rightarrow q) \wedge (q \Rightarrow r)) \Rightarrow (p \Rightarrow r)$

以上三个假言推理形式中的最后一个"$\Rightarrow$"之所以都成立，是因为前提中使用的"$\Rightarrow$"这种关系成立。或者也可以说，前提中的联结词"$\Rightarrow$"本身的意义决定了其前提与结论之间必然具有"$\Rightarrow$"所表示的那种蕴涵关系。

就以上所列假言推理来说，尽管表示前提和结论之间关系的"$\Rightarrow$"所体现的蕴涵是形式蕴涵，但前提中使用的"$\Rightarrow$"却并不属于形式蕴涵。尽管在前后件相关这一点上，二者是共同的，但是对于前提中使用的的相关蕴涵来说，其真假情况是需要根据这种蕴涵关系是不是符合事实来判定的。

再如：

$$((p \lor q) \land \neg p) \Rightarrow q$$

$$((p \lor q) \land \neg q) \Rightarrow p$$

以上两个选言推理形式中的"⇒"所体现的蕴涵之所以成立则是由前提中"∨"这个符号所代表的选言联结词的涵义本身所决定的。而"∨"所代表的关系能不能成立则需要根据这种关系是不是符合事实来确定。

（二）非形式蕴涵

下面，我们通过预设蕴涵与语义蕴涵来解释一下什么是非形式蕴涵。

1. 预设蕴涵

无论一个语句是肯定的还是否定的，该语句都包含有一种不受这种肯定或否定所影响的命题，于是，这种被包含的命题就是该语句所预设的命题。含有预设的语句与其预设之间构成的蕴涵属于预设蕴涵。

一个语句含有的预设相对于包含它的语句来说实际上是一种被先行假设了的命题。也正是在这样的意义上，我们才说预设蕴涵属于分析性相关蕴涵。

一个简单句可以区分为陈述部分和被陈述部分。一般情况下，这个语句的主词属于被陈述部分，而谓词则属于陈述部分。对于这样的语句来说，不仅其被陈述部分可以有预设，而且其陈述部分也可以有预设；而且无论是语句的被陈述部分还是陈述部分，它们都可能会包含多重预设。

（1）语句主词部分的预设。例如：

　　　　发现行星轨道是椭圆状的那个人死于贫困之中。

就以上句子来说，无论发现行星轨道是椭圆状的那个人是否死于贫困之中，其主词部分都预设着下面这样一个命题：

　　　　存在一个发现行星轨道是椭圆状的人。

由于这样的预设是语句本身成立的前提，因此，推出它并不需要借助任何具体语境。

有人曾经用"A"表示一个语句，用"B"表示这个语句的预设，由此给出语义预设的如下定义：

　　　　$A \Rightarrow B$

　　　　$\neg A \Rightarrow B$

意思是说，当一个肯定语句和其相应的否定语句都相关蕴涵另一个语句时，这个被蕴涵的语句就是蕴涵它的语句的语义预设。

周礼全在《逻辑——正确思维和成功交际的理论》一书中指出，以上这种关于预设的解释或定义是错误的。他得出这一结论的推论如下：

其一，假如预设"B"是语句"A"或"￢A"所蕴涵的后件，那么我们将既可以从否定"B"得到对"A"的否定，也可以得到对"￢A"的否定，而对"A"的否定是"￢A"，对"￢A"的否定是"A"。由此来看，否定这样一种"预设"并不会对该语句的真假产生任何影响。然而事实是：一旦一个语句的语义预设被否定，那么这个语句就会成为一种无意义语句。

其二，假定一个语句"A"与其否定"￢A"都预设语句"B"，那么逻辑上必然会形成如下命题：

$$(A \lor \neg A) \Rightarrow B.$$

"$(A \lor \neg A)$"常真，因此，预设"B"也应该常真。

但事实上预设并不是常真的。

正是由于这样的原因，周礼全认为语言表达中只有语用预设而并无语义预设。[①]

其实，以上两个问题的出现并不能说明句子只有语用预设而没有语义预设，因为以上论证对含有预设的肯定语句与否定语句的理解或解释是错误的。

相对于语句主词部分预设而言的肯定语句与否定语句，其肯定与否定只是就一个语句主谓词之间的联系性质而言，因此并不能把这样的肯定语句与否定语句分别表述为"A"与"￢A"。比如"发现行星轨道是椭圆状的那个人死于贫困之中"预设"存在一个发现行星轨道是椭圆状的人"，而相应的否定语句"发现行星轨道是椭圆状的那个人没有死于贫困之中"同样也预设"存在一个发现行星轨道是椭圆状的人"。这里的肯定与否定是相对于这个语句中的主词"发现行星轨道是椭圆状的那个人"与其谓词"死于贫困之中"之间的关系而言的。从区分语言层次的角度看，肯定句"发现行星轨道是椭圆状的那个人死于贫困之中"的命题形式是"$\Phi(F(a))$"，而其相应的否定语句"发现行星轨道是椭圆状的那个人没有死于贫困之中"的命题形式则是"$\neg \Phi(F(a))$"，而并不是"$\neg (\Phi(F(a)))$"。这两个语句都预设"存在一个发现行星轨道是椭圆状的人"，其命题形式为"$F(a)$"。当这个预设被否定时，即当"$\neg (F(a))$"时，无论是那个肯定语句"$\Phi(F(a))$"，还是那个否定语句"$\neg \Phi(F(a))$"，它们都将会因为失去被陈述的对象而成为无意义语句。

---

① 参见周礼全主编《逻辑——正确思维和成功交际的理论》，第 458 – 459 页。该书在表达"预设蕴涵"时采用的蕴涵符号是实质蕴涵符号"→"。

关于语句主词部分预设的推理只能是：

$$\Phi(F(a))\Rightarrow F(a)$$

$$\neg\,\Phi(F(a))\Rightarrow F(a)$$

因为谓词"Φ"与"F"并不在同一语言层次，所以不能反过来进行如下推理：

$$\neg\,(F(a))\Rightarrow\neg\,(\Phi(F(a)))\Rightarrow\neg\,\Phi(F(a))$$

$$\neg\,(F(a))\Rightarrow\neg\,(\neg\,\Phi(F(a)))\Rightarrow\Phi(F(a))$$

（2）关于语句谓词部分的预设。以"武松打死了西门庆"这个句子为例，其主词有两个：一个是"武松"，另一个是"西门庆"；而谓词"打死了"则陈述的是这两个主词所指对象之间发生的某种关系或结果。就这个谓词来看，无论是"打死了"，还是"没有打死"，包含它们的语句都预设着如下命题：

　　武松打了西门庆。

假如把这样的预设蕴涵理解为：

$$A\Rightarrow B$$

$$\neg\,A\Rightarrow B$$

那么以此为根据，推论者将会从否定"武松打了西门庆"（$\neg\,B$）得到"并非武松打死了西门庆"（$\neg\,A$）或"武松打死了西门庆"（A）。

而事实上"武松打死了西门庆"这个句子的谓词使用的是一个动补词组"打死"，其中预设所相对的肯定或否定也是就"有没有打死"而言的。无论这个语句的谓词是"打死"，还是"没有打死"，它们都预设另一个次要谓词"打"。因此上面语句的谓词预设蕴涵只能被解释为：

　　如果武松打死了西门庆，那么武松打了西门庆。

　　如果武松没有打死西门庆，那么武松也打了西门庆。

假如否定了"武松打了西门庆"，那么关于"打死"还是"没有打死"的陈述都将因为"打"这种关系的不存在而失去意义。对于这样的"无意义"情况，人们通常的表述是"这句话根本就不成立"。如果从真值角度来说，这种"无意义"情况说的就是这句话本身并无真假可言。

谓词预设是否成立，要看谓词的总体涵义是否包含了其中作为预设的部分涵义。比如"打死"就包含了"打"，因此，无论"打死"还是"没有打死"都预设"打"。

更为复杂的谓词预设不仅会预设谓词的部分意义，而且也会预设主词的某些意义。例如：

　　余则成秘密娶了翠萍。

首先，这里谓词部分所说的"秘密娶了"是以"娶了"为前提的，无论是不是秘密娶了，这句话都预设着谓词部分中的"娶了"；其次，其中的"娶了"还预设着主词所指对象"余则成"是男性，"翠萍"是女性。而后一种关于主词的预设实际上是与谓词"娶"的语义密切相关的。因为就中国传统习惯而言，"娶"在正常情况下指的就是男娶女。当然，换句话说"翠萍秘密嫁给了余则成"同样也有类似的预设，而这种情况下，后一句话的第二层预设又是与谓词中的"嫁"这一语词的语义密切相关的。

（3）多重预设。多重预设指的是预设中又包含预设的情况。例如：

广东师范大学电教楼前有花园。

就这个句子来说，其主词预设"*存在广东师范大学电教楼*"，而这个预设又预设"*存在广东师范大学*"。

当人们发现事实上存在的只是华南师范大学而并没有广东师范大学时，以上句子对"存在广东师范大学电教楼"与"存在广东师范大学"的预设都不成立。但是，当"存在广东师范大学"这样的预设成立时，可能"存在广东师范大学电教楼"这样的预设成立，也可能"存在广东师范大学电教楼"这样的预设不成立。

对于"广东师范大学电教楼前有花园"这样的语句来说，相对于其主词部分有多重预设的情况，其命题形式为：

$$B(\Phi(F(a)))$$

其预设次序为：

如果广东师范大学电教楼前有花园，那么存在广东师范大学电教楼；如果存在广东师范大学电教楼，那么就存在广东师范大学。

如果广东师范大学电教楼前没有花园，那么存在广东师范大学电教楼；如果存在广东师范大学电教楼，那么存在广东师范大学。其中：

预设 1——*存在广东师范大学*；

预设 2——*存在广东师范大学电教楼*。

假如预设 1 不存在，则不仅"广东师范大学电教楼前有花园"无所指，而且"广东师范大学电教楼"也无所指。

用符号表示以上语句预设所体现的蕴涵关系为：

$$B(\Phi(F(a)) \Rightarrow \Phi(F(a))$$

$$\neg B(\Phi(F(a)) \Rightarrow \Phi(F(a))$$

$$\Phi(F(a)) \Rightarrow F(a)$$

$$\neg \Phi(F(a)) \Rightarrow F(a)$$

一旦"$F(a)$"被否定，那么"$B(\Phi(F(a)))$"与"$\neg B(\Phi(F(a)))$"

以及"$\Phi(F(a))$"与"$\neg\,\Phi(F(a))$"则都是无意义的。

一个语句既有主词预设也有谓词预设表现了预设的多样性；而一个语句的预设中又有预设则不仅表现了语句预设的多样性，而且还体现了语句预设的层次性与复杂性。

2. 语义蕴涵

自然语言中，除预设蕴涵外，还有许多语义蕴涵。比如，语义缩减蕴涵、语义扩增蕴涵、语义解析蕴涵、语义关联蕴涵等就都属于语义蕴涵。

（1）语义缩减蕴涵。通过缩小或减少语句所包含的某些语词的内涵从而得出一个新语句，其中的原句与新句之间会形成语义缩减蕴涵。例如：

（a）"武松打死了西门庆"会依次语义缩减蕴涵："武松打死了人""有人打死了西门庆""有人打死了人"等。因为"人"的语义相对于某一个具体的人来说要少，而具体的某个人除了具有人的一般特性，还会具有不同于其他人的一些个性特点。但是，"武松没有打死西门庆"却不像肯定句那样会蕴涵"武松没有打死人"。

（b）"老张喜欢看黄梅戏"会依次语义缩减蕴涵："老张喜欢看戏""有人喜欢看黄梅戏""有人喜欢看戏"。但是，"老张不喜欢看黄梅戏"不会蕴涵"老张不喜欢看戏"。

把上述（a）与（b）的蕴涵次序反过来也不能形成语义蕴涵。例如，"有人打死了人"不能蕴涵"武松打死了人"；"老张喜欢看戏"不能蕴涵"老张喜欢看黄梅戏"。

（2）语义扩增蕴涵。通过扩展或增加语句所含语词的内涵从而得出一个新语句，原句与新句之间会形成语义扩增蕴涵。例如：

（a）"金属都导电"可以语义扩增蕴涵："铜都导电"；

（b）"武松没有打死人"可以语义扩增蕴涵："武松没有打死西门庆"；

（c）"老张不喜欢看戏"可以语义扩增蕴涵："老张不喜欢看黄梅戏"。

对于处于同一属种系列的若干概念来说，语义缩减蕴涵与语义扩增蕴涵的逻辑根据与传统逻辑所讲的概括和限制涉及逻辑规则是相应的。这种规则为：概括是通过减少语词内涵借以扩大其外延，限制则是通过增加语词内涵借以缩小其外延。

内涵与外延是表达概念的语词所具有的两个重要特征，而且它们之间存在着内涵越多外延越小并且内涵越少外延越大的反变关系。因此，关于推理的研究以及陈述既可以从外延方面进行，也可以从内涵方面进行。而且内涵推理与外延推理还可以相互转换、相互验证。例如，利用语义缩减蕴涵可以从"武松打死了西门庆"得到"武松打死了人"，而这个推论又可以与下面的外延式三段论推理相互转换或相互验证：

> 武松打死了西门庆；
>
> 西门庆是人；
>
> 所以武松打死了人。

利用语义扩增蕴涵，可以从"老张不喜欢看戏"得到"老张不喜欢看黄梅戏"，而这个推论也可以与下面的外延式三段论推理相互转换或相互验证：

> 老张不喜欢看戏；
>
> 黄梅戏是戏；
>
> 所以老张不喜欢看黄梅戏。

语义缩减蕴涵或语义扩增蕴涵依据的是语词在涵义方面的关系，而传统逻辑的三段论推理依据的则是语词所表达的概念在外延方面的关系。

我们可以把语义缩减蕴涵与语义扩增蕴涵统称为"语义增减蕴涵"。

利用语义增减蕴涵，我们不仅可以对联项为"是"与"不是"的直言命题进行词项替换推理，而且也可以对其他类型的命题进行词项替换推理。而传统逻辑讲的外延式三段论推理却要求其前提与结论都必须是联项为"是"与"不是"的直言命题。

需要说明的是：上面我们所说的那个用来验证从"武松打死了西门庆"推出"武松打死了人"的三段论实际上还不能算是传统逻辑所讲的那种严格意义上的三段论，而应该是一种以传统逻辑三段论为基础的混合关系三段论。[①] 因为其中作为推理构成部分的命题既有关系命题，也有直言命题。

使用"语义增减蕴涵"需要遵守如下两条推理规则。

第一条规则：肯定式推演不能用语义扩增方法。例如，不能从"武松打死了人"推出"武松打死了西门庆"。因为肯定一种不确定的笼统指向不能必然肯定某种具体指向。

第二条规则：否定式推演不能用语义缩减方法。例如，不能从"老张不喜欢看黄梅戏"推出"老张不喜欢看戏"。因为否定某种具体指向不能必然否定某种不确定的笼统指向。

（3）语义解析蕴涵。语义解析蕴涵是结合语句整体涵义通过分析其组成部分的语义或其相互关系而引申出某种后件语义的蕴涵。例如：

---

① 关于混合关系三段论，可参见金岳霖主编《形式逻辑》，第 181–182 页。

武松是潘金莲的小叔子。

分析这句话中所含"小叔子"一词的语义，就可以由此引申出"武松是男的""潘金莲是女的""武松有哥哥""潘金莲有丈夫""潘金莲与武松的哥哥是两口子"等一系列命题来。

而"武松不是潘金莲的小叔子"并不蕴涵上面那些被引申出的命题，这说明语义解析蕴涵不同于预设蕴涵。

上面所列出的那些被引申的命题并不是根据语词所具有的内涵的多少推出的，而是根据语词的性质、涉及的不同关系、适用场合或适用对象等语言使用特点推出的。

语义解析蕴涵的后件语义不能超出前件语句或语词自身在被分析语句中所包含的语义信息。比如，我们并不能把上面的"小叔子"解释为年龄偏小的叔父，因为"小叔子"在汉语中的习惯使用语义是相对于叔嫂关系而言的，而这个词在上述语句中表达的也正是这个意思；我们也不能由前件语句或语词推出武松是打虎英雄，或者解析出武松尚未结婚，因为这句话的所有构成部分及其相互关系都不包含这方面的语义信息。

语义解析蕴涵需要遵守的逻辑规则是作为蕴涵前件的语义必须包含作为蕴涵后件的语义。

（4）语义关联蕴涵。如果若干语句的关联语义必然蕴涵着另一种语义，那么这种蕴涵便属于语义关联蕴涵。

比如，两个中国人 A 与 B 正在交谈。A 问 B："你今年多少岁？"当 B 告诉 A 他多少岁之后，A 很快就能推算出 B 的属相是什么。因为中国人所说的属相总共有十二个，这十二个属相的前后排列位置是固定的，以十二地支中的子、丑、寅、卯、辰、巳、午、未、申、酉、戌、亥为顺序，按十二年为一轮来计算，十二年中不同年的人属相不同；每一个中国人都会在十二属相中占有一个自己的属相。A 根据这种话语交流的当年是什么属相年，就可以按照十二个属相的排列顺序并且结合 B 的年龄往前推算，从而最终得知 B 的属相。

语义关联蕴涵由于中间涉及一些推算过程，因此分析与解释起来相对比较复杂。比如在几何证明中，若干定理以及定义的集合会蕴涵一个待证明的命题，而选择什么样的定理或定义作为证明的根据，如何把作为蕴涵前件的不同定理或定义有序地排列起来，从而通过它们之间环环紧扣的逻辑联系最后得到作为蕴涵后件的那个待证明的命题，这既需要熟悉几何学的基本知识，也需要一定的逻辑思维能力以及发现能力。

二、综合性相关蕴涵

根据某些经验或认识而形成的相关蕴涵命题是综合性相关蕴涵命题。这种蕴涵命题的真假是需要经验事实来验证的。例如，"武松打死了西门庆"与"武松将被官府判刑"之间就可能会构成如下综合性相关蕴涵命题：

> 如果武松打死了西门庆，那么武松会被官府判刑。

其中，"武松打死了西门庆"既可以是一种已经发生的事情，也可以是一种被假设的事情；而"武松会被官府判刑"陈述的则是一件与前件所述相互联系的事情。命题提出者要把这样两件事情用一种条件与结果关系联系起来，首先必须对两件事情之间具有的条件与结果关系具有一定的认识。

根据常理或对事物发展规律的一般认识而形成的可表现为"如果……那么……"的综合性相关蕴涵并不排除可能会发生的某些意外或偶然。

实际使用语言中不可能只讲分析性相关蕴涵而不讲综合性相关蕴涵。尽管综合性相关蕴涵命题的成立与否需要一些经验事实来验证，但是逻辑学研究完全可以对这类命题具有的某些逻辑特征作出一些适当的概括与总结，从而将一些有根据或有价值的分析结果运用于指导思维与表达实际。比如，对于从连带、认知、语用、归谬、规范、程度等不同角度或不同方面所总结的一些不同类型的综合性相关蕴涵来说，它们对于人们的实际思维与语言表达以及对于人们的某些具体行为就明显会产生一些启发、指导或引领意义。

（一）连带蕴涵

世界上的事情都是处于联系与发展中的。某一件事情的发生往往会连带引发其他一些事情的发生。比如武松打死西门庆的事情发生了，随后可能会连带引发的一系列事情是：有人可能会到官府告发武松；武松可能会一不做二不休接着去杀其他他认为该杀的或必须杀的人；他可能会逃亡，也可能会主动投案；西门庆家族则可能会从此树倒猢狲散……

在若干事情中，有些事情的发生符合常理或合乎事物发展的规律，而有些事情的发生则只具有某种可能，或者只是人们的一种不太确定的推测。如果前后两件事情由于种种因素的作用而存在某种符合常理或合乎事物发展规律的连带关系，那么指称前一件事情的语句和指称后一件事情的语句就可以构成连带蕴涵。

有时人们也可能会在这种蕴涵之前加上"必然"这样的限定语，借以强调对这种蕴涵所持有的坚定不移的认识。例如：

如果一个人吃了变质的食物，那么他必然会闹肚子。

但是，这里所使用的这种"必然"表示或强调的只是人们的一种认识或信念，而并不是分析命题或重言式意义上的那种"必然"。

如果前后两件事情不存在带有规律性特点的连带蕴涵关系，而只存在某种可能性的连带蕴涵关系，那么即使是从认识或信念的角度来衡量，指称前一件事情的命题与指称后一件事情的命题之间构成的连带蕴涵仍然只能是一种具有某种可能性的相关蕴涵。例如：

如果武松打死了西门庆，那么西门庆家族可能会从此树倒猢狲散。

可能性相关蕴涵命题在蕴涵程度方面会有大有小，有强有弱。其可能性程度则需要根据具体情况具体分析。

（二）认知蕴涵

当前后两件事情已经发生，人们根据自己的认知而在指称这两件事情的语句之间建立某种蕴涵关系就是在对已经存在的两件事情之间的关系作出某种解释；当前一件事情已经发生而后一件事情尚未发生时，人们根据自己的认知而在指称这两件事情的语句之间建立某种蕴涵关系则是在对后一件事情的即将发生作出某种推测或预测。例如，"如果武松去找西门庆，那么二人必定会有一场恶斗"这个蕴涵句如果是建立在武松与西门庆恶斗之后，那么这个蕴涵就是在对已经存在的两件事情之间具有的条件与结果关系作出某种解释；而如果发生在武松与西门庆恶斗之前，那么这样的蕴涵就是在对后一件事情的即将发生作出某种推断或预测。

无论是解释已经发生的事情，还是推断或预测即将发生的事情，这种反映命题提出者某种认识的蕴涵都属于认知蕴涵。

在实际生活中，人们使用的综合性相关蕴涵大部分都属于某种具有解释性或推测性特点的认知蕴涵。即使是一些具有科学价值的综合性相关蕴涵命题，它们在最初产生时往往也与人们具有的某种认知或信念密切相关。例如：

如果饮用水不含任何矿物质，那么这种水对人体有害。

尽管这个蕴涵命题所表现的前后件之间的关联有某些科学根据，但它同时也与人们对这种关联所具有的认知与信念密切相关。比如，有些人可能会认为那些所谓的"科学根据"是假的或不靠谱的，因而他们可能会根据自己对同样两件事情之间关系的认识，从相反的角度提出另一种属于认知以及信念方面的条件命题：

即使饮用水不含任何矿物质，这种水对人体也不一定有害。

对于这类与认识结果完全相反的认知蕴涵命题来说，人们对其真假的判定最终必须依赖科学与事实。

（三）语用蕴涵

语用蕴涵是指在某一特定的语境中，一个语句指称的某一件事情会必然地或可能地关联蕴涵着另一件事情；而离开特定的语境，这种关联蕴涵并不成立。例如，甲与乙相随去某地欲拜访一位老先生，到了地方后时近中午。这时甲对乙说："刚好中午。"这句话在一般情况下可能只是在陈述某个事实，但如果把它和不同的语境联系起来，这样的话就可能蕴涵着一些与不同语境相匹配的不同意思。比如如果事先有请老先生出去吃饭的打算，甚至也通知过老先生，那么这种情况下，这句话就可能蕴涵：我们现在去接老先生还不算太晚。甲的话在乙听来到底蕴涵着什么意思，这与他们之间的共有语境是密切相关的。假如没有具体语境的支持，那么听话人很可能无法理解，甚至可能会误解说话者所说所蕴涵的真实意思。

（四）规范蕴涵

以某种规范为根据可以形成规范蕴涵。例如，"如果不按垃圾分类规定处理垃圾，那么事主将面临罚款""如要进入办公区域，则必须向门卫出示通行证件"这类条件命题所体现的蕴涵就都属于规范蕴涵。

规范蕴涵所体现的蕴涵前后件之间的关系既可以是某些部门或组织人为规定的，也可以是大多数人共同认可的某种习俗或常识。

规范蕴涵往往会与认知蕴涵一起发生作用。例如，根据某些法律规范，如果致人伤残或死亡，那么相关事主应该承担刑事责任。但是，就某些具体案件的具体情况来说，法官也可能会根据对某些具体原因或状况的认识与分析得出如下相反的相关蕴涵命题：

即使某甲致人伤残或致人死亡，他也不应该承担刑事责任。

比如如果某甲致人伤残或死亡的情况属于见义勇为或正当防卫，那么"如果致人伤残或死亡，那么相关事主应该承担刑事责任"这样的规范蕴涵就不起作用。而关于见义勇为或正当防卫涉及的认识所引发的上述"即使，也"联结的蕴涵命题则属于认知相关蕴涵命题。

（五）程度蕴涵

程度表示事物或事情发展达到的某种以比较为基础的状况，有大小、深浅、高低、远近、强弱、好坏等方面的区分。

根据对前后件所指事物或事情达到程度的认识，人们可以得到程度相关蕴涵命题。比如，"如果时速达到120公里是超速，那么达到140公里就更是超速"。实际生活中存在的各种各样的当然推定往往就是以这种程度蕴涵为基础的。

如果不同类事情或事物之间具有某些共同的属性或特点，也可以将这些共同的属性或特点作为比较点从而形成某种程度蕴涵。比如，偷盗和贪污虽然不属于同类事情，但从以不正当手段占有本不属于自己的财物这样的情况来看，二者却有着某些共同的属性或特点。因此，下面的蕴涵就符合程度蕴涵的特点：

> 在一个真正实行民主与法制的社会里，如果一个老百姓偷盗价值
> 几万元的东西会被判刑，那么一个官员贪污上百万元就更应该被判刑。

显然，这种带有比较特点的程度蕴涵可以为某些法律、法规的制定提供一些相对合理的理由。

（六）归谬蕴涵

将两个荒谬的陈述联结为一个具有充分条件关系的蕴涵命题，目的是用后件的荒谬来说明前件的荒谬，这样的蕴涵就属于归谬蕴涵。例如：

> 如果某人所说是真的，那么太阳也会从西边出来。

显然，"太阳也会从西边出来"这句话本身是极为荒谬的。通常情况下，说话者说出这种条件句的目的就是想利用后件"太阳会从西边出来"的荒谬来说明前件"某人所说是真的"的荒谬。

总之，综合命题意义上的相关蕴涵"$p \Rightarrow q$"所说的"有 p 就会有 q"反映的主要是命题提出者对"p"与"q"之间条件与结果关系的一种认识情况。人们虽然可以断定"p"相关蕴涵"q"，但也可能事实上"p"并不相关蕴涵"q"。当人们发现事实上"p"并不相关蕴涵"q"时，当然也可以由此确定原先认为的那个具有"$p \Rightarrow q$"形式的相关蕴涵命题是假的。

第三节　关于条件命题分类的补充性意见

依据条件命题前后件之间所具有的不同条件关系，传统逻辑将这种命题区分为充分条件假言命题、必要条件假言命题、充要条件假言命题。然而，从这种分类的根据及语言表现来看，它实际上并没有穷尽相应条件命题的种类。比如"即使 p 也 q"就是一种与前三种假言命题性质类似但表现形式却有所不同的假言命题。假如从某种意义上把传统逻辑所讲的前三种假言命题看作一些常规条件命题的话，那么后面提到的这种假言命题则正

好可以被看作一种反常规条件命题。

一、常规条件命题

弗雷格在分析自然语言条件句时曾经把由"如果，那么"所联结的自然语言条件句所表达的关系看作一种类似于规律的关系。传统逻辑解释"充分条件"时所讲的"有前件必有后件"中的"必"也包含有与弗雷格所说的那种规律类似或相近的意义。

在充分、必要、充要这样三种不同的常规条件关系所决定的不同的常规条件蕴涵命题中，充分条件假言命题应该是一种最基本的常规条件关系命题。

由于传统逻辑对充分条件假言命题的解释已经相当充分，因此我们这里不再对它进行专门的分析以及解释。下面我们主要补充性地分析与解释一下与充分条件假言命题相关的其他两种常规条件命题。

（一）必要条件假言命题

在自然语言表达中，必要条件假言命题一般是用"只有，才"这样的联结语词来联结其前后件的。而从条件转换角度看，"只有 p 才 q"也可以转换为"如果非 p 则非 q"或"如果 q 则 p"。例如，"只有某甲有作案时间，他才是作案人"就既可以转换为：

如果某甲没有作案时间，那么他就不是作案人。

也可以转换为：

如果某甲是作案人，那么他就有作案时间。

为此，有些逻辑著作在把充分条件假言命题形式用符号表达为"$p \rightarrow q$"的情况下把必要条件假言命题形式则表达为：

$p \leftarrow q$

这里的"$\leftarrow$"这个符号的涵义虽然可以用"如果 q 则 p"来解释，但是当把用来表示充分条件关系的"$\rightarrow$"倒过来后，这样的符号显然已经成了一个不同于"$\rightarrow$"的新符号。

按照这种思路，如果我们用相关蕴涵符号将前后件相关情况下的充分条件假言命题表示为"$p \Rightarrow q$"的话，那么同样也可以把"只有 p 才 q"表示为："$p \Leftarrow q$"。而这样一来，正像人们在表述不同类型的假言命题中多引入了一个反向蕴涵符号"$\leftarrow$"一样，这里关于相关蕴涵命题的表达也会多引入一个反向相关蕴涵符号"$\Leftarrow$"。

如果我们能够在已有符号"$\Rightarrow$"的基础上再附加一些其他已有符号并

不太复杂地把"只有 p 才 q"的意义解释或表述清楚，那么必要条件相关命题逻辑联结词"$\Leftarrow$"就可以被其他已有符号所替换。比如，我们完全可以利用"$\Rightarrow$"这个符号将"只有 p 才 q"表达为"$\neg\, p\Rightarrow\neg\, q$"或"$q\Rightarrow p$"。这样一来，"$\Leftarrow$"这一符号就可以被"$\Rightarrow$"所替换，而这种替换显然可以在一定程度上达到尽量精解条件命题联结词符号的目的。

（二）充要条件假言命题

在传统逻辑中，充要条件假言命题的联结词是"当且仅当"。大部分逻辑著作都把充要条件假言命题形式表示为：

$p\leftrightarrow q$

这里，表示"当且仅当"涵义的符号"$\leftrightarrow$"实际上是一个正向的"$\rightarrow$"与一个反向的"$\rightarrow$"的相互结合，它表示的是"p"与"q"之间具有的一种相互蕴涵关系。然而，现代逻辑对"$p\leftrightarrow q$"中"$\leftrightarrow$"这个符号的解释说的却并不是两个命题之间的相互蕴涵，而是两个命题之间的等值。所谓"等值"，也就是说由"$\leftrightarrow$"这个符号所联结的前后两个命题真假值相等。

将自然语言充要条件命题形式中的"当且仅当"所表示的条件关系解释为"等值"关系并不完全符合充要条件的本义。因为"充要条件"说的是一种既充分又必要的条件，这种关系本来的意思并不是要说前后件命题真值等同，而是在说前后件可以互为条件或互为结果。

由于数理逻辑已经在等值关系的意义上使用了"$\leftrightarrow$"这个符号，因此，为了能够将充要条件相关蕴涵意义上的条件与结果关系表达出来，我们需要重新使用或确定一个能够代表这种意义的新符号。

以充要条件相关蕴涵命题中的"当且仅当……才……"属于双向相关蕴涵为根据，我们可以借用"$\Leftrightarrow$"这个符号将充要条件相关蕴涵命题表示为：

$p\Leftrightarrow q$

"$p\Leftrightarrow q$"作为一种双向相关蕴涵，其意思是说："如果 p 那么 q，并且如果 q 那么 p"。

正因为如此，所以用"$\Leftrightarrow$"联结的假言命题形式也可以转换为下面的假言命题形式：

$(p\Rightarrow q)\wedge(q\Rightarrow p)$

或者：

$(p\Rightarrow q)\wedge(\neg\, p\Rightarrow\neg\, q)$

例如，"当且仅当一个数能被 2 整除，它才是偶数"这样的命题就可以分别转换为下面的命题：

如果一个数能被 2 整除，那么它是偶数"并且"如果一个数是偶数，那么它就能被 2 整除。

或者：

如果一个数能被 2 整除，那么它是偶数"并且"如果一个数不能被 2 整除，那么它就不是偶数。

二、反常规条件命题

一般的条件命题所表达的条件关系反映的是事物情况间具有的一种常规条件关系，而与这种常规条件关系相应往往还会出现某些反常规条件关系。由自然语言联结词"即使，也"或"虽然，但是"之类的语词联结而成的复合语句就是用来表达相对于"如果，那么"关系的反常规条件关系的。这里所说的"反常规"的意思是：尽管在通常情况下"如果 p 那么 q"是可以成立的，但是在一些特殊情况下却会出现"即使 p 也非 q"或"虽然 p 但非 q"。

"即使 p 也非 q"中的"即使"与"虽然 p 但非 q"中的"虽然"都有退一步承认某种条件的意思。"即使 p 也非 q"一般相对于"p"所表示的未然情况而言，其意思是说：就算具备了"p"，结果仍然会是"非 q"；"虽然 p 但非 q"则一般相对于"p"所表示的已然情况而言，意思是说：虽然具备了"p"，但是结果却是"非 q"。

我们可以把"即使，也"所联结的条件命题解释为相对于"如果，那么"式条件命题的"让步性条件命题"，而把"虽然，但是"联结的条件命题解释为相对于"如果，那么"式条件命题的"转折性条件命题"。

对于实际语言使用中的让步句来说，"即使"这个语词本身就带有"就算假定""即令"之类的涵义，因此，将"即使，也"表达的命题看作一种反常规条件命题与这种联结词的涵义是完全相符的。

尽管"虽然 p 但非 q"这样的语句形式也可以表达相对于"如果 p 那么 q"的反常规条件命题，但是实际语言使用中出现的"虽然 p 但非 q"式语句并不一定都是表达条件命题的。区别在于：如果是相对于"如果 p 那么 q"来使用"虽然 p 但非 q"，那么这种转折句表达的命题就应该是反常规条件命题；而如果转折句前后两个分句要表达的是两种并存的事情，那么这种语句表达的命题就应该是联言命题。

"未然"与"已然"反映的是一个转折句所表达的命题涉及的两种不

同的时态。因此，要对使用语言中的转折句作出准确分析，还需要考虑这种语句涉及的时态。对于语句表面并未使用时态语词的语句来说，它们所表达的命题是不是含有时态成分，需要根据其使用语境作出具体分析。比如对于"虽然他已经做出了很大的努力，但是最后还是失败了"这个语句来说，由于其中的"已经""最后""了"这类时态词明确表明这个转折句所表达的两种情况都是已然的事实，因此，一般来说这样的转折句表达的复合命题应该是反映两种情况并存的联言命题。

对于"即使，也"或"虽然，但是"之类联结语词所联结的条件命题来说，过去的一些研究并没有把它们看作条件命题，而是把这类语词所联结的复合命题一律理解或解释成联言命题，并且还认为这种理解或解释撇开了"即使 p 也 q"与"虽然 p 但 q"中被附加的一些语言使用意义，是一种带有抽象特点与性质的逻辑解释。然而这种"联言"式的解释实际上不符合的应该是"即使，也"与"虽然，但是"这类联结语词的一些基本意义，而并不是其中被附加的语言使用意义。

上面的分析只是一种粗略的分析，如果再分析得细一点，我们会发现实际语言使用中与条件命题形式"如果 p 那么 q"具有矛盾关系的反常规条件命题形式往往并非"即使 p 也非 q"或"虽然 p 但是非 q"，而是"即使 p，也可能非 q"或"虽然 p，也可能非 q"。例如，对于"如果某甲学习成绩好，那么他就一定能找到好工作"这样的相关蕴涵命题来说，与这个条件命题相应的反常规条件命题既可能为：

即使某甲学习成绩好，他也可能找不到好工作。

也可能为：

虽然某甲学习成绩好，但是他仍然可能找不到好工作。

由此，我们可以总结出关于反常规条件命题的如下两种情况。

其一，对于一个具有可能相关蕴涵关系的命题"如果 p 那么可能非 q"来说，其反常规条件命题则应该为：

即使 p 也必然 q；

或者：

虽然 p 但必然 q。

其二，对于一个具有必然相关蕴涵关系的命题"如果 p 那么必然非 q"来说，其反常规条件命题则应该为：

即使 p 也可能 q；

或者：

虽然 p 但也可能 q。

例如：

　　即使某甲数学分数不算很高，他的总分也必然是全班第一。

这个命题就是下面可能相关蕴涵命题的反常规条件命题：

　　如果某甲数学分数不算很高，那么可能他的总分不是全班第一。

这里的"可能"和"必然"是与相关蕴涵命题本身使用的条件关系联系在一起的，因此它们并不是模态词意义上的那种"可能"和"必然"。模态词意义上的"可能"和"必然"都属于引语引导词，而条件命题所使用的条件关系中包含的"可能"和"必然"反映的却是表达者对两件事情之间所具有的条件联系的一种认识状况或断定程度。

日常语言中使用的"即使 p 也 q""虽然 p 但是 q"这样的命题，其联结语词到底暗含"可能"还是暗含"必然"，可以根据与它们具有矛盾关系的"如果，则"表示的关系暗含什么来作出相应的推定。因为前者与后者恰好形成了一种矛盾关系，从而表达了一种与"如果，则"式命题不同的反常规条件命题。如果后者暗含"必然"，那么前者就暗含"可能"；如果后者暗含"可能"，那么前者就暗含"必然"。

为了在命题形式中相对准确地将反常规条件关系表示出来，从自然语言使用出发，我们需要选择一个能够将反常规条件关系意义表示出来的新的联结词符号。

从相关蕴涵的角度出发，我们可以借用"$\Downarrow$"这样一个符号将相对于"$p \Rightarrow q$"的反常规条件命题的一般形式表达为：

$p \Downarrow \neg q$

以上，我们只是一般性地解释了"p"与"q"或"p"与"$\neg q$"之间的蕴涵关系，而并没有考虑到各种假言命题涉及的不同的量词。

从现代逻辑奠基者弗雷格的语言分析思想来看，全称肯定语句所表达的命题就是被弗雷格当作一种带全称量词的相关蕴涵命题来分析和表达的。

有鉴于此，假如我们需要把假言命题涉及的量词也考虑进来，那么我们也可以借鉴弗雷格分析全称语句的方式将带全称量词的相关蕴涵命题形式表示为：

$\forall x(F(x) \Rightarrow G(x))$

如果我们把"$\forall x(F(x) \Rightarrow G(x))$"这一类条件命题看作常规条件命题，那么相对于这类命题的反常规条件命题则可以表示为：

$\exists x(F(x) \Downarrow \neg G(x))$

从自然语言语句所表达的思想来看，如果可以像弗雷格的分析那样把传统逻辑所讲的全称肯定语句所表达的命题形式分析为具有"$\forall x(F(x) \Rightarrow$

$G(x)$)" 形式的常规条件命题，那么相应于这样的条件命题，与其具有矛盾关系的传统逻辑特称否定命题就应该被分析或解释为一种具有 "$\exists x$ ($F(x) \Downarrow \neg G(x)$)" 形式的反常规条件命题，而并不应该被分析或解释为一个具有 "$\exists x(F(x) \wedge \neg G(x))$" 形式的合取命题。

正如我们在第二章第四节分析过的那样，这里我们在 "$\exists x(F(x) \Downarrow \neg G(x))$" 这个命题形式中借用的 "$\exists$" 这个符号并不是现代逻辑所解释的 "存在" 之意，而仅仅是一个与全称量词相对的表示数量范围的特称量词。

从自然语言本身对意义的表达情况来看，否定一个自然语言使用中的相关蕴涵命题，如果否定的只是其中的蕴涵关系，那么得到的等值命题就应该是另外一个与被否定命题具有相同前件且其后件与被否定命题后件具有矛盾关系的相关蕴涵命题，而并不应该是一个合取命题。

第四节　相关蕴涵与推理

无论什么样的推理，其前提和结论之间的关系都可以用一个蕴涵式表示出来。分析与解释自然语言推理必须要搞清楚存在于推理前提和结论之间的这种蕴涵的特点与性质。

一、推出与蕴涵

在现代命题逻辑系统里，虽然 "$((p \rightarrow q) \wedge p) \rightarrow q$" 表面看上去是一条很容易被证明的定理，但实际上该定理中出现的第二个蕴涵符号 "$\rightarrow$" 作为一个主蕴涵词却表现不了自然语言推理前提和结论之间所具有的那种推出关系。因为这里出现的这个 "$\rightarrow$" 所代表的实质蕴涵关系并不是自然语言推理前提和结论之间具有的推出关系，而只是一种现代命题逻辑意义上的真值关系。

按照现代逻辑关于实质蕴涵的定义，只要 "$(p \rightarrow q) \wedge p$" 假，那么 "$((p \rightarrow q) \wedge p) \rightarrow q$" 就永远是真的；或者只要 "$q$" 真，那么 "$((p \rightarrow q) \wedge p) \rightarrow q$" 就永远是真的。如果据此来解释推理，显然也可以说这种解释是在利用前提或结论的真假来解释 "$(p \rightarrow q) \wedge p$" 与 "$q$" 之间的推出关系。而这样一来，"$(p \rightarrow q) \wedge p$" 与 "$q$" 之间的推出关系也就不需要用任何推理规则来约束而只需要考察前提或结论的真假就可以了：只要前提假或结论真，那么这样的推理所使用的蕴涵式就一定会表现为一种真蕴涵命题，因而这种蕴涵所体现的推理形式也将永远是正确的。而这样的结果显然并不符合自然语言推理的实际情况。

另外，对于一个非有效的或错误的推理"A→B"来说，人们一般也会说"并非(A→B)"。这里的"A"为前提，"B"为结论。按照实质蕴涵的思想来看，"¬(A→B)"等值于"A∧¬B"，因此从"¬(A→B)"推出的结论应该是"A∧¬B"；然而，用"A∧¬B"来解释一个非有效的从"A"到"B"的推理显然也是在用前提或结论的真假来说明一个推理是否有效，这种说明与逻辑学研究推理只研究前提和结论之间的推出关系而不管前提或结论真假的主张也是自相矛盾的。

其实，只要我们认真思考一下并不难发现，即使是从形式结构方面看，自然语言推理前提和结论之间的推出关系所体现的那种蕴涵也不可能是实质蕴涵，而只能是相关蕴涵。人们研究和总结种种推理规则的目的就是从形式结构方面来识别和判定推理前提与结论之间具有的相关蕴涵关系是否成立。通常情况下，演绎推理的规则是为了保证演绎推理前提与结论之间相关蕴涵的必然性，而归纳推理的规则（或要求）则是为了保证归纳推理前提与结论之间相关蕴涵的可靠性。

二、以负条件命题为前提的推理

所谓"负条件命题"说的是由否定一个条件命题而形成的命题，因而也可以说这种命题是一种条件命题前冠有否定词的命题。比如，从命题形式方面来看，"¬(p⇒q)"作为一种条件命题形式前冠有否定词的命题形式应该属于负条件命题形式。

根据实质蕴涵的基本思想来看，否定一个实质蕴涵命题，可以得到一个联言命题。例如，从"并非'如果某甲有作案时间，那么他就是作案人'"得到的结论就是"某甲有作案时间并且他不是作案人"。现代命题逻辑将这种推理形式用符号表示为：

$$¬(p→q)→(p∧¬q)$$

在一些与语言使用相关的逻辑教科书中，这类从现代命题逻辑引进的推理形式都被理所当然地解释为关于自然语言使用方面的正确的推理形式。

然而，当我们进一步分析上述推理的结论时却会发现，将否定一个自然语言条件命题所得的结论理解或解释为一种联言命题，实际上并不符合自然语言表达与理解的实际情况。

对于自然语言使用来说，断定一个充分条件假言命题真，也就是在断定这种假言命题存在有前件必有后件的关系，这种关系要排除的情况应该是有前件却可能没有后件；于是，如果对一个充分条件假言命题进行否定，那么否定的当然也应该是这个充分条件假言命题前后件之间具有的那种条件关系，而并非要在肯定这个假言命题前件的同时否定其后件。

对于一个前后件之间具有某种充分条件联系的假言命题来说，虽然一旦出现前件真并且后件假的情况，那么原先所断定的那种充分条件联系就会被确认为错的，但是从否定原命题前后件之间具有的充分条件联系却并不能推出其前后件本身的真假。比如，"某甲有作案时间"与"他是作案人"所指的两种情况之间本来并不存在充分条件联系，因此，不管事实上某甲是不是作案人，也不论事实上他有没有作案时间，人们都不能断定"某甲有作案时间"与"他是作案人"之间有充分条件联系。在这种情况下，人们否定"如果某甲有作案时间，那么他是作案人"这样一个命题，实际上否定的应该只是该命题前件"某甲有作案时间"与其后件"他是作案人"之间所具有的充分条件联系，而并不是在说其前件真并且后件假。假如按照实质蕴涵的解释从"并非如果某甲有作案时间，那么他就是作案人"推出了"某甲有作案时间并且他不是作案人"，那么这种被推出的结论显然会大大超出其前提所断定的范围。

当亚里士多德把他所讲的三段论用一个蕴涵式（比如"如果 A 表述所有的 B 并且 B 表述所有的 C，那么 A 表述所有的 C"）表示出来时，他所总结的三段论推理规则实际上都是用来约束其中出现的"如果，那么"这种推理关系的。一旦一个三段论违反了某一推理规则，那么这种"如果，那么"意义上的关系在逻辑上也就不能成立了。说某个三段论的推理关系不成立并不等于在说这个三段论的前提真并且结论假。

这里顺便要指出的是，有的传统逻辑教科书在讨论三段论规则时还曾提出过一些针对结论的规则，比如"如果结论是否定的，则前提必有一个是否定的"。这种从结论到前提总结推理规则的方法看上去是想尽量把问题考虑得更为详细、周全一些，而实际上这样的规则不仅没有必要，反倒还会增加一些无法解释清楚的问题。

按照常理来说，结论是从前提推出的，因此，推理规则不能以果为因，说结论如何如何那么前提就如何如何。在总结推理规则时，只要能够把前提中的逻辑关系搞清楚、约束住，那么推理合乎不合乎逻辑的问题也就可以因此而得到解决。

就对一个假言命题的否定来说，能否正确解释否定一个假言命题否定的是什么这样的问题是能否由这种否定合乎逻辑地推出结论的关键。

就对一个表达了某种条件与结果关系的假言命题进行的否定来说，这种否定实际上针对的只是这种假言命题前后件之间具有的那种条件联系，而从对这种条件联系的否定并不能必然推出其前后件本身的真假情况。

事实上，当人们在讲"如果 p，那么 q"时的确也是在说："有 p 必有 q"，所以，否定这种命题的意思当然也就是在说"即使有 p 也未必有 q"或"即使有 p 也可能无 q"。

这里就用到了我们前面在讲条件命题种类时提到的反常规条件命题。

由此来看，反常规条件命题也可以被解释为是否定一个常规条件命题后所得到的结论。例如，当我们讲"并非'如果刮风就会下雨'"时，由这种命题必然导出的结论并不是"刮风了并且不下雨"，也不是"刮风了并且可能不下雨"，而应该是如下两种类型：

    "即使刮风，也不一定就会下雨"（或"即使刮风，但也可能不下雨"）；

    "虽然刮风，但不一定会下雨"（或"虽然刮风，但也可能不下雨"）。

前一类型推理的结论属于让步性条件命题，后一类型推理的结论属于转折性条件命题；与前一类型结论相关的推理是相对于"刮风"的未然情况而言的；与后一类型结论相关的推理则是相对于"刮风"的已然情况而言的。具体得出何种结论，应该看说话者说话时所处的具体语境。

由于否定一个条件命题只是否定了其中的条件关系，因此人们在谈到对"如果 p 则 q"的否定时往往也会这样说，"并非'如果 p 则 q'"或者"'如果 p 则 q'是假的"，这也就等于是在说'即使 p 也不 q'"。

尽管这里的"即使 p 也不 q"比"即使 p 也可能不 q"的断定程度要强，但它毕竟是在说" p "是" q "的一种反常规条件。得出这种结论时，推理者显然是把他所说的"并非'如果 p 则 q'""'如果 p 则 q'是假的"看成一种对蕴涵命题中" p "与" q "之间具有的蕴涵关系的否定。否则也就无需使用"即使，也"这样的表示条件关系的联结语词。

但是，滑稽的是，不少人在进一步解释"即使 p 也不 q"时却一定要把它解释或表示成" p 并且非 q "。在这些人看来，尽管从"并非如果某甲有作案时间，那么他就是作案人"推出的结论是"即使某甲有作案时间，他也并不是作案人"，但是后者表达的却应该是一个" p 并且非 q "式的联言命题而并非条件命题。他们之所以会对"即使，也"这样的联结语词作出这种不符合其本意的解释，一方面是因为忽略了"即使，也"本身所具有的条件关系意义，另一方面也是因为一些已有逻辑教科书一直以来就是这样来解释否定一个假言命题所得结论的。

总之，对于"并非'如果 p 则 q'"这样的负命题以及由此进一步推出的命题来说，我们不仅需要排除那种简单地利用实质蕴涵理论对其中的条件命题"如果 p 则 q"所作的似是而非的解释与表达，而且还需要进一步从语言使用实际出发，将"并非"所表示的否定理解或解释为一种对"如果 p 则 q"中"如果，则"关系的否定。因为只有这样的理解或解释，才不至于背离这种否定的本来意义。

三、条件命题与其他复合命题间的转换推理

不同条件命题间的转换不能违背"条件命题是在陈述条件关系"这样一个基本事实。而这样的要求同样也适用于条件命题与其他复合命题之间的转换式推理。

条件命题与其他复合命题间的相互转换可以区分为单向推出和双向互推两类情况。

下面我们以条件命题与联言命题之间的转换为例来说明在自然语言使用中应该如何进行这样的转换推理。

根据充分条件相关蕴涵的涵义，当我们知道"某人有作案时间并且他不是作案人"时，显然可以得到"并非'如果某人有作案时间，那么他是作案人'"。这种推理可以用如下形式表示：

$$(p \land \neg q) \Rightarrow \neg (p \Rightarrow q)$$

但是，如果以自然语言语句本身的意义为根据，那么反过来从"并非'如果某人有作案时间，那么他是作案人'"是推不出"某人有作案时间并且他不是作案人"的。事实上，即使"某人有作案时间"与"他是作案人"没有充分条件联系，但这并不能排除"某人有作案时间"与"他是作案人"的所指仍然可能会同时存在的情况。

由于现代命题逻辑仅仅是从支命题真值之间的关系角度解释"$(p \land \neg q)$"与"$\neg (p \rightarrow q)$"之间的关系，因此才会出现如下等值形式：

$$(p \land \neg q) \leftrightarrow (\neg (p \rightarrow q))$$

当我们把"$p \Rightarrow q$"看作一种表达"p"与"q"之间条件关系的相关蕴涵命题形式，并且把"$\neg (p \Rightarrow q)$"看作对其中的"$\Rightarrow$"所表示的条件关系的否定时，"$\neg (p \Rightarrow q) \Rightarrow (p \land \neg q)$"是不能成立的。"$p \land \neg q$"表示一种已然的事实，而"$p \Rightarrow q$"说的则是一种条件与结果关系；从已然的事实"$(p \land \neg q)$"可以得到"$\neg (p \Rightarrow q)$"，但从否定"$p$"与"$q$"之间具有"$\Rightarrow$"所表示的那种条件关系却不能推出"$p \land \neg q$"。例如：

妻子对丈夫说："你曾经说'如果我嫁给你，你一辈子都对我好'，现在看来都是假话。"

这里，妻子用婚后的"我嫁给了你，而你却对我不好"可以推出丈夫婚前的假言承诺是假的。这里用到的推理形式是：

　　　　$(p \wedge \neg q) \Rightarrow (\neg (p \Rightarrow q))$

　　但是，女方如果在男方说出这一承诺的当初就来否定这句话，那么由这种否定并不能得到"我嫁给了你，并且你并没有一辈子对我好"，而只能得到"即使我嫁给你，你也并不一定一辈子对我好"。因为如果这种否定针对的只是一个条件性承诺，那么双方谈论的就都只能是一些未来可能会发生的事情，而不是已经发生的事情。因此，从"$\neg (p \Rightarrow q)$"并不能得到"$(p \wedge \neg q)$"，而只能得到"$p \Downarrow \neg q$"。

四、以相关蕴涵为依据的各种假言推理

　　就自然语言表达与理解来说，不仅与假言命题相关的复合命题转换推理需要以假言命题涉及的相关蕴涵关系为依据得出结论，而且各种假言推理都应该以假言命题涉及的相关蕴涵为依据来得出结论。

　　基于假言命题前后件之间的相关蕴涵以及对其前件或后件的进一步断定而形成的各种假言推理与传统逻辑所解释的假言推理基本相同。不过为了和实质蕴涵相区别，我们在表达这一类推理形式时，需要明确用相关蕴涵符号来联结其中涉及的蕴涵命题的前件与后件。这样，对于充分条件假言推理而言，其基本的正确形式会有：

　　　　$((p \Rightarrow q) \wedge p) \Rightarrow q$

　　　　$((p \Rightarrow q) \wedge \neg q) \Rightarrow \neg p$

　　基于必要条件假言命题前后件之间的反向相关蕴涵关系以及对其前件或后件的进一步断定而形成的必要条件假言推理，其基本的正确形式会有：

　　　　$((\neg p \Rightarrow \neg q) \wedge \neg p) \Rightarrow \neg q$

　　　　$((\neg p \Rightarrow \neg q) \wedge q) \Rightarrow p$

　　这里需要说明的是，就"$\neg p \Rightarrow \neg q$"来说，由于它相当于"$q \Rightarrow p$"，因此，为方便起见，我们也可以把"$\neg p \Rightarrow \neg q$"或"$q \Rightarrow p$"所表示的必要条件关系都看作相对于"$p \Rightarrow q$"表示的充分条件关系的反向相关蕴涵关系。

　　基于充要条件假言命题前后件之间的双向相关蕴涵关系以及对前件或后件的进一步断定而形成的各种充要条件假言推理的基本的正确形式有：

　　　　$((p \Leftrightarrow q) \wedge p) \Rightarrow q$

　　　　$((p \Leftrightarrow q) \wedge q) \Rightarrow p$

　　　　$((p \Leftrightarrow q) \wedge \neg p) \Rightarrow \neg q$

　　　　$((p \Leftrightarrow q) \wedge \neg q) \Rightarrow \neg p$

由于"$p \Downarrow \neg q$""$\neg p \Downarrow q$""$p \Downarrow \neg q$""$\neg p \Downarrow \neg q$"表示的都是与某种常规条件命题相应的反常规条件命题，因此下面的一些推理形式都属于正确的反常规条件命题推理：

$(p \Downarrow \neg q) \Leftrightarrow \neg (p \Rightarrow q)$；

（"即使 p 也非 q"与"并非'如果 p 则 q'"可互推）

$(\neg p \Downarrow q) \Leftrightarrow \neg (\neg p \Rightarrow \neg q)$；

（"即使非 p 也 q"与"并非'如果非 p 则非 q'"可互推）

$((p \Downarrow \neg q)) \vee (\neg p \Downarrow q)) \Leftrightarrow \neg (p \Leftrightarrow q)$。

（"'即使 p 也非 q'或者'即使非 p 也 q'"与"并非'p 当且仅当 q'可互推"）

五、直言语句与相关蕴涵语句的相互转换

传统逻辑认为"所有哺乳动物都有红血"这样的语句所表达的命题是全称肯定命题，而弗雷格则是把这种语句所表达的命题解释成如下这样一个蕴涵命题：

如果某物是哺乳动物，那么它有红血。

这里实际上涉及的是关于同一语句所表达的命题的两种不同的分析方式。

当现代逻辑把传统逻辑讲的表达全称肯定命题的语句形式"所有 S 都是 P"分析为"$\forall x(S(x) \rightarrow P(x))$"时，这里的"$\rightarrow$"所代表的蕴涵关系一定是一种条件句意义上的相关蕴涵关系，而并不是现代逻辑意义上的实质蕴涵关系。

现代逻辑的奠基者弗雷格自己对假言命题与条件句各自所表达的命题给出的表达形式以及解释就是有明显区别的。

针对条件句，弗雷格明确指出，当这种句子的前后件含有相同的相互指示的成分时，这样的前后件各自都不能分别表达一个独立的思想，而是二者结合在一起表达一个类似于规律的思想。[①] 而在"$\forall x(S(x) \rightarrow P(x))$"这样的命题形式中，全称量词"$\forall x$"所辖条件命题的前件"$S(x)$"与后件"$P(x)$"中的那个"$x$"恰恰正是这个条件命题所含有的可以形成相互指示的共同成分。因此，当弗雷格把"所有哺乳动物都有红血"这样的语句所表达的思想分析为"如果某物是哺乳动物，那么它有红血"时，这一分析命题前件中的"某物"与后件中的"它"也正是这个条件命题所包含

---

① 参见弗雷格《弗雷格哲学论著选辑》，第 112 页。

的那个可以形成相互指示的共同成分。在这种情况下，按照弗雷格自己对条件句与假言命题的区别性分析以及说明来看，这里的这个条件句所表达的思想并不是他所说的那种前后件各自都可以表达一个独立思想的假言命题。

从弗雷格对这种条件命题与实质蕴涵命题所作的区别性解释以及使用情况来看，当他后来把由分析"所有 S 都是 P" 而得到的 "$\forall x(S(x) \rightarrow P(x))$" 当作一个真值关系意义上的实质蕴涵命题形式来认识和处理时，这样的认识以及处理方式实际上已经背离了他当初对条件句与假言命题所作的那种区别性的分析与论述。

从弗雷格的分析方法和分析路径引申开来看，不仅传统逻辑意义上的全称直言语句表达的命题都可以被分析为一种带全称量词的相关蕴涵命题，而且所有带全称量词的前后件含有相同的相互指示成分的相关蕴涵语句也都可以转换为一种传统逻辑意义上的全称直言语句。而前后件只具有某种真值关系的实质蕴涵语句却不能被转换为一个相应的全称直言语句。例如，我们可以把"所有作案人都有作案时间"转换为"对于所有对象来说，如果某对象是作案人，那么他就有作案时间"；反过来，我们也可以把"对于所有对象来说，如果某对象是作案人，那么他就有作案时间"转换为"所有作案人都有作案时间"。但是，对于"如果 $1+1=2$，那么雪是白的"这样的纯粹依据支命题真值而构成的实质蕴涵语句，人们却无法将它们转换为一个相应且恰当的全称直言语句。

如果一个相关蕴涵语句的前后件都是原子语句，那么这样的蕴涵语句也不可以与直言语句相互转换。例如，"如果某甲是作案人，那么他有作案时间"就无法转换为一个相应的直言语句。

不过，当一个人说出"如果某甲是作案人，那么他有作案时间"这样的语句时，一般来说，其背后往往会隐含着这样一个根据性命题：

"如果一个人是作案人，那么他就有作案时间"。

在这种情况下，前一个特指性蕴涵句实际上是由后一个泛指性蕴涵句推出的一个结论。

而在"如果一个人是作案人，那么他就有作案时间"中，"一个人"与"他"作为一种泛指则是形成了相互指示的；该命题的分析形式 "$\forall x(S(x) \Rightarrow P(x))$" 作为一个带全称量词的条件命题形式是可以和传统逻辑意义上的全称肯定命题形式"所有的 S 都是 P"相互转换的。

传统逻辑 AEIO 四种直言命题都可以转换为带有某种相应量词的条件命题。全称命题转换为条件命题后所带量词仍是全称量词，而特称命题转换为条件命题后所带量词仍是特称量词。

与此相应，表示传统逻辑 AEIO 四种直言命题之间对当关系的逻辑方阵也可以转换为表示相应条件命题之间对当关系的逻辑方阵。

表示传统逻辑 AEIO 四种直言命题之间对当关系的逻辑方阵为：

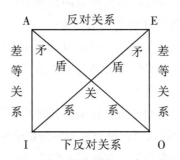

将 AEIO 四种命题转换为带有相应量词的条件命题之后，表示相应条件命题之间对当关系的逻辑方阵为：

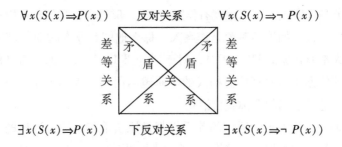

这里，对于传统逻辑所说的那个表示对当关系的逻辑方阵下端两头的"I 命题"与"O 命题"来说，我们并没有按照现代逻辑分析特称命题的方法将其解释或表示为"$\exists x(S(x) \wedge P(x))$"与"$\exists x(S(x)) \wedge \neg P(x))$"。其理由正如我们前面所述，从自然语言使用意义方面来看，否定一个条件命题得到的应该还是一个条件命题，而并不是一个合取命题；否定前后的不同之处只在于量词和条件命题后件的变化。如果被否定的命题是带全称量词的条件命题，那么与它具有矛盾关系的条件命题就是一个带特称量词的条件命题，而且两个条件命题的后件之间所具有的关系是矛盾关系；如果被否定的命题是带特称量词的条件命题，那么与它具有矛盾关系的条件命题就应该是一个带全称量词的条件命题，二者后件之间所具有的关系也是矛盾关系。

六、推理的语言使用规则

从语言逻辑角度看，所谓推理规则说的其实也就是使用语言进行推理时需要遵守的一些语言使用规则；而从思想的角度看，这种语言使用规则反映的应该是人们在思想或表达思想时不能违背的一些逻辑准则。比如就传统逻辑三段论来说，针对三段论构成中词项的使用情况，其推理规则要求一个三段论不能有四个概念，要求三段论的中项至少必须在前提中周延一次，要求在前提中不周延的项在结论中也不得周延，这一类规则主要是针对三段论语言表达中的语词使用情况提出来的；三段论规则还要求两个否定前提不能必然得结论，要求如果一个前提是否定的则结论也必须是否定的，而这样的规则又主要是针对三段论语言表达中语句的使用情况提出来的。我们这里特意提到的这五条规则实际上也正是传统逻辑三段论在语言使用方面需要遵守的基本规则；三段论的其他一些与各个格相联系的特殊规则实际上都没有超出这五条基本规则所要求的范围。只有遵守了这些语言使用规则的三段论才可以称得上是形式正确的三段论。比如传统逻辑所讲的三段论第一格的 AAA 式：

$$所有的 M 都是 P,$$
$$所有的 S 都是 M,$$
$$所以，所有的 S 都是 P。$$

这个推理形式就是在遵守上述三段论基本规则的基础上建立起来的。

在相关蕴涵意义上，借用谓词逻辑的有关符号及其分析语言的思路或方法，我们也可以将这一推理形式表示为：

$$(\forall x(M(x) \Rightarrow P(x)) \wedge \forall x(S(x) \Rightarrow M(x))) \Rightarrow (\forall x(S(x) \Rightarrow P(x)))$$

从实际语言表达方面看，将传统逻辑关于三段论的一些语言使用规则及其需要排除的逻辑错误推广应用到有关谓词推理也是可行的。例如：

$$盗非人也，杀盗，故非杀人也。$$

为了分析方便，我们可以将这个诡辩式推论的意思分析或表达为如下符合传统逻辑三段论的格式：

$$凡盗都不是人，$$
$$我杀的对象是盗，$$
$$所以，我杀的对象不是人。$$

按照传统逻辑提出的三段论规则来看，上面的推理之所以有问题，是因为该推理结论中的"人"与前提中的"人"虽然用的是同一个语词，但是它们实际上表达的并不是同一个概念，因而这个推理所犯的逻辑错误属于"四概念"错误。而这个推论中出现的所谓四个概念则分别是："盗"、道德意义上的"人"（大前提中的"人"）、生物意义上的"人"（结论中的"人"）、在原表达语言中可以通过分析而得到的"我杀的对象"。

在借用谓词逻辑方法分析这个诡辩式推论时，我们可以把这里的"人"与"盗"都解释为谓词，而且前提中的"人"（道德意义上的）与结论中的"人"（生物意义上的）既然概念（涵义）不同，当然也就不能用同一个谓词符号来表示它们。于是，套用谓词逻辑的表达方式，我们可以将上述错误的三段论表达成下面这样一种谓词推理形式：

$$(\forall x(M(x)\Rightarrow \neg P(x)) \wedge \forall x(S(x)\Rightarrow M(x))) \Rightarrow (\forall x(S(x)\Rightarrow \neg H(x)))$$

当用不同的谓词符号"P"与"H"把这里使用的同一个语词"人"所表达两个不同的概念区别开来时，我们可以清楚地看出这种谓词推理所犯的逻辑错误。参照传统逻辑关于"四概念"错误的说法，我们也可以将这里出现的这种逻辑错误叫作"四谓词"错误。

需要特别指出的是，任何用来规范和引导人们进行正确思维和表达的逻辑都不可能是凭空产生的。自然语言逻辑不仅需要对自然语言假言命题涉及的"蕴涵"作出合乎自然语言本来意义的分析与解释，而且也需要对假言命题之外的其他复合命题涉及的逻辑关系词作出合乎自然语言本来意义的分析与解释。而与此相反，用削足适履的方法让语言表达与理解实际去逢迎或接受某些不切实际的逻辑理论或论断的规范或裁剪则是与逻辑的宗旨背道而驰的。

结　语

本书通过意义分析所讨论的若干语言逻辑问题大体上可归结为如下四个部分。

第一、第二章为第一部分。该部分主要采用史论结合的方法分析自然语言逻辑问题产生的根源以及一些基本研究情况，并且根据这些情况进一步探讨和总结自然语言逻辑具有的一些基本特点、性质以及若干可能的研究路径。其中，第一章主要回顾与分析了自然语言逻辑研究在中国的兴起以及发展状况，其中也包括了中国研究者对国外语言逻辑研究情况的一些关注及研究，并以此为依托指出并阐述了自然语言逻辑的研究对象、目的与任务进行了说明；第二章则追溯及考察了亚里士多德的"分析能力"，由此探讨与揭示了亚氏古典逻辑所蕴涵的若干自然语言逻辑思想。

第三、第四、第五章为第二部分。该部分对语言与对象、语境、语言层次这样一些属于自然语言逻辑的基础理论问题进行了分析与说明。其中，第三章提出了一个既符合语言使用实际又适合展开意义分析的"语言"定义，并以此为核心，在进一步分析语言与所指关系的基础上阐述了语言的指称功能、思想功能以及交流功能。第四章和第五章则分别分析与阐述了意义分析必须遵循的两大基本原则，联系语境原则与区分语言层次原则。

第六、第七章为第三部分，主要从语词、语句方面分别分析和讨论了与语言使用相关的概念、命题问题。

第八、第九、第十章为第四部分，主要从自然语言使用实际出发，由简单到复杂地分析和讨论了与语言使用相关的自然语言推理问题。

各章节内容既相互连贯，也可独立成篇。

本书坚持自然语言逻辑的研究必须以自然语言自身的使用意义为根据的研究理念，认为只有以自然语言使用意义为根据的语言分析，才能真正把使用语言中名称与名称、名称与语句、语句与语句之间所具有的一些逻辑关系以及与此相关的一些基本概念分析清楚；只有以实际语言表达与理

解为基础与目的而发现与总结的逻辑规律、规则以及方法，才能反过来对
人们利用自然语言进行的思想以及表达提供有效的帮助与指引。

参 考 文 献

[1] 奥尔伍德，等. 语言学中的逻辑 [M]. 王维贤，等，译. 北京：北京大学出版社，2009.

[2] 奥格登，理查兹. 意义之意义：关于语言对思维的影响及记号使用理论科学的研究 [M]. 白人立，国庆祝，译. 北京：北京师范大学出版社，2000.

[3] 奥古斯丁. 忏悔录 [M]. 周士良，译. 北京：商务印书馆，1963.

[4] 柏拉图. 柏拉图全集：第2卷 [M]. 王晓朝，译. 北京：人民出版社，2003.

[5] 蔡曙山. 言语行为和语用逻辑 [M]. 北京：中国社会科学出版社，1998.

[6] 蔡曙山，邹崇理. 自然语言形式理论研究 [M]. 北京：人民出版社，2010.

[7] 陈波. 论蕴涵 [J]. 中国社会科学，1987（5）.

[8] 陈道德. 二十世纪意义理论的发展与语言逻辑的兴起 [M]. 北京：中国社会科学出版社，2007.

[9] 陈宗明. 现代汉语逻辑初探 [M]. 北京：生活·读书·新知三联书店，1979.

[10] 陈宗明. 逻辑与语言表达 [M]. 上海：上海人民出版社，1984.

[11] 冯棉. 条件句与相干逻辑 [J]. 华东师范大学学报（哲学社会科学版），1999（1）.

[12] 弗雷格. 弗雷格哲学论著选辑 [M]. 王路，译. 北京：商务印书馆，2006.

[13] 洪谦. 逻辑经验主义 [M]. 北京：商务印书馆，1982.

[14] 胡泽洪. 语言逻辑与言语交际 [M]. 长沙：湖南师范大学出版社，1991.

［15］黄华新，陈宗明. 描述语用学［M］. 长春：吉林人民出版社，2005.

［16］金岳霖. 形式逻辑［M］. 北京：人民出版社，1979.

［17］鞠实儿，等. 面向知识表示与推理的自然语言逻辑［M］. 北京：经济科学出版社，2009.

［18］蒯因. 从逻辑的观点看［M］. 江天骥，等，译. 上海：上海译文出版社，1987.

［19］罗素. 数理哲学导论［M］. 晏成书，译. 北京：商务印书馆，1982.

［20］罗素. 我的哲学发展［M］. 温锡镇，译. 北京：商务印书馆，1982.

［21］罗素. 人类的知识［M］. 张金言，译. 北京：商务印书馆，1983.

［22］罗素. 逻辑与知识［M］. 苑莉均，译. 北京：商务印书馆，1996.

［23］罗素. 哲学问题［M］. 何兆武，译. 北京：商务印书馆，2007.

［24］卢卡西维茨. 亚里士多德的三段论［M］. 李真，李先焜，译. 北京：商务印书馆，1981.

［25］马蒂尼奇. 语言哲学［M］. 牟博，等，译. 北京：商务印书馆，1998.

［26］莫绍揆. 数理逻辑初步［M］. 上海：上海人民出版社，1981.

［27］沙夫. 语义学引论［M］. 罗兰，周易，译. 北京：商务印书馆，1979.

［28］斯珀波，威尔逊. 关联：交际与认知［M］. 蒋严，译. 北京：中国社会科学出版社，2008.

［29］施太格缪勒. 当代哲学主流：下卷［M］. 王炳文，等，译. 北京：商务印书馆，1992.

［30］索绪尔. 普通语言学教程［M］. 高名凯，译. 北京：商务印书馆，1980.

［31］涂纪亮. 分析哲学［M］. 上海：上海人民出版社，1989.

［32］王方名，张兆梅，张帆. 说话写文章的逻辑［M］. 北京：教育科学出版社，1980.

［33］王维贤，李先焜，陈宗明. 语言逻辑引论［M］. 武汉：湖北教育出版社，1989.

［34］王建平. 语言交际中的艺术［M］. 北京：中共中央党校出版社，1992.

［35］王宪钧. 数理逻辑引论［M］. 北京：北京大学出版社，1982.

［36］维特根斯坦. 逻辑哲学论［M］. 贺绍甲，译. 北京：商务印书馆，1996.

［37］维特根斯坦. 哲学研究［M］. 李步楼，译. 北京：商务印书馆，1996.

［38］威廉·涅尔，玛莎·涅尔. 逻辑学的发展［M］. 张家龙，洪汉鼎，译. 北京：商务印书馆，1985.

［39］熊学亮. 认知语用学概论［M］. 上海：上海外语教育出版社，1999.

［40］亚里士多德. 范畴篇 解释篇［M］. 方书春，译. 北京：商务印书馆，1959.

［41］亚里士多德. 形而上学［M］. 吴寿彭，译. 北京：商务印书馆，1959.

［42］亚里士多德. 工具论［M］. 余纪元，等，译. 北京：中国人民大学出版社，2003.

［43］张家龙. 论名称与指示词［J］. 哲学研究，2002（12）.

［44］中国大百科全书总编辑委员会. 中国大百科全书：语言文字［M］. 北京：中国大百科全书出版社，1988.

［45］中国逻辑与语言研究会. 逻辑与语言研究：第 1 集［M］. 北京：中国社会科学出版社，1980.

［46］周礼全. 逻辑：正确思维与有效交际的理论［M］. 北京：人民出版社，1994.

［47］周礼全. 周礼全集［M］. 北京：中国社会科学出版社，2000.

［48］朱水林. 逻辑语义学研究［M］. 上海：上海教育出版社，1992.

［49］邹崇理. 自然语言逻辑研究［M］. 北京：北京大学出版社，2000.

［50］Barwise J，Perry J. Situations and Attitudes［M］. Cambridge：MIT Press，1983.

［51］Carnap R. Introduction to Semantics and Formalization of Logic［M］. Harvard：Harvard University Press，1961.

［52］Geach P，Black M. Translations from the Philosophical Writings of Gottlob Frege［M］. Oxford：Basil Blackwell，1952.

［53］ Halliday M A K, Hasan R. Cohesion in English ［M］. London: Longman, 1976.

［54］ Ogden C K, Richards I A. The Meaning of Meaning ［M］. Harcourt: Brace & World, Inc, 1924.

［55］ Thomason R H. Formal philosophy ［M］. New Haven Conn: Yale University Press, 1974.

［56］ Wittgenstein L. Preliminary Studies for the 'Philosophical Investigations': Generally Known as the Blue and Brown Books ［M］. Oxford: Basil Blackwell, 1972.

后　记

　　一转眼，我在华南师范大学工作已十七个年头。在此期间，我给逻辑学专业研究生开设的课程主要有语言逻辑、语言哲学、逻辑学经典著作选读。也正是对这三门课程内容展开的一些思考与研究更坚定了我一直以来对逻辑学特别是对自然语言逻辑持有的一些基本看法。本书所讨论的问题涉及的只是一些属于自然语言逻辑基本原理或基本方法方面的问题。

　　非常荣幸的是，此书初稿在我办理完退休手续之后还能够成为国家社会科学基金后期资助项目，也非常感谢评委们给予此书初稿的一些肯定性或批评性的宝贵意见。这些意见对我的后续修改工作提供了极有意义的启发。

　　在进一步完善此项目的过程中，惶恐于任务之艰巨及责任之重大，我对书稿又进行了几十次反复推敲以及详细修改，而且每一次的修改，总会发现一些需要改进的问题以及一些言未尽意之处。这也使我再次深切体会到了从事研究工作的艰辛与不易。我相信，如果时间允许，这样的推敲与修改仍然会一直进行下去。

　　本书的写作从构思到成书，历时十几年。如果说到对书中提到的一些具体问题的看法以及思考，可能起点更早。尽管如此，书稿中一定还会存在一些考虑不周全的问题。从我自己的体会来说，关于学术问题的研究永远在反复思考、反复修改的路上。即使是对于那些已经发表的论著来说，随着时间的推移、认识的深化以及研究思路的扩展，需要修改或完善的问题仍然会不断涌现出来。

衷心感谢桂起权、王路、陈波、胡泽洪等教授及好友给予本书的热诚指导、支持以及帮助。

真诚欢迎读者对本书提出各种批评或建议。

王健平

2020 年 12 月于广州